古典文獻研究輯刊

二八編

潘美月・杜潔祥 主編

第1冊

《二八編》總目

編 輯 部 編

臺灣公藏宋版書調查研究

陳 怡 薇 著

國家圖書館出版品預行編目資料

臺灣公藏宋版書調查研究／陳怡薇 著 — 初版 — 新北市：花
木蘭文化事業有限公司，2019〔民 108〕
目 4+232 面；19×26 公分
（古典文獻研究輯刊 二八編；第 1 冊）
ISBN 978-986-485-678-7（精裝）
1. 善本 2. 版本學

011.08   108001126

ISBN-978-986-485-678-7

9 789864 856787

古典文獻研究輯刊
二八編　第 一 冊   ISBN：978-986-485-678-7

臺灣公藏宋版書調查研究

作　　者　陳怡薇
主　　編　潘美月　杜潔祥
總 編 輯　杜潔祥
副總編輯　楊嘉樂
編　　輯　許郁翎、王筑　美術編輯　陳逸婷
出　　版　花木蘭文化事業有限公司
發 行 人　高小娟
聯絡地址　235 新北市中和區中安街七二號十三樓
　　　　　電話：02-2923-1455／傳眞：02-2923-1452
網　　址　http://www.huamulan.tw 信箱 hml 810518@gmail.com
印　　刷　普羅文化出版廣告事業
初　　版　2019 年 3 月
全書字數　178863 字
定　　價　二八編 12 冊（精裝）新台幣 30,000 元　　版權所有·請勿翻印

《二八編》總目

編輯部　編

《古典文獻研究輯刊》二八編　書目

《二八編》各書作者簡介・提要・目次

第一冊　臺灣公藏宋版書調查研究

作者簡介

陳怡薇，1981 年生，臺北人，淡江大學漢語文化暨文獻資源所碩士，國立東華大學中文博士，現任國立臺東大學通識中心專案講師，曾任教於國立東華大學、國立臺東大學、聖母醫護管理專科學校、慈濟科技大學及醒吾科技大學。喜愛閱讀和研究文獻，近年以通識中文及華語教學爲主要發展，版本及文化研究成了休閒的樂趣。著有〈《粵雅堂叢書》文獻之版本目錄學論述探究〉、〈伊儒學者劉智之「人神關係」——試從《天方性理》談起〉、〈林則徐《回疆竹枝詞》研析〉、〈自我畫像——象徵物式的自我認識以及自傳寫作〉等篇論文。

提　要

宋代是我國歷史上雕版印書事業發展的黃金時代。南北兩宋刻書之多，規模之大，版印之精，流通之廣，都是前所未見的。宋版圖書爲善本書之精華，既保存古文獻最早之原貌，亦爲圖書出版史最重要之見證物。早在明代中葉，藏書家與學者便十分重視宋刻本的收藏與利用。這樣龐大數量的宋版書，歷經千年，在兵連禍結的因緣際會下，流徙至臺灣。

臺灣現所公藏宋版書約有四百多種，在傳世宋版圖書中，具有一定的重要地位，其收藏之實際概況，早爲學林各界所關注。本論文撰述主要鎖定臺灣公藏宋版書作爲研究範圍，運用歷史、比較及內容等研究方法，進行歸納、

整理與分析，期使臺灣公藏宋版書的發展源流、收藏情況、刊印內容、特色及學術價值能獲得較具體而有系統的評述。從本調查研究中，可見臺灣公藏宋版書結合了古代公私家藏書的優點，內容囊括經史子集，甚至是清代名藏書家的逸聞掌故，從文化視角來看，可見歷代藏書的種種過程，可以挖掘藏書活動所形成的風尚文化，對於傳遞文化、培養人才、推展學術的價值，更是具有不可取代的貢獻。

目　次

第二冊　晚清民初石版印刷藝術研究

作者簡介

陳霆，女，1977 年生，江蘇揚州人，上海交通大學設計學院講師，蘇州大學藝術學院，設計藝術學博士，加州大學聖迭戈分校，訪問學者。

主要論文／會議報告和著作包括：《簡析晚清石印畫報的圖文關係變化》（《美術與設計》2014）；《清末民初石版畫與傳統木版畫的圖像差異》（《美術》2014）；《民國早期商業美術圖像的產生和流行與石印技術的關係》（《創意設

計源》2015）；"Difference of the Imagery Style between Chinese traditional Wood Block Art and Late Qing Lithography Art"（2015 AAS in ASIA Conference）；《陳盛鐸畫集》（上海人民美術出版社 2017）；《中國美術史圖說》（中國建築工業出版社 2006）等。

提 要

本書將對石版印刷藝術在晚清民初這一中國近代設計文化啓蒙階段所產生的文化影響和社會意義做一系統研究。

石版印刷術傳入中國並帶來印刷技術革新，由此興起了中國近代印刷工業。隨著以手工作坊爲基礎的傳統雕版印刷業爲新興的印刷工業所替代，印刷藝術的圖像形式，加工製作和傳播模式，文化功能等也發生了質的變化。石版印刷藝術在晚清民初的發展最終促進了中國近代設計文化的形成和設計思維由傳統到現代的轉型，並且在新聞傳播領域、商業領域和教育領域發揮積極作用。具體分以下幾個層面：

傳統圖像模式和圖像功能在石版印刷技術的衝擊下發生深刻變化。

新興出版物和多樣化的圖像內容成爲各種觀念的載體和信息傳播渠道，對近代中國民眾的審美趣味、社會風尚和文化思潮的觸發和更迭產生深刻影響。

規模化生產和市場化供求結合加速了信息和文化的傳播，擴大了知識的普及。

印刷工業的興起對近代中國城市化和商業化進程產生巨大推動力。

本書分析基於石印藝術的中國早期工業化階段的流行圖像，分析石印技術的發展、傳播及其對大眾視覺藝術領域的影響和文化意義，編織起一幅晚清民初的文化景象。將技術、視覺圖像和大眾流行文化作爲一股影響力量來分析晚清民初中國社會的現代化進程。

目 次

第三冊　近代以來中國出版技術變革研究——工業革命和信息革命（1807～2010）

作者簡介

　　王曉，1970 年生，河南禹州人，上海交通大學科技史博士，英國劍橋李約瑟研究所訪問學者，長期從事圖書、音像、電子出版工作，曾任大象出版社副社長和中國音像與數字出版協會數字教育出版工作委員會副主任委員，主持過多個數字出版項目的技術研發。

提　要

　　近代以來，中國出版技術的發展經過了兩次技術變革——工業化變革和信息化變革。爲了深入研究這兩次出版技術變革的本質，本書以技術內史的角度對出版技術的發展歷程進行了一次全面的梳理，從「出版技術程式」的概念出發，分析和總結出版技術發展的歷史規律。

　　在社會化分工中，當一種出版技術的「工藝流程」或「技術規程」的操作程序被自然選擇或人爲規定爲一套標準之後，輔以相應的培訓教材作爲行業規範，被從業者廣泛採用和普遍遵循，這套操作程序就成爲了一種「技術程式」。在不同的歷史時期，針對不同的出版需求，存在著不同的出版技術程式；各種出版技術程式之間構成了一種相互競爭的關係。技術變革實際上是主要技術程式發生了轉變。經濟因素是導致出版業對技術程式的選擇發生轉換的主要動因，因爲新的技術程式能夠帶來生產能力的提高和邊際成本的降低。

　　我們根據出版技術程式的兩次轉變，將 1807 年以來中國出版技術的發展歷程劃分爲三個階段，分別是：中西方出版技術的對撞階段（1807～1847 年）、中國出版技術的工業化變革階段（1847～1974 年）和中國出版技術的信息化變革階段（1974～2010 年）。

　　本書論證了不同的出版技術程式之間存在著相互競爭、不斷演化和彼此替代的關係。中國出版技術發展史中的工業化和信息化這兩次技術變革，就是出版技術程式發生轉換的結果。從 1807 年西方新教傳教士第一次踏足中國之後，西方的出版技術不斷傳入中國，在應用於漢字的本地化過程中，與中國傳統的雕版印刷和活字印刷技術程式之間的競爭難分伯仲，這是一個中西方出版技術的對撞期。隨著 1847 年第一部滾筒印刷機被帶入中國，以機器替代人工的工業革命的火花也開始蔓延到中國，開始了中國出版技術的工業化變革階段。西方工業化生產方式逐步取代了中國傳統的手工生產方式。日本發動的侵華戰爭一度中斷了中國出版業的技術發展步伐。中華人民共和國成立後，完整的社會主義出版工業化體系建立了起來。由於漢字的特殊性，排版環節的自動化始終難以實現。爲了解決漢字的計算機處理問題，1974 年 8 月國家啓動了「七四八工程」，由王選主導的漢字激光照排技術研發取得了突破，後來隨著個人計算機的普及和漢字輸入法的完善，計算機激光照排技術成爲了一種新的出版技術程式，拉開了中國信息化變革的序幕。在政府看得見的手和市場看不見的手共同推動下，中國的出版業快速地完成了一次從「鉛與火」到「光與電」的革命，

出版技術從工業化向信息化的轉變。隨著互聯網等信息技術的持續發展，進一步演變出了電子出版和網絡出版等新興的出版形態。

中國出版技術演變的特點是斷續的、跳躍的，新的技術程式不是在原有技術程式的基礎上經由改進演變而來的，傳統的技術程式往往會被全新技術程式所徹底取代，因此呈現出的「革命」特徵更爲顯著。

目　次

第四冊 誤字、衍文與用字習慣——出土簡帛古書與傳世古書校勘的幾個專題研究

作者簡介

蔡偉，男，1972 年 5 月出生，遼寧省錦州市人。2015 年 6 月畢業於復旦

大學出土文獻與古文字研究中心。所學專業是中國古典文獻學，研究方向爲校勘學、訓詁學和古文字學。2015 年 12 月到貴州省安順市安順學院圖書館工作，主要從事館藏古籍的書志編寫工作。

提　要

　　二十世紀七十年代以來，大量的先秦、秦漢簡帛文獻的出土，爲古書校勘提供了更加豐富的原始材料。以出土文獻與傳世文獻互勘，成爲閱讀和整理古書的有效方法。

　　本論文即以出土簡帛文獻爲主，結合傳世文獻，來發現古書（包括傳世文獻和出土文獻）中的誤字和衍文現象，並在此基礎上分析古書中的用字情況。

　　本論文共分三章：

　　「誤字研究」舉例介紹了誤字的形成原因，並重點討論一字誤分爲兩字與兩字誤合爲一字的情況。接下來，借用最新材料及研究成果，校正了一些傳世與出土古書中的誤字。

　　「衍文研究」首先對衍文的常見類型作了分類與探討，並重點介紹了古書中因重文符號而導致的誤衍情況，之後通過大量的例證，過一步揭示存在於傳世文獻及出土文獻中的衍文現象。

　　在校正古書誤字及衍文的過程中，筆者認爲單純的了解誤字和衍文並不能完全讀懂古書，還需要我們對古書中的用字習慣有所了解。所以論文的第三章分傳世文獻和出土文獻兩類，列舉實例對古書中的用字習慣加以討論。

　　本論文對古書的誤字、衍文（脫文）、用字習慣等現象進行了綜合的研究，以大量的例證，來證明衍文、脫文及誤字等問題是有例可循的，其中絕大的部分是作者的心得。有助於讀者更好地理解出土簡帛及傳世古書，可爲後來研究者提供參考和借鑒。

目　次

第五冊　21世紀西夏學論著目錄（2001～2015年）

作者簡介

　　周峰，男，漢族，1972 年生，河北省安新縣人。中國社會科學院民族學與人類學研究所研究員，歷史學博士，碩士生導師。主要從事遼金史、西夏學的研究。出版《完顏亮評傳》《21 世紀遼金史論著目錄（2001～2010 年）》《西夏文〈亥年新法·第三〉譯釋與研究》《奚族史略》《遼金史論稿》等著作 10 部（含合著），發表論文 80 餘篇。

提　要

　　本目錄共收錄 2001～2015 年出版、發表的中文、日文、英文、俄文、法文西夏學論著 4090 條，將全部目錄分爲專著、總論、文獻及文獻考釋、黑水城元代與其他朝代文獻及黑水城地區研究、政治、法律、經濟、民族、人物、社會、文化、語言文字、宗教、科學技術、歷史地理、考古、文物等共 16 大類，每類下再分細目，如文獻及文獻考釋下再分文獻介紹與綜述、漢文世俗文獻、漢文宗教文獻、西夏文世俗文獻、西夏文宗教文獻等細目。每條目錄按照序號、篇名、作者、文獻來源的順序編排。

目　次

第六冊　《史記》錄文研究

作者簡介

鄧桂姣，湖南郴州人，文學博士，現爲山東大學儒學高等研究院在站博士後、江蘇大學文學院教師、碩士生導師，主要從事先秦兩漢文史文獻研究。獨立承擔並已完成江蘇省教育廳課題一項。目前主持國家社科基金項目 1 項、江蘇省社科基金後期資助項目 1 項、江蘇省高校哲學社會科學研究一般項目 1 項、江蘇大學高級技術人才科研啓動基金項目 1 項等。

提　要

本書系統地分類統計了《史記》的各種錄文及與之相關的舉篇目、溯學源、歸學類、引文、承襲等詳細數據。本書將《史記》錄文視爲史書錄文與類似總集錄文的雙層性質的錄文現象，綜合討論了司馬遷的著史立傳目的、辨章學術意識、錄文目的、錄文意識、著作觀念及著作權意識，將《史記》之舉篇目、溯學源、歸學類視爲《史記》錄文的替代補償與辨章學術意識的具體落實。通過對比研究《史記》的錄文與《史記》的引文、承襲，進一步深化對《史記》錄文的全面認識，論證了司馬遷仍保留較濃「述」成分的、一定程度的「創作」的著作觀著作權意識。《史記》錄文數量眾多，錄文方式多樣，所錄文作用不一，錄文篇幅參差不一，既受原作品、原作者的影響，也受錄文者（史家）主觀因素的影響，其中以史家的著史立傳目的、錄文目的、錄文意識、辨章學術意識爲主要因素。《史記》的錄文意識豐富多樣，或存或無、或明或暗、或深或淺。《史記》的錄文目的主要有五種：嘉其文辭爛然者、爲之震撼感染者、錄之佐證歷史者、借之曲筆寫史者、彰顯傳主懿德範行者。又以《屈原賈生列傳》爲例，詳細地討論了《史記》具體傳記的傳文立意與錄文目的和每篇所錄文的具體作用。

目 次

第七冊 《武備志》研究

作者簡介

趙鳳翔，1986 年，女，漢族，河南省林州市人，講師，2016 年 11 月畢業於上海交通大學科學技術史專業，獲理學博士學位。2017 年 6 月進入鄭州大學馬克思主義學院科學哲學專業碩士點工作。現主要從事的研究方向爲軍事技術史、計量史、物理學史。近五年來在各類期刊上發表專業相關論文六篇，如《明代佛郎機銃核心技術特徵及其轉變研究》、《上天入地與時空穿梭：《西遊記》宇宙體系的解構與探究》、《17～18 世紀中日陸海觀念研究——以《武備志》和《海國兵談》兩部中日兵書爲例》等。本書爲中國國家社科基金重大招標項目：中國計量史（項目批准號：152DB030）的成果之一。

提 要

16 世紀末至 17 世紀初的明朝，正面臨前所未有的危機，至萬曆四十六（1618）年，明廷與後金在遼東展開爭奪，萬曆四十七年（1619），薩爾滸之役以明廷的潰敗告終，這也是明清易代的重要轉捩點。在這一時代背景之下，茅元儀於萬曆四十七年（1619）撰成《武備志》，並於天啓元年（1621）梓刻成書，企圖通過著書立說挽救明廷危亡。《武備志》全書共 240 卷，爲目 184，爲言 200 餘萬，分爲兵決評、戰略考、陣練制、軍資乘、占度載，是明末最爲重要的一部兵學著作。

本文以《武備志》作爲研究對象，運用文獻分析法、定量分析法對《武備志》展開研究，按照《武備志》成書研究——內容研究——海外影響研究這一基本的脈絡展開。第一、二兩章圍繞《武備志》成書這一主題，從《武備志》的作者，成書時代、內容構成、版本流變，輯錄書籍研究五個方向展開。對於《武備志》作者茅元儀的研究，著重於茅元儀親緣關係的考察和茅元儀年表的製作兩個方面，這也是區別於前人研究成果的地方；對《武備志》成書時代的研究，著力於從明末屯田毀損的角度展開探討，考察《武備志》成書時代背景；對《武備志》內容構成的研究，從構成《武備志》的五部分內容出發，分析各部分在《武備志》中的比重，從而凸顯《武備志》編纂的重心，也爲第三、第四兩章的研究提供支持；對《武備志》版本流變狀況的研究，重點比較了《武備志》6 個主要版本的異同之處；對《武備志》輯錄書籍的考察是本文的又一個研究重點，在第二章當中按照《武備志》輯錄書籍

的時代順序作「《武備志》輯錄書目列表」，並對該表進行分析，考察各時代書籍在該表中所佔的比重，通過分析可知明代書籍是《武備志》徵引最多的書籍，最後又從詞頻的角度出發，考察《武備志》徵引最多的人物和書籍，根據這一考察可知《武備志》徵引最多的是戚繼光及其著述。

第三、第四兩章就《武備志》中最爲重要的兩部分內容展開研究，這兩部分內容分別是《武備志》所錄火器部分和戶口賦役部分。其中第三章對《武備志》所收錄的火器進行研究，首先考察這些火器的類別；繼而結合對萬曆末年明代軍隊中常備火器的考察，對《武備志》所收錄火器展開分析，可知《武備志》所載的 191 種火器當中，僅 20 餘種爲萬曆末年明軍中常備火器，其餘則多屬奇技淫巧之類，無益實用，而佛郎機則是明末軍中最爲重要的火器之一；依據《武備志》以及同時代文獻對於佛郎機的記載，並結合現存明代實物佛郎機的參數，探討明代佛郎機的核心技術特徵，指出明代佛郎機包含三大技術特徵：一子母銃結構，二母銃銃長不超過六尺，三子銃長徑比多小於 10；而佛郎機在明代的發展和沒落，則是伴隨著鳥銃、紅夷炮的引入，嘉靖末年（1568 年左右），輕型佛郎機被鳥銃所取代；崇禎初年（1628 年左右），重型佛郎機被紅夷炮所取代，自此佛郎機退出了歷史舞臺。

第四章則圍繞《武備志》所錄明代屯田戶口賦役數額展開研究，首先在第一章《武備志》成書的時代背景基礎上進一步深入，對明末屯田數額變動的狀況進行考察；繼而通過對《武備志》所錄明代戶口賦役數額的分析，考察明代戶口與賦役的關係，採用盡可能多的定量分析的方法，圍繞「戶」「口」「田」究竟哪一個是明代稅收的基本單位這一問題展開，最終考證出「戶」是明代賦役徵收的基本單位；在以「戶」作爲賦役徵收的基本單位的基礎上，以「口戶比」爲核心參數，考察明代賦役的地域不均衡狀況。然本章內容僅是筆者依據《武備志》所錄明代戶口賦役數額，展開的研究和分析，其結論或許有所偏頗，須待深入研究，和方家指正。

第五、第六兩章則是《武備志》的海外影響研究，圍繞《武備志》東傳日本這一主題，在第五章當中，首先考察了明清之際存在的「兵書入日的潮流」，《武備志》正是在這一潮流中東傳日本；繼而圍繞《武備志》入日，通過對《西湖二集》中一段新史料的發掘，考訂出《武備志》東傳日本的時間當在 1628～1631 年間，通過走私貿易的途徑，由江浙沿海，經琉球，至薩摩藩進入日本；考察《武備志》在日本的刊印狀況，及日刊本《武備志》的回

流；進一步探討《武備志》在江戶時代的日本所產生的影響。

　　第六章通過中日兩部「武備志」的比較研究，探討作為日本「武備志」的《海國兵談》與《武備志》之間的關聯與差異，這些差異包括對邊防和海防認知的差異，對西洋火器的不同態度，對倭寇的不同認識，以及不同的富國強兵策，而造成這些巨大差異的深層原因則是明清中日兩國「陸國」認知與「海國」認知的不同。

　　第七章則是對前六章內容的總結，以及對未來研究的展望。

目　次

第八、九冊　言出法隨：《採運皇木案牘》校箋與研究

作者簡介

　　瞿見，德國海德堡大學博士候選人，德國馬克斯・普朗克歐洲法律史研究所（MPIeR）訪問學者。清華大學法學碩士（2015），西南政法大學法學學士（2012），西南大學文學學士（2012）。曾在法國巴黎政治大學（Sciences Po）、德國馬克斯・普朗克比較公法與國際法研究所（MPIL）學習訪問。曾任《清華法律評論》副主編，《中華大典・法律理論分典》編委。研究方向爲法律理論與法律文獻、比較契約法及比較信託法，並專注清水江文書的相關研究。

提　要

　　《採運皇木案牘》（以下簡稱《案牘》）爲清代抄本，藏於中國科學院國家科學圖書館。該抄本主要記載了乾隆時期湘黔兩地採辦皇木的活動，其內容包括例木採辦的一般性規程、相關公文書及採辦人員間的往來信函等，生動展現了清代例木採辦的制度和實踐細節，是極爲珍貴的歷史文獻。

　　《案牘》的研究價值毋庸贅述，尤其在晚近勃興的「清水江文書研究」中，這一材料的出現使清水江域內外材料的互校、互證得以可能。《案牘》的價值還在於，其所載並未止於「官樣文章」，更因採辦人員的個人活動而存留了大量生活情事，藉此得以求證王朝制度在實踐中的眞實展開。該抄本對採辦過程中的諸多秘辛毫不諱言，徑直載於紙上，使後人得以窺見王朝官員在政府與市場的夾縫中長袖善舞、轉圜操縱的新奇景象。

　　本書分爲兩個部分。第一編是《案牘》的整理及研究：先從「文本」與「抄本」兩個角度，討論《案牘》的形成與抄傳；次以「重述」的方式，對《案牘》文本進行體系化重構；最後通過分析衝突治理中的「國家律法」，嘗試揭示《案牘》內在的敘事理路。第二編則爲《案牘》的點校及箋注：將《案牘》依據原抄本分定卷次，離析章句，參照上下文本，輔以諸方資料校訂全文，考詳字詞，箋注釋明，以資學人。

目　次

第十、十一冊　《慧琳音義》引《說文》考

作者簡介

　　李福言，男，1985 年生，江蘇徐州人，博士，在職博士後，江西師範大學文學院講師，2014 年畢業於武漢大學文學院古籍所中國古典文獻學專業，獲文學博士學位，2011 年畢業於武漢大學文學院古籍所國學與漢學專業，獲文學碩士學位，2009 年畢業於江蘇師範大學（原徐州師範大學）文學院，獲文學學士學位。主要研究方向爲《說文》學、佛典音義，主持江西省社科青年項目一項，江西省教育廳青年項目一項，江西師範大學青年英才培育計劃，參與國家社科基金重大項目一項，出版專著兩部，其中在花木蘭出版社出版專著一部，在《中國文字研究》《勵耘語言學刊》等學術刊物發表 CSSCI 等論文二十餘篇，多次參加國內國際學術會議。

提　要

　　本書以中唐釋慧琳《一切經音義》爲語料，以徐時儀《一切經音義三種校本合刊》所據高麗藏本《慧琳音義》爲研究對象，主要分析《慧琳音義》徵引《說文解字》情況，結合大、小徐本《說文》、段玉裁《說文解字注》、沈濤《說文古本考》、丁福保《說文解字詁林》等文獻，整理《慧琳音義》引《說文》中形音義諸問題，校勘、考訂疑難問題。

　　本書有利於對佛經音義引書體例、術語問題的認識。佛經音義書不同於儒家音義書，歸納總結引書體例與術語使用的特點，對佛經音義發明術語體

例意義較大。

本書有利於唐代、宋代《說文》形音義問題的認識。通過對《說文》的異文異音異訓比勘考訂，豐富對唐代寫本《說文》相關問題的認識，有利於深刻總結唐代《說文》學的特點，對《說文》學研究意義較大。

本書主要分緒論、上、中、下三編和結論五個部分。

緒論部分主要介紹研究目的和意義、研究範圍、研究方法和文獻綜述。

上編主要窮盡考察《慧琳音義》引《說文》字頭見次一次的情況。具體分十七個方面窮盡考察，涉及到形音義三個內容。從「慧琳所引構形不確」「形近而訛」「慧琳乃意引」「慧琳所引二徐未見」「形近可通」「慧琳據經文俗體釋形義」「慧琳所引釋義可從」「慧琳所引構形可從」「慧琳有節引」「慧琳乃推衍其說」「慧琳有衍文」「慧琳乃誤引」「音近而訛」「義得兩通」「音近可通」「慧琳引說文音」等十七部分，結合二徐本《說文》等材料，考察所引《說文》的特點。

中編主要考察《慧琳音義》引《說文》見次兩次以上的情況。分「兩次」「三次」「四次」「五次」「五次以上」五個部分，窮盡考察。

下編主要考察《慧琳音義》所引與今本《說文》相同的內容，有的地方施加按語，略作說明。

本書共 35 萬字。

經過以上三編的考察，我們得出如下結論：

首先，《慧琳音義》引《說文》側重形義方面，多俗體誤形，亦有較接近古本者。

上編部分，主要是《慧琳音義》引《說文》字頭見次一次或多次重複仍可化歸爲一次的情況，共計 1497 條。

《慧琳音義》所引《說文》俗體較多。通過統計，可見二徐未見部分和慧琳據經文俗體釋形義部分數量最多，共有 415 例。二徐未見，即慧琳所引形體，大徐和小徐沒有收錄，這有可能都是俗體，或者是中唐時代寫本俗體，還有可能是從佛經寫本到刻本造成的刻本俗體。「二徐未見」部分與「據經文俗體釋形義」部分數量相當，二者性質應該相似，即多爲經文俗體。區別在於，前者二徐未收，後者二徐據正體收錄。

《慧琳音義》所引《說文》構形多不確。「慧琳構形不確部分」有 148 例，其中包含與《段注》古韻部揭示的構形不同的 115 例和據漢字構形關係直接看

出構形不確的 33 例。另外,「形近而訛」有 80 例,「音近而訛」有 10 例,這幾部分相加,共有 281 例。這些錯訛,應該不是慧琳時代手寫造成的,很有可能是後代傳抄刊刻造成的錯訛。如果不一一辨析,就難以讀懂《慧琳音義》。

《慧琳音義》引《說文》存在主觀性和隨意性。《慧琳音義》有不少意引問題。所謂意引,就是換了形異義近的詞來解釋《說文》被釋詞。這種情況,說明高麗藏本存在引文的主觀性和隨意性。《慧琳音義》還有不少衍文、推衍其說、節引、脫文情況,也說明了這一點。

《慧琳音義》引《說文》有不少接近《說文》古本。從「所引構形可從」和「所引釋義可從」兩部分可以看出,《慧琳音義》雖然存在不少錯訛,但是依然保留不少《說文》古本,仍然對研究《說文》形義很有價值。如「所引構形可從」部分,結合《段注》古韻部,大小徐本《說文》構形有不少不準確的地方,相比之下,《慧琳音義》所引《說文》更符合《說文》構形關係,更接近古本。段玉裁曾經批評大徐不懂古韻,從這一點看,不無道理。「所引釋義可從」部分,據丁福保《說文詁林》、沈濤《說文古本考》、姚文田《說文校議》等學者的研究,可以確定《慧琳音義》所引《說文》有不少接近古本。

其次,《慧琳音義》所引《說文》可能反映慧琳選擇多種不同來源的《說文》寫本。

《慧琳音義》引《說文》同字條兩次以上共 1310 例,這與 1497 例同字條單次的數量差不多。說明《慧琳音義》引《說文》時有較大的隨機性和主觀性。在 1310 例中,引《說文》同字條有五次以上者有 386 例,是最多的。有的地方有三十次。這種情況首先說明佛經用字某些字見次多。其次,說明《說文》在唐代佛典音義釋義辨形的重要作用。最重要的是,這還說明《慧琳音義》在援引《說文》釋義辨形時,極有可能選取不止一個《說文》寫本。這客觀反映了唐代不同系統不同來源的《說文》寫本共存共行的局面。當然,並不能排除慧琳在引用《說文》時的隨意性。

再次,《慧琳音義》所引《說文》與今本異同相當,特別與小徐本系統較接近。

不計重複,《慧琳音義》引《說文》共 12048 例,去除重複,則有 5205 例。其中與今二徐本相異部分有 2807 例,與二徐完全相同有 2398 例,占近半比重。說明今二徐本《說文》與《慧琳音義》所引《說文》有很大程度

的一致性、繼承性。當然，二徐本《說文》在後代傳承刊刻過程中，有不少改竄。這從《慧琳音義》所引《說文》與今本相異部分可以看出。客觀反映了高麗藏本在校勘傳世本《說文》中的價值。

另外，在 2807 例與今二徐本相異部分中，有 23 例小徐本與《慧琳音義》所引《說文》相同，說明與大徐本相比，小徐本與慧琳所引《說文》有更直接的繼承性、一致性。是否反映了小徐本與《慧琳音義》所引《說文》屬於同一系統？

最後，《慧琳音義》所引《說文》與《玄應音義》所引《說文》不同。

《玄應音義》引用《說文》共計 2268 例，去除重複性引文，得 1311 例。其中《玄應音義》所引《說文》與今本《說文》完全相同有 437 例，占 33.33%，與今本《說文》不同有 874 例，占 66.67%。與今本不同又分五種情況（如下表 1），其中解釋意義相近有 503 例，占的量最大，其次是字形差異，有 214 例。說明《玄應音義》所引《說文》與今本《說文》差異較大，且差異不僅僅表現在字形上，更重要的是解釋的差異。

與《玄應音義》所引《說文》不同，首先，《慧琳音義》引《說文》量特別大，是《玄應音義》引《說文》的 5 倍。其次，《慧琳音義》引《說文》側重與字形說解，而初唐的《玄應音義》側重與意義說解。《慧琳音義》引《說文》意義說解部分，主要表現在「所引釋義可從」「推衍其說」「意引」「義得兩通」部分，共計不足 400 條，而構形方面的說解，有 1000 多例。這與中唐時代佛典音義俗字增多有關。再次，《慧琳音義》引《說文》與今本相同部分有近一半的比例，而《玄應音義》所引《說文》與今本相同部分只占三分之一。說明從中唐時代《說文》寫本到二徐時代的《說文》，中間有很大程度的一致性，可能與刻本的逐漸通行有關。初唐時代的《玄應音義》到中唐時代的《慧琳音義》，主要是寫本的形式流傳，較容易產生錯訛或者異文變異。

目 次

上 冊

第十二冊　劉孝綽集校注

作者簡介

田宇星，1981 年生，吉林省吉林市人。四川大學文學碩士。師從中國文選學研究會理事、四川大學文學與新聞學院中國古典文獻學博士生導師羅國威教授。主要研究方向爲魏晉南北朝文學文獻的整理與研究。現爲出版社編輯。

提　要

劉孝綽（481～539）本名冉，字孝綽，彭城（今江蘇省徐州市）人。南朝梁代的重要作家，對永明體到宮體詩的過渡起到了承前啓後的作用，同時也是《文選》的主要編纂者之一。《文選》這部流芳百世的文學總集，因爲蕭統的銜名，以及他作的序，習慣上被稱作《昭明文選》。1976 年，日本立命館大學教授清水凱夫在《〈文選〉的編輯周圍》一文中首先提出《文選》的實際編纂者是劉孝綽，劉孝綽才逐漸引起學界的關注。然而，由於他並非第一流的作家，後世對他的瞭解大多停留在《文選》的編纂上。在這種情況下，對其文集加以整理和研究顯得更加必要。本書力圖在廣泛搜集材料的基礎上，考證劉孝綽的生平事蹟和文學創作，以對他在文學史上的地位和貢獻作出正確的評價。同時，對現存的詩文進行校注，爲研究者提供一個可靠的《劉孝綽集》校注本。

本書前言部分首先對劉孝綽的行年進行考證，並對其作品進行繫年；接著通過具體作品，分析其詩文的特色以及價值；最後略述他與《文選》編纂之間的關係。正文部分是《劉孝綽集校注》。根據嚴可均《全上古三代秦漢三國六朝文》和逯欽立《先秦漢魏晉南北朝詩》所收錄其詩文提供的輯錄線索，重新擇本比勘。在此基礎上，對其現存作品進行校注。這一部分是本書的重點，筆者希望通過這一工作，能夠填補六朝作家文集整理的空白。

目　次

臺灣公藏宋版書調查研究

陳怡薇　著

作者簡介

陳怡薇，1981 年生，臺北人，淡江大學漢語文化暨文獻資源所碩士，國立東華大學中文博士，現任國立臺東大學通識中心專案講師，曾任教於國立東華大學、國立臺東大學、聖母醫護管理專科學校、慈濟科技大學及醒吾科技大學。喜愛閱讀和研究文獻，近年以通識中文及華語教學爲主要發展，版本及文化研究成了休閒的樂趣。著有〈《粵雅堂叢書》文獻之版本目錄學論述探究〉、〈伊儒學者劉智之「人神關係」——試從《天方性理》談起〉、〈林則徐《回疆竹枝詞》研析〉、〈自我畫像——象徵物式的自我認識以及自傳寫作〉等篇論文。

提　　要

　　宋代是我國歷史上雕版印書事業發展的黃金時代。南北兩宋刻書之多，規模之大，版印之精，流通之廣，都是前所未見的。宋版圖書爲善本書之精華，既保存古文獻最早之原貌，亦爲圖書出版史最重要之見證物。早在明代中葉，藏書家與學者便十分重視宋刻本的收藏與利用。這樣龐大數量的宋版書，歷經千年，在兵連禍結的因緣際會下，流徙至臺灣。

　　臺灣現所公藏宋版書約有四百多種，在傳世宋版圖書中，具有一定的重要地位，其收藏之實際概況，早爲學林各界所關注。本論文撰述主要鎖定臺灣公藏宋版書作爲研究範圍，運用歷史、比較及內容等研究方法，進行歸納、整理與分析，期使臺灣公藏宋版書的發展源流、收藏情況、刊印內容、特色及學術價值能獲得較具體而有系統的評述。從本調查研究中，可見臺灣公藏宋版書結合了古代公私家藏書的優點，內容囊括經史子集，甚至是清代名藏書家的逸聞掌故，從文化視角來看，可見歷代藏書的種種過程，可以挖掘藏書活動所形成的風尙文化，對於傳遞文化、培養人才、推展學術的價值，更是具有不可取代的貢獻。

第一章　緒　論

　　中國古代藏書，與中國古籍的傳承、典藏、整理、研究和學術文化傳播發展密切相關，胡應麟對於歷代藏書，提出了「八盛」、「八衰」的說法：

　　　　等而論之，則古今書籍盛聚之時、大厄之會各有八焉，春秋也、西
　　　　漢也、蕭梁也、隋文也、開元也、太和也、慶曆也、淳熙也，皆盛
　　　　聚之時也；祖龍也、新莽也、蕭繹也、隋煬也、安史也、黃巢也、
　　　　女真也、蒙古也，皆大厄之會也。〔註1〕

從這一段話可以看出，藏書鼎盛的時期，皆在太平盛世，或者是在動盪不安結束的時期。政局穩定，有利於藏書事業的發展；在社會混亂結束初時，政府通常有廣求天下遺書之舉，故藏書亦富。而從事學術研究，培養專業人才，往往需要大量的圖書，無論經學、史學、小學、文學等，均必須依靠豐富的資料才能著手進行研究。

　　在這三者相輔相成的條件之下，政治局面越是安定，學術越是昌盛，也越是需要大量的文獻以供參考應用，因而成就了無數著名的藏書大家，也開創了在各個學術研究領域上均有豐碩成果的時代。

　　中國藏書是一種內涵極其豐富的文化現象，它有藏書樓、藏書章、書板等物態文化；又有因藏書活動而形成的風尚文化；還有藏書家的個人特色、刻書的地域文化等等，這樣如此豐厚的內容，決定了中國藏書必然成為中國文化研究上的一個重要課題。

〔註1〕　（明）胡應麟：《少室山房筆叢・經籍會通一》（上海：上海書店出版社，2001
　　　　年8月）卷一，頁6。

第一節　研究動機及範圍

　　中國古代藏書系統，大致可分為公藏與私藏兩部分，一為國家藏書、地方政府藏書、書院藏書、佛寺道觀等的公家藏書，收集依靠官司。二為私家藏書，其雖自古有之，然目錄的傳世，則始於宋。私家藏書大抵僅將自己收藏的書籍作編目，不可能憑它來看一代學術的全貌，即便它對於考徵古文獻的存佚、真偽等，很有參考價值，然現代的私家目錄已不如前，收藏有多少，無從得知。

　　一般而言，凡文獻整理無不由目錄始，古人重此學，今人亦不可忽。民國九十四年（1995），筆者有幸參與本所吳哲夫先生所執行之行政院國家科學委員會專題研究計畫《臺灣公藏宋元版書調查研究》之助理研究工作，本調查研究先鎖定臺灣各重要公家藏書處所，包括故宮博物院、國家圖書館、中央研究院、臺灣省立圖書館、臺灣大學圖書館、師範大學圖書館、東海大學圖書館、國防部圖書館等作調查，再就各藏書處所出版之藏書目錄及其他參考資料〔註2〕收集整合後，依據「類別」、「書名、卷數、冊數」、「版本」、「編撰者」、「行款」、「著錄情況」、「備註」、「收藏地」、「刻工」、「存卷」、「牌記」、「序跋」、「題跋」、「藏書章」等編匯成一個目錄，其中項目有不詳者，則闕而不錄。接著再進行各書之實物考核，記錄刻工、版式、行款、牌記及藏書印記等事項後，凡是書名、版本或存闕卷審定差異者，都於備註欄中說明之。此調查統計宋版書共有四百六十七種，經審定後，非宋版書而為元版書者統計有七十二種，非宋版書為明版書者有三種，日本南北朝覆刊本有一種。

　　本文即是想通過此計畫之目錄，歸納和研討各館藏書，並全面而系統的展示臺灣公藏宋元版書之整體特色和發展狀況。又宋元版書規模浩大，一篇論文難以探討完全，故本文僅針對臺灣公藏宋版書作一探究。

　　陳寅恪曾說：「華夏民族之文化，歷數千載之演進，造極於趙宋之世。」〔註3〕宋代出版書之多，前無可匹。在歷代刻本中，人們更是推崇宋刻本。早在明代中葉，藏書家與學者便十分重視宋刻本的收藏與利用。撇開其價值日

〔註2〕　此調查研究所參考之藏書目錄，茲列於本文「參考書目」之「宋版書目錄類」中。

〔註3〕　陳寅恪：《金明館叢稿二編・鄧廣銘〈宋史職官志考證〉序》（上海：上海古籍出版社，1980），頁245。

益昂貴諸因素，主要原因是宋代刻本有其明顯的特點，除了經籍是依據唐蜀石經刊刻外，其它的古籍大都源出唐代以前所寫之卷子本。伴隨著古寫本漸漸絕跡，宋本就成爲研究中國古代歷史文化最原始的資料。

宋代刻書校勘頗爲嚴謹，以國子監爲代表的官刻，因爲所刻之書爲民間的範本，其質量自不待言，而私家刻書，或有識之士所主持的書坊，亦是如此，如杭州臨安書坊坊主陳起、陳續雲父子等，便刻印了許多唐宋人詩集。書肆刻書帶有商業性，既收集許多遺散各地的古籍，又自己編書刊書，具有範圍大、門類多且大眾化的特點，許多歷代詩文、有實用價值的百家類書及那些不被官方重視的詩人著作，皆賴此流傳。此外，大部分宋本的雕印十分精美，其本身就是藝術品，具有很高的欣賞價值，爲後世雕版印刷的範本。總的來說，宋刻本無疑是我國古籍版本中的珍品。

在一般人心目中，文獻學似乎只是古籍整理層面上的知識問題，技術多、思想少、處在學術史的邊緣地帶，談不上什麼重要性，甚至算不上什麼眞學問。這是不瞭解文獻學的認識，殊不知文獻學研究既是一切學術研究的根本和基礎之一，也可以影響甚至改變一代學術研究的風氣和方向。

抗戰前爲了使典籍免於戰火的摧殘，許多重要的宋版書至今下落不明，近年來中國大陸已整理出善本書目，待臺灣也做整理，就能查出還有若干種書失佚，流傳到何處。近人王國維提倡「二重證據法」，強調新學問的造成要依賴地下出土的新材料與現存的紙上材料相印證。地下出土的新材料不能強求。然通常的情況下，用不同的理論和方法研究現存文獻，也可以造成新學問，宋版書是所有華人的重要資產，更需要花費心思去作保存與整理。

民國三十八年政府將大量善本古籍攜遷來臺，使臺灣成爲漢學文獻收藏的重鎮，也使臺灣成爲世界漢學研究者必到地區之一。政府爲方便漢學研究者取資利用，雖曾責成各收藏單位編輯出版收藏目錄，再由國家圖書館彙總印行《臺灣公藏善本圖書聯合目錄》，但所編目錄僅載書名、卷冊數及版本等項，無法顯現善本書的重要特徵，又此目錄編於民國六十年初期，許多民間捐贈及政府編列預算徵集的善本書均未收入，其完整性有其不足。

宋版圖書爲善本書之精華，既保存古文獻最早之原貌，亦爲圖書出版史最重要之見證物，故無論中國大陸、日韓或歐美，無不競相調查存世之中國宋版古書。臺灣現公藏宋版書約近四百種左右，在傳世宋版圖書中，具有一定的重要地位，其收藏之實際概況，早爲學林各界所關注。在六十年代初期

即有日本版本學家阿部隆一前來調查，便是顯例〔註4〕。有感於此，即展開對於臺灣公藏宋版書的調查研究計畫。

第二節　研究價值

　　近日教育部已將宋版書列爲國寶級文物，所以本調查研究，至少具有下列學術意義：

　　一、「世界見存宋版圖書」的編纂與整理，可以從臺灣率先開端。

　　二、方便漢學研究者取資利用。

　　三、訓練鑑別善本古籍之知識。

　　四、爲臺灣古文獻資源提供清楚的面貌。

　　隨著調查研究的實物調查、考校刻工、版式、行款、牌記、字體、印記、紙墨等項，待各書版本確立之後，著手於各家藏書志，檢尋歷代藏書家著錄之情況，期能從各家之遞藏源流，明瞭臺灣這批宋版圖書之來歷。之後，再分析各書之原始刻書機構及出版地區，以觀察宋代官刻、家刻、坊刻、寺院刻書的現存情況。除了可達到學術上的目的外，還可作下列各項之探討：

　　一、以實物見證宋代雕版印刷術的發展情況。

　　二、從宋刊刻圖書之審慎與態度之嚴謹，可推見宋朝在推行學術上的用心。

　　三、以臺灣地區宋版本的豐富，探求其所具珍貴文獻史料的實際意義。

　　四、分析研究宋刻工的時代及地區分佈情況，以作爲今後鑑定版本的重要依據。

　　五、與中國大陸、日韓、歐美地區存藏宋版圖書比較，以呈現臺灣所藏之內涵與特點。

第三節　前人研究成果的探討

　　統計目前與調查研究臺灣公藏宋版書相關著作者，一是對於公共圖書館、大學圖書館所收藏的古籍，加以整理歸納，列舉出館藏的各種書目，多屬於目錄性質的，如《國立故宮博物院善本書目》、《國立中央圖書館善本書

〔註4〕　阿部隆一之《中國訪書志》即爲其至臺灣調查宋元版書之著作。

目》、《中央研究院歷史語言研究所善本書目》、《國立臺灣大學、臺灣省立台北圖書館、國防研究院、國立臺灣師範大學、私立東海大學善本書目》等。內容多屬書目著錄方式，無法呈現出宋版書的特色。

二是圖錄，因較具規模的公藏單位爲達到宋版書的運用功能，以多年的專業經驗與知識，將每一部宋版書加以辨析源流，並對於前人錯誤的認定，都能加以考辨出來，恢復它的本眞，如故宮博物院於 1977 年出版的《國立故宮博物院宋本圖錄》及 1986 年出版的《國立故宮博物院藏沈氏研易樓善本圖錄》、國家圖書館於 1958 年《國立中央圖書館宋本圖錄》及 1999 年出版的《國家圖書館善本書志初稿》。

三是專書，如日人阿部隆一著有一本《增訂中國訪書志》，乃專對臺灣國家圖書館、故宮博物院、老北平圖書館、中央研究院傅斯年圖書館等，以及香港大學馮平山圖書館、中文大學圖書館所藏宋元版作了一個全面調查，認眞且一絲不苟地將每部書詳細著錄，又因阿部先生已將藏於日本的中國宋元版漢籍調查透徹，故在此書中，無論是存卷數、尺寸、修補情況、刻工等，在在可呈現並比較出三地藏本的概況，然此書爲日文寫作，不識日文者，所得有限，所幸經過二十多年後，國家圖書館出版的《國家圖書館善本書志初稿》中，參考及引用不少此書的內容，可惜的是，也只限於國家圖書館的館藏。

另一本專書爲昌彼得先生所著的《增訂蟫菴羣書題識》。此書將昌先生數十年來爲推介國家圖書館館藏中流傳稀少之宋元版書，撰寫而散載於期刊中的書志題識之文，輯爲一帙。書中將每本宋版書之版本項目著錄詳細，還引述各書之源流嬗變，並比較各式版本及著疏本之差異及整理出歷代輯佚之內容。無論書的版刻及外形，甚或書的作者與內容，皆一目了然。

四爲期刊論文，多就一部或部分經典加以論述，分析出該部或某類宋版書的價值、版本、源流及現狀等要點，如李學智〈臺大藏宋版「西山先生眞文忠公文章正宗」〉、吳哲夫〈沈氏研易樓的宋版書藏〉、潘美月〈北宋蜀刻小字本冊府元龜〉等，可呈現出一部宋版書，或部分宋版書之特色，卻無法呈現出臺灣公藏宋版書之整體面。

五爲線上資料庫，各重要收藏單位皆將宋版書電子化，可經由網站，於線上快速查到宋版書的版本資料，也可從線上觀看電子宋版書。各館藏單位也陸續將各地之資料庫作整合，以期能以最快速且最便利的方式，調查並統

整世上留存的宋版。如漢學研究中心所編之《臺灣地區漢學資源選介》中收錄許多線上收藏宋版書之資料庫。

第四節　研究方法

　　宋代從書籍、人文藝術之盛而至文獻編纂之業，盛況空前，無論儒家經典的編集、註釋之作，或其他領域之作，如史書、類書、科技文獻、宗教文獻、文集、筆記等，大大促進了傳統文獻學的多層次研究。按照現代一般性研究傳統文獻學者，通常包括目錄、版本、校勘、辨偽、輯佚等專門學問，不過傳統文獻學同時也是基礎性、綜合性、實用性的學問，研究的範圍很廣，並不侷限哪一項專學，也不侷限於一個學科，舉凡有關文獻工作的內容，幾乎可以涵括於文獻學研究的範疇中，故研究文獻學自然也需注意到各方面的研究成果。

　　本文研究方法大致有三：

（一）資料收集：一是熟讀並確切掌握前人對於宋版書的研究資料，在其基礎上做更詳盡的探討，以達到事半功倍的效果。例如上述引阿部隆一《增訂中國訪書志》、昌彼得《增訂蟫菴羣書題識》、李學智〈臺大藏宋版「西山先生眞文忠公文章正宗」〉、吳哲夫〈沈氏研易樓的宋版書藏〉、潘美月〈北宋蜀刻小字本冊府元龜〉等。二是廣讀宋版書其他相關資料，這一方面的資料有助於瞭解藏書家、藏書章、版刻等等。如劉兆祐：《認識古籍版刻與藏書家》、國立臺灣師範大學圖文傳播技術學系：《中國印刷史論叢》等。

（二）運用史學的發生研究法及比較研究法：發生研究法就是將研究的對象放在歷史脈絡中的方式來進行考察。本研究既是對文獻之探討，應注意其歷史的因素。歷史的因素不外乎二者，一爲事物產生之淵源，一爲時代之背景。以前者論，一物之發生，非憑空而至，乃有其必然之因素。然此方法雖可對該時代有一定的瞭解，仍不可否認事物本身的創造性，故必再運用比較法，則可得其特徵與價值之所在。如本文第三章〈臺灣公藏宋版書收藏情況〉即是以發生研究法來探討宋版書藏存臺灣之源流，再以比較方法呈現出臺灣各館藏之特點。

（三）內容分析法：本文以「內在主觀因素」和「外在客觀條件」的之內容分析法角度來探究宋版書，外在客觀條件即是其發展的原因和歷程，而內在主觀因素則是根據宋版書本身內容所反映出來的，兩者相互影響，甚至互為表裡，相輔相成。在內在、外在的雙重影響之下，才交織出宋版書在藏、刻書史上光輝的一頁。蓋宋刊本為舉世無雙的文化寶藏，學者對於學術文化活動無不以文本為基礎，是以本文依據吳哲夫先生之研究計畫所整理出來的目錄，採取整體論述的方式，以展現出宋代印刷事業的發展特點、宋版書流傳至臺灣的源流始末、臺灣公藏宋版書的特色與學術價值等等。

簡單而論，本文之研究步驟為：確定研究動機與目的，擬定研究計畫→資料蒐集→文獻閱讀→資料整理→資料分析→文獻探討→相關文獻及理論整理及補強→確定研究之成果→比較分析整理→結論→修改→定稿。

本文的研究方法不可能完全按照現在科學的標準來定義，因此仍大體依據通行的方式，以過去所稱校讎學的內容為主，同時又根據前人學術研究的實際情況，稍作調整和補充，以求能反映出臺灣公藏宋版書歷史發展的概貌和底蘊。

第二章 宋代印刷事業的發展概況

第一節 宋代以前刻書發展的歷史

一、我國刻書的起源

　　談到中國發明的印刷術，雨果把它喻作「一切革命的胚胎」，孫中山則把它看作人類生活不可缺少的五大要素之一，並把發展印刷工業列入實業計畫的第五計畫中。他們都把印刷技術的進步和印刷工業的發展放在十分重要的地位，可見中國的印刷術不僅對我國，甚至對促進世界文化事業的發展、科學技術的進步、社會發展的進程，皆作出了一定的貢獻。

　　中國印刷術的歷史，正如同中國歷史一樣的光輝燦爛，源遠流長，因此不少中外學者著意於中國印刷史的研究和著述。孫毓修的《中國雕版源流考》、美國漢學家卡特的《中國印刷術的發明和它的西傳》、錢存訓的《紙和印刷》及張秀民的《中國印刷史》，匯集了大量的印刷史料，可供後人進一步深入研究。

　　綜觀《辭源》、《辭海》等各工具書對「印刷」一詞的釋文，多侷限或偏重於印書。客觀上，只有當原稿經過不同的處理過程，反覆印刷成印刷品方可謂「印刷」，其工藝過程則是「印刷術」。印刷術既是指印刷的工藝過程，那麼印刷就和其他物質生產一樣，受到技術的制約。

　　自紙張發明改良以後，抄本書籍開始大量出現。但是如果是一部卷帙浩繁的書籍，逐字逐本的抄寫，往往需要幾個月或幾年的抄寫功夫，既費時又

費力，爲克服這些缺點，古人在梓木、梨木或棗木上刻出凸起的陽文反文字，把黑墨塗在文字上，再用棕刷在紙上刷印，變成了白紙黑字的印刷品了，故刻板又稱爲「梓刻」或「梓行」，刻書就稱「付之梨棗」。齊備了筆、墨、紙張等條件，懂得反文印刷的道理，積累了印章、碑刻、磚瓦反文、木板寫字刻字、印封泥、印紙等經驗，逐漸發展成眞正的雕版印刷術。

我國雕版印刷術究竟始於何時，史冊沒有明白的記載。因此過去許多學者根據各種推考的說法，有起於東漢、六朝、隋、唐、五代等不同的說法。其中雕版始於隋以前之理由，不外乎由於漢靈帝詔刊章補張儉之文，證知雕印之術，東漢即有之，如莫伯驥《五十萬卷樓藏書目錄初編》云：

考我國雕印經籍，前明朝胡氏元瑞徧綜諸家之說，爲雕本肇自隋時，行於唐世，擴於五代，精於宋人。伯驥按清乾隆間洪氏騰蛟所撰壽山叢錄，則述北史揚俊之位常侍，嘗作六言歌，其詞淫蕩俚拙，村世流傳，名爲揚五伴侶，書賈梓而賣之。謂印書不始於隋文帝開雕釋氏遺經。其後伯驥讀明益藩莊王勿齋集卷一，謂漢靈帝時詔刊章捕張儉等，是刻印之法，漢已有之。既有刻印之法，而書籍乃日用不可缺之物，卻乃抄寫，恐無是理，則刻書時始於漢人。其說亦未嘗無據。〔註1〕

然漢靈帝詔刊章捕儉之事，見於《後漢書·黨錮列傳》：

又張儉鄉人朱並，承望中常侍侯覽意旨，上書告儉與同鄉二十四人，列相署號，共爲部黨，圖危社稷……而儉爲之魁。靈帝詔刊章捕儉等。〔註2〕

李賢注云：「刊，削。不欲宜露並名，故削除之，而直捕儉等」是以刊之義爲削除，非雕刻也。且這事發生在恒帝延熹八年（165），雖離蔡侯紙有六十年，但尚未普遍應用，謂當時即採用紙張來印刷布告，還是問題。

又有依據書賈刊印《揚五伴侶》之〈六言歌〉及《顏氏家訓》等書之稱本，證知六朝時有雕本。書賈刊印《揚五伴侶》之〈六言歌〉之說，據《北史·陽休傳》卷四十七云：

〔註1〕 （清）莫伯驥：《五十萬卷樓藏書目錄初編》（臺北市：廣文，民56），卷二，明會通館活字通板校正音釋春秋跋，頁285。
〔註2〕 （南朝宋）范曄：《後漢書》（臺北市：臺灣商務，民89七刷），卷六十七〈黨錮列傳〉第五十七，頁2210。

俊之（休之弟）……當文襄時，多作六言歌辭，淫蕩而拙，世俗流傳，名爲陽五伴侶，寫而賣之，在市不絕。俊之嘗過市，取而改之，言其字誤。賣書者曰：「陽五古之賢人，作此伴侶，君何所知，輕敢議論」俊之大喜〔註3〕。

由此文可見，俊之陽姓，非揚字也，是《陽五伴侶》之〈六言歌〉，當時曾「寫而賣之」，絕無雕版印行之事。

另島田翰《古文舊書考》卷二〈雕版淵源考〉以爲北齊（550～577）以前已有刻板，其云：

予以爲墨版蓋昉於六朝，何以知之？《顏氏家訓》曰：「江南書本，穴皆誤作六。」夫書本之爲言，乃對墨版而言之也。顏之推北齊人，則北齊時既知雕版矣。……先儒云：「隋時始有佛書雕本，監本始於馮道。」而流俗沿襲，莫之能更，不知其昉於北齊以前，而唐太宗以前已有監刻本。私謂是先儒未道之遺，故舉以質諸博雅。〔註4〕

顏之推只說江南書本，並非說刻本，葉德輝於《書林清話・刻版之始》駁云：「若以諸書稱本，定爲墨版之證，則劉向《別錄》，校讎者一人持本，後漢章帝賜黃香《淮南子》、《孟子》各一本』，亦得謂墨板始於兩漢乎〔註5〕？」按葉氏所論，「本」字非指墨板也。故北朝有刻本之說，亦不足據也。

明陸深在《河汾燕閑錄》中說道：「隋文帝開皇十三年十二月八日，敕廢像遺經，悉令雕板。此印書之始，又在馮瀛王先矣〔註6〕。」（島田翰原注：是語見於隋費長房《歷代三寶記》，曰：廢像遺經，悉令雕撰）；又孫毓修《中國雕版源流考》引敦煌石室書錄：「大隋永陀羅尼經上面，左有施主李和順一行，右有王文沼雕板一行。宋太平興國五年翻雕隋本〔註7〕」遂謂雕版始於隋。

然陸氏之說，王漁洋於《居易錄》早以辨之，卷五云：「印本書，始於五代，諸家之說皆然。惟陸文裕燕閒錄云：『隨文帝開皇十三年十二月八日，敕廢像遺經，悉令雕撰。（案：撰字，居易錄並不作板）』予詳其文義，蓋雕者

〔註3〕　（唐）李延壽：《北史（三）・楊休傳》（臺北市：洪氏出版社，民64）卷四十七，列傳第三十五，頁1728。
〔註4〕　（日）島田翰：《古文舊書考・版本淵源考》（臺北市：廣文，民70），卷二，頁253～259。
〔註5〕　葉德輝：《書林清話・刻版之始》（北京：古籍出版社，1957），頁19～20。
〔註6〕　（日）島田翰：《古文舊書考・版本淵源考》（臺北市：廣文，民70），卷二，頁253。
〔註7〕　孫毓修：《中國雕版源流考》（臺北市：臺灣商務印書館，民54），頁1。

乃像，撰者乃經，儼山連讀之誤耳。」王漁洋以爲印本書始於五代雖誤，然
辨陸氏之誤，確立論甚允，「雕」即指廢像，「撰」則指遺經之說。又王漁洋
所引，作「雕撰」，不作「雕板」。宋《磧砂藏經》中有《歷代三寶記》，今據
影印本卷十二如下：

> 開皇十三年十二月八日，隋皇帝佛弟子姓名敬白：「……屬周代亂
> 常，侮懷聖跡，塔寺毀廢，經像淪亡……敬施一切毀廢經像絹十二
> 萬匹，皇后又施絹十二萬匹……弟子往籍三寶因緣，今膺千年昌運；
> 作民父母，思極黎元。重顯尊容，再崇神話。頹基毀跡，更事莊嚴；
> 費像遺經，悉令雕撰。……」〔註8〕

宋本撰字既不作板，則島田謂陸氏根據舊本之說〔註9〕，不攻自破。且《三寶
記》一書中有「再日設齋，奉慶經像，日十萬人，香湯浴像。」幾句話，假
使重新雕製佛像印版，以便複製再印，事情比較簡單，皇帝何必要各施絹十
二萬匹，王宮以下至老百姓敬施錢百萬呢？隋文帝乃因周朝「塔寺毀廢，經
像淪亡」，於是才將佛經重新蒐集編次，又新雕毀廢的佛像。再證以「重顯尊
容」及「再崇神話」之語，若把雕好的印版佛像，用香湯來澆灌，印版就會
膨脹，印刷品也會模糊不清，豈非弄巧成拙？則「雕」屬於「像」，「撰」屬
於「經」，就無疑義了，故此說法不能作爲隋朝或隋以前就有刻書的證據。

　　至於孫氏所引敦煌石室秘錄之《陀羅尼經》，乃伯希和氏於敦煌千佛洞中
所獲者，原卷題「大隋求（非永）陀羅尼經」，尾有題記云：「太平興國五年
六月二十五日雕版畢工手記」一行。按大隋求者，乃梵文 Mahapratisara 之譯
語，即陀羅尼之名，如唐不空金剛所譯者亦稱「大隋求陀羅尼經」〔註10〕，
而孫氏誤爲隋唐之隋，遂衍爲太平興國翻雕隋本。故隋代有刻本之說，亦不
足據。

　　張秀民在《中國印刷術的發明及其影響》中列舉了古今中外五、六十家
的說法，並對每一種說法加以論證，認爲漢朝說、東晉說、六朝說，未免過
早，北宋說又太晚，均不能成立。清朝流行的五代說，已爲敦煌發現的唐咸

〔註8〕　（隋）費長房：《磧砂版大藏經・歷代三寶記》（宋元間遞刊梵夾本配補明南
　　　　藏本天龍山刊本及明寫本），卷十二。
〔註9〕　參見屈萬里、昌彼得：〈刻書之始〉。載自喬衍琯，張錦郎編：《圖書印刷發展
　　　　史論文集》（臺北市：文史哲，民64），頁43～46。
〔註10〕　（日）藤田豐八撰，楊維新譯：〈中國印刷起源〉，《圖書館學季刊》，6 卷 2
　　　　期，頁8。

通本《金剛經》等實物所推翻。隋朝說因為誤解文獻，信者已不多，剩下的只有唐朝說了。而唐朝約近三百年（618～907），其中又多有不同的說法。就現存的文獻中，最早不超過九世紀初期的中唐時期，即現存記有年代最早的印本書、現藏於大英博物館的唐懿宗咸通九年（868）王玠刻印的《金剛經》，這一件印刷品的印刷技術已相當成熟，顯然不是草創時期的印刷品，必須經過長時間的演進，才能達到如此的進步。另據日本寺廟藏有日本皇室在西元770 年雕版印行的《陀羅尼經》，若此本為真，那麼依據唐初日本的文物、制度、宗教、藝術等等文化，無不效法中國，雕版印刷術自不能例外，然日本接受中國的新思想或事務時，常常比中國遲 50 年左右〔註11〕，既然西元 770 年日本已利用雕版方法，那就可以肯定中國唐朝太宗、玄宗時，也許就有了雕版印刷了。又以當時唐朝國威之盛，政治安定，經濟繁榮，自當是雕版印刷發明最好的社會背景。當然，為求得此問題正確無誤的解答，尚有待更確實可信的新史料與考古證物的新發現。

任何一種新發明，必定要適合於社會的需求，才能大力推展，普遍被使用。雕版印刷術快速生產書籍的方法，能夠滿足人們追求知識的慾望。唐朝末年，雕版印刷術漸漸在民間廣泛流行，五代時中央政府更利用它來刊印儒家經典，推展教育。到了北宋以後，更是一日千里。

二、唐及五代雕版印刷術的實業

雕版印刷術的產生，約在唐代，然就真實可據之歷史材料言之，自中唐以後，其事已盛行，籍所載唐代刻書史實，有如下列。

首先是唐代的文獻記錄：

（一）唐穆宗長慶四年（824），詩人元稹為白居易《長慶集》序：「白氏長慶集者，太原人白居易之所作……二十年間禁省觀寺郵侯牆壁之上，無不書。王公妾婦牛童馬走之口無不道。至於繕寫模勒衒賣於市井，或持之以交酒茗者，處處皆是。」自注云：「揚越間，多作書，模勒樂天及予雜詩，賣予市肆之中也。〔註12〕」「模勒」二字，一般即解釋為雕版印刷。說明當時唐代社會文化知識很為

〔註11〕 參見吳哲夫：《書的歷史》（臺北市：行政院文化建設委員會，民 74），頁 28。
〔註12〕 參見國立臺灣師範大學圖文傳播技術學系編輯，許瀛鑑主編：《中國印刷史論叢》（臺北市：中國印刷學會，1997），頁 23。

普及，元、白詩作，一開始就在民間廣泛流傳，而且已應用了印刷術。

（二）《舊唐書・文宗本紀》：「大和九年（835）十二月丁丑，敕諸道府不得私置歷日版〔註13〕。」歷日版，即印刷的歷書。這段記載，說明唐代政府曾下令禁止民間私自印刷歷書。據《冊府元龜》卷一百六十〈帝王部革弊第二〉，引《全唐文》馮宿禁板印的一份奏請：「劍南兩川及淮南道，皆以板印歷日鬻於市。每歲司天台未奏頒下新曆，其印曆已滿天下，有乖敬授之道〔註14〕。」馮宿為貞元時進士。太和中，歷工刑兵三部侍郎，拜東川節度使，此奏之陳當為東川節度使任內，蓋由於目擊當地情況而言之，說明每年中央政府還沒有頒發新曆，市上已有人售賣私自印刷的歷書。又《唐書・地理志》中提到唐代於肅宗至德二年（757）將劍南分置東川、西川〔註15〕。可見在 757 年至 835 年之間的七十多年內，南方一帶已經出現了私人印刷的時憲書。

（三）唐司空圖《司空表聖集》卷九有為東都敬愛寺講律僧惠確化募雕刻《律疏》一文：「今者以日光舊疏，龍象弘持，京寺盛筵，天人信受。口迷後學，競扇異端；自洛城罔遇，時交乃焚（焚，《全唐文》作楚）；印本漸虞散失，欲更雕鋟。惠確無愧專精，頗嘗講授。遠欽信士，擔結良緣，所希龜鏡屯口，津梁靡絕，再定不刊之典，永資善誘之方。必期字字鐫銘，種慧牙（牙，《全唐文》作良）而不竭；生生親眷，遇勝會而同聞〔註16〕。」，題下附小字注有「印本共八百紙」。文中提到「自洛城罔遇時交，乃焚印本，漸虞散失，欲更雕鋟。」其所指之事，當為唐武宗用道士趙歸眞語廢佛時，

〔註13〕（後晉）劉昫：《舊唐書・文宗本紀下》（臺北市：洪氏出版社，民 66），卷十七下，頁 563。

〔註14〕（宋）王欽若等編：《宋本冊府元龜・全唐文》（北京市：中華書局，1989.01），卷一百六十，頁 1932 上。

〔註15〕（宋）歐陽修，宋祁等：《新唐書・地理志五》（臺北市：洪氏出版社，民國66），卷四十一，志第三十一，頁 1051：「至德二年（757）十月，駕迴西京，改蜀郡為成都府，長史為尹。」「至德二年十月，駕迴西京，改蜀郡為成都府，長史為尹。又分為劍南東川、西川各置節度使。」

〔註16〕（唐）司空圖：《司空表聖集》（清道光戊申二十八年（1848），涇縣潘氏袁江節署刊同治丙寅五年（1866），新建吳坤修皖江印本），卷九。

寺院內的佛經遭到散失，武宗禁佛時間是會昌五年（845）。司空圖于唐懿宗咸通十年登進士第，至僖宗干符六年（879）之間任職，他所提出的「欲更雕鏤」佛經之事，當在這段時間。可見會昌之時已有日光舊疏之刊本流行。

（四）唐范攄《雲溪友議》卷下：「紇干尚書泉，苦求龍虎之丹，十五餘稔。及鎮江右，乃大延方術之士，作《劉宏傳》雕印數千本，以寄中朝及四海精心燒煉之者〔註17〕」。紇干泉生平不詳，《唐書‧藝文志》著錄有紇干臮撰的《序通解錄》，可知其在大中元年至三年（847～849）任江南西道觀察使，疑「泉」應爲「臮」。就可證實九世紀中葉，道家著作已經雕版印行了。

（五）柳玭《柳氏家訓》序：「中和三年（883）癸卯夏，鑾輿在蜀之三年，余爲中書舍人，荀休，閱書於重城之東南，其書多陰陽、雜記、占夢、相宅、九宮五緯之流，又有字書小學，率雕板印紙，浸染不可曉〔註18〕。」柳玭是唐代著名藏書家柳仲郢之子，黃巢之亂，隨僖宗逃入成都避難。看到城內書舖已有雕版印刷的書籍售賣。還說：「嘗在蜀時，書肆中閱印版小學書。」這段話，說明唐朝後期印刷的書籍種類日漸增多，而且當時的成都地區已擁有相當數量的經營刻印和銷售書籍的坊肆了。

（六）唐代來華留學的日本僧人宗睿，在《新書等請來法門等目錄》中，有關於唐代印本書籍的記載。宗睿是日本入唐的高僧之一，曾留學于長安西明寺。咸通六年（865）歸國，回去時帶走圖書、經卷一百三十四部，一百四十三卷。有西川印子《唐韻》五卷、印子《玉篇》三十卷。印子即指印本，目錄中所記《唐韻》、《玉篇》都是劍南西川的雕版印書。可見唐代後期四川成都地區已有了字書、韻書雕版印行於世，而且流傳到海外。

除唐朝人在文獻中記述其見聞以見證唐代社會已出現雕版印刷之外，宋以後歷代文獻中也有關於唐代社會雕版印刷活動的論述：

〔註17〕（唐）范攄：《雲溪友議‧羨門遠》（臺北市：世界書局，民48），卷下，頁69。

〔註18〕（宋）薛居正：《舊五代史‧明宗紀》（台北：洪氏出版社，1977.10），長興三年一之二月辛未條注文，卷四十三，頁589。

（一）宋王讜《唐語林》中說：「僖宗入蜀，太史曆本不及江東，市有印賣者，每差互朔晦，貨者各爭節候，因爭執，里人拘而送公。執政曰：『爾非爭月之大小盡乎？同行經紀，一日半日，殊是小事。』遂叱去。而不知陰陽之曆，吉凶是擇，所誤於象多矣！〔註 19〕」僖宗為避黃巢之亂，於中和元年（881）逃到四川。這段記載說明，唐代後期由於路遠交通不便，又逢國家戰亂，政府頒發曆書不及時，江東一帶也已經有人用雕版印刷術印曆書了。因為晦朔有差，而發生爭執，可知當時雕版印賣曆書的，不只一家，而有多種版本在市上流行。

（二）宋人朱翌《猗覺寮雜記》云：「雕印文字，唐以前無之，唐末益州始有墨版〔註 20〕。」王應麟在其《困學紀聞・說經篇》中引《國史藝文志》說：「唐末益州始有墨版，多術數書、小學〔註21〕。」此外，歐陽修、高承等人也都有類似的論述。

（三）明人邵經邦在其所撰《弘簡錄・太宗后長孫氏傳》中有以下敘述：「太宗后長孫氏，洛陽人，遂崩……及宮司上其所撰女則十篇，采古婦人善事。……帝覽而嘉歎，以后此足垂后代，令梓行之〔註22〕。」清末人鄭機在《師竹齋讀書隨筆匯編・雜考上・人事類》卷十二引用了邵氏《弘簡錄》的這段文字。以此作為反駁印書發明於五代，認為早在唐代初期太宗時，已經有了書籍的印刷了。

尤以上數例觀之，刻書地域，西極巴蜀，東至揚越，中原則有洛陽淮南；刻書範圍則有詩經、釋經、曆書、小學字書及陰陽五行等書，不難得知雕版印書的方式，在唐時已甚風行。

我國雕版印刷，雖肇始於唐朝，但當時出版事業，只限於私人雕印的通俗書和佛經的經咒，政府機構未加以採用，沒有產生什麼重大的影響。到了五代，印刷事業才興盛起來，就書的種類而言，除了佛教與道教經典之外，政府出版了監本經書，為後世監本之濫觴；就刊刻地域來論，唐末藩鎮各霸一方，到了後五代更是混亂，短短五十三年，走馬燈式的換了五個王朝，各

〔註 19〕（宋）王讜：《唐語林》（臺北市：廣文，民 57），卷七。
〔註 20〕（宋）朱翌：《猗覺寮雜記》（臺北縣：藝文，民 56～57），卷下。
〔註 21〕（宋）王應麟撰，（清）翁元圻注：《困學紀聞》（臺北市：臺灣商務，民 45），卷七，頁 693。
〔註 22〕（明）邵經邦：《弘簡錄》（成都市：四川民族出版社，2002），卷四十六。

地軍閥割據，戰火連年，又以契丹的掠奪屠殺，使得開封洛陽之間數百里無人煙，但偏遠地方如蜀、南唐、吳越、閩國，卻保持偏安局面，從西邊的前後蜀，以及東南邊的吳越與南唐各國，成了文化中心。政府與民間皆一同投入刻書的工作，加上經濟繁榮，書籍流傳方便，雕刻印刷的技術也跟著熟練起來，因此在印刷史上五代佔有重要地位，更促成了宋代文教的復興。

　　五代印刷最值得稱譽的是儒家經典的雕印。唐代雖有雕版印刷，卻從未刻過儒家經典。《舊五代史》曾載：「後唐明宗長興三年（932），宰相馮道、李愚請令判國子監田敏，校正九經，刻板印賣〔註23〕。」後唐宰相馮道（881～954）、李愚看到吳蜀之人鬻賣印版文字，各色各類都有，卻沒有經典，因此激起雕印儒家經籍的想法。於是在唐長興三年（932）和李愚等人建議政府依石經文字，用木板刻印九經三傳，爲明宗接納，就由國子監負責校刻，以唐開成石經爲藍本，並加入注文，這是我國官刻圖書的開始。王溥的《五代會要》記載當時情形更爲詳盡：「長興三年二月，中書門下奏請依石經文字刻九經印板。敕令國子監集博士儒徒，將西京石經本，各以所業本經，句度鈔寫注出，仔細看讀，然後催召能雕字匠人，各部隨帙刻印版，廣頒天下。如諸色人要寫經書，並須依所印敕本，不得更使雜本交錯。其年四月，敕差太子賓客馬縞、太常丞陳觀、太常博士段顒、路航、尚書屯田員外郎田敏充詳勘官；兼委國子監於諸色選人中，召能書人，端楷寫出，旋付匠人雕刻〔註24〕。」可見當時校訂矜愼，繕寫刻鏤之精良，也可推測當時政府刊刻儒家要籍的目的，不僅要使一般人易於獲得，更求經文正確，以作爲徵信的訂本。

　　九經三傳雕刻工作，始於長興三年，止於後周廣順三年（953），歷時二十二年，凡易四代，不可不說是件大工程。除此之外，國子監還刻了五經文字，九經字樣和經典釋文。另外五代也刻了不少其他的書籍，如《舊五代史‧晉書‧高祖本紀》：「天福五年（940）五月……帝（晉高組）好道德經……尋令薦明以道德二經雕上印版，令學士和凝別撰新序冠於卷首〔註25〕。」《舊五代史‧周書‧和凝傳》：「平生爲文章，長於短歌豔曲，由好聲譽，有集百卷，

〔註23〕　（宋）薛居正等：《舊五代史‧明宗紀第九》（臺北市：洪氏出版社，民66），卷四十三，唐書第九，頁588。

〔註24〕　（宋）司馬光：《資治通鑑》（台北：世界書局，民63.3），卷二百十二，後周紀三，頁9519。

〔註25〕　（宋）薛居正等撰：《舊五代史‧高祖本紀》（臺北市：洪氏出版社，民66），卷七十九，晉書五‧高祖本紀五，頁1041。

自鏤於板，模印數百帙，分惠於人焉。〔註26〕」

唐朝末年，中原動亂，西陲的四川，獨保安寧，成了政治、經濟中心，其地盛產麻紙，有曰：「蜀中杞梓如林，桑麻如織。」因此構成了刻書印書有利的條件。根據文獻記載，前蜀印本書，有前蜀任知玄自出俸錢，雇貨良工〔註27〕，雕印杜光庭的《道德眞經廣聖義》三十卷，藏在龍興觀，可知蜀中民間刻書也不是輕率而事的，其印造流行「不須染翰之勞，可遍普天之內，使人皆持誦」，這就是體會到雕版印刷術的便利。前蜀乾德五年（923）蜀國曇域和尚檢尋他師父貫休的詩稿約一千首，雕《貫休禪月集》，《四庫全書總目提要》云：「唐末刊印書籍，未有自刻專書者，自刻專書自《禪月集》。」因此《禪月集》的雕刻又代表了歷史的意義。

以上幾種刻書，都比馮道提倡雕刻儒家要籍爲早。到了後蜀，四川刻書更爲興盛，最有名的即是宰相毋昭裔出私財百萬，營學館刻九經，其年爲孟蜀廣政十六年（953），晚於馮道倡議印九經二十餘年，因是受其影響。另按《宋史·毋守素傳》：「毋守素……父昭裔，爲蜀宰相，太子太師致仕……昭裔好藏書，在成都令門人勾中正，孫逢吉書文選、初書記、白氏六帖鏤板〔註28〕。」足見後蜀毋氏刻書不少，不僅開私人大量印書之先聲，因此也使四川漸成爲西南文化出版中心，爲兩宋蜀本奠下良好的基礎。

五代時，長江下游，江浙一帶的雕版印刷，歷史文獻較少記載，罕爲人知。民國六年（1917）胡州天寧寺塔中（或云在石刻佛頂尊勝陀羅尼經幢下象鼻中）發現了後周顯德三年（956）所印《寶篋陀羅尼經》，於是吳越之地的雕印事業，遂爲中外所皆知。

無論是文獻記載或是實物證明，可見我國用雕版印刷的方法來印刷書籍應始於唐，而雕版印刷技術於五代已經相當成熟，上有帝王官吏的鼓吹，下有民間的影響，又加上戰爭使得人民遷徙不已，雕版印刷流因此傳遍布各地，形成幾個早期的印刷中心，爲宋代文化的蓬勃發展和雕版印刷的興盛奠定了堅穩的基礎。五代雕印書籍的功績凌駕於發明雕版印刷術的唐代，只可惜流

〔註26〕（宋）薛居正等撰：《舊五代史·和凝傳》（臺北市：洪氏出版社，民66），卷一百二十七，周書十八，列傳七，頁1673。

〔註27〕據（日）島田翰《古文舊書考》載《道德經廣聖義》是顧良工雕刻的，吳哲夫：〈唐五代雕版印刷術〉，《國魂》，5卷21期，民78.04，頁70。

〔註28〕（元）脫脫等修：《宋史》（臺北市：洪氏出版社，民64），卷四百七十九，列傳第二百三十八，頁13893。

傳的眞品，存世已如鳳毛麟角了。

第二節　宋代出版事業興盛的時代因素

在中國歷史中，漢、唐、明、清被認定爲很強盛的四個王朝。而宋朝疆域小、邊事多、國力不強，件件比不上漢、唐、明、清，但是，宋朝在社會發展方面，無論物質文化、精神文化卻不比漢、唐低，總體而言，社會發展程度甚至高過於漢、唐。尤其是雕版刻書方面，更達到發展的頂峰，其因素不外乎以下幾點：

一、集權統一，重文輕武

後周恭帝顯德六年（960）初，後周的殿前都點檢兼宋州歸德軍節度使趙匡胤在陳橋發動兵變，一夜之間黃袍加身，推翻了後周政權，建立了趙宋王朝，是爲宋太祖。太祖與太宗先後平定荊南、後蜀、南漢、南唐、吳越和北漢，結束了唐代安史之亂以後五代十國割據局面，使中國重新統一，在歷史上貢獻極大。

半個多世紀以來，中國社會一直處在戰爭連年、動盪不安的環境中，剛剛誕生的趙宋王朝，面對這種經濟蕭條、民生凋蔽、如流沙一般的國家，謹記歷史的教訓，在政治、經濟、軍事、文化等各個方面，採取中央集權，重文輕武的政策。

五代以來，中央禁軍統歸殿前都點檢指揮和調遣。宋朝建立以後，首先分散禁軍的統轄權，由殿前都指揮使、侍衛軍都指揮使、步軍都指揮使三司分別統轄。而三司又只能在平時對禁軍實行管理和訓練，沒有調遣權，調遣權歸樞密院領屬，樞密院則任用文人，並由皇帝直接指揮。所以對中央禁軍統轄權的分散，是爲了皇帝集權；同時爲「任用文人，以文抑武」開闢了道路。

在中央集權的同時，也開始削弱各地方節度使的特權。唐、五代時的地方節度使，兼領數州，地方上的軍、政、財、文、司法等大權統歸節度使，形成了地方獨立政權，這也是出現唐末至五代割據自立的重要原因。宋王朝建立後，爲了加強中央集權和全國的統一，各地方的州、縣長官卻都由朝廷派遣文人去充任，不再聽節度使的支配，同時朝廷還派遣文人到各州、縣，充當通判，監督地方長官，並與地方長官共同掌管地方行政事務；派遣文人

充任監當使臣，到地方掌管各州、縣的財政與稅收；再增設轉運使和轉運通判，負責把各地的稅收、財物運往中央。這樣一來，就把唐末、五代以來軍、政、財等大權統歸節度使掌管的局面一分爲三，而朝廷派遣的州縣長官、通判、監當使臣、轉運使、轉運通判等官員互相監督、互相牽制，最後再達到三者合一，統歸朝廷，集權中央。

宋太祖曾對他的近臣趙普說過：「我現在用儒臣分治各藩，縱使一百個儒臣都會去貪污爲害，也不及一個武將作亂後果嚴重〔註29〕。」宋王朝在加強中央集權，鞏固國家統一中，逐漸用文臣代替了武將，這種因政治變革所引起的任人路線的重大變化，不但帶動了習文的社會風氣，也引起科舉制度的相應變革。

二、經濟繁榮，衣食豐裕

宋朝除了加強中央集權外，最重要的還是要盡快恢復社會經濟，努力發展生產，使人民安居樂業。

宋初鼓勵墾荒、興修水利、改進農具、改革耕作技術等，農業很快得到了恢復和發展，據文獻資料考證，農作物單位面積產量，唐代平均每畝約一石半（比漢代高了百分之五十），宋代則約二石，比唐代高了百分之三十〔註30〕。其他經濟作物，無論種茶、種甘蔗、栽桑養蠶、種棉，均比前朝豐盛，特別是棉花、小麥種植，尤爲顯著。在製鹽、製茶、造船、造紙、製糖、紡織、製瓷……等手工業方面，除了產地多、產量大、技術更發達，如「單筒井」的開鑿；「糖冰」（冰糖）的生產技術；鈞、汝、定、越、龍泉及景德鎮精美瓷器大量出口。除此之外，商業、城市的發展，如「坊制」的突破、集鎮的興起以及世界上最早的紙幣「交子」的產生。

在孝宗淳熙十三年（1139）國庫中所儲金至八十萬兩，銀一百八十六萬兩，下庫現緡錢長五、六百萬〔註31〕，又有「蘇湖熟，天下足」、「斗米二、三錢，縣縣人煙密，村村景物妍」之說，全國農村富庶，財政收入增多，呈現一片欣欣向榮之景。

〔註29〕（清）畢沅：《新校續資治通鑑》（臺北市：世界，民63），卷七有云：「選儒臣幹事者百餘，分治大藩，縱皆貪濁，亦未及武臣一人也」。

〔註30〕蒙文通：《蒙文通文集》（成都市：巴蜀書社，1995），卷三。

〔註31〕（宋）王應麟：《玉海‧乾道會計錄》（揚州市：廣陵書社，2003），卷一百八十五，頁3395。

三、重視教育、文人增多

　　宋朝在政治制度上以唐爲鑒、守內虛外、強幹弱枝，極力分化宰相事權。其中科舉制度雖在隋唐早已實行，但唐代的科舉多被門閥貴族所操縱，寒門出身的人考中並爲官者甚少。五代十國時期，朝代更迭頻繁，這種門閥制度難以繼續。宋太宗曾云：「王者雖以武功克敵，終須以文德致治〔註32〕。」，於是到了北宋，科舉廣泛地向文人開放，只要通過考試，不論門第高低，出身貴賤，均可錄取，錄取之後即可量才推官。從宋太祖起，每科取士一次比一次多，皇帝甚至對屢次科考而久不中者表示關心，認爲他們困頓風塵，業亦難專，因而可以寬恩特賜本科出身。以後這種特賜還形成了定制，凡考試多次而不中者，都可特賜，叫做「特奏名」。

　　完善的科舉考試、官員銓選、考核、退休及對地方官的監察制度等等，加上貫徹「誓不殺士大夫」的政策，對儒士都特別尊重且寬容，不僅有效地防止了文臣、武將、後妃、外戚、宗室、宦官擅權專政，更促使全國上下重視教育，在京城就設有國子學、四門學、宗學、武學、律學、算學、書學、畫學、醫學等等，其中算學生有二百十人，醫學生有三百人，至元祐八年，太學生員達三千一百餘人〔註33〕；在地方則有郡縣學及書院。因爲學生眾多，自然而然便需要大量的課本及參考書了。

　　宋代這種科舉制度的改變，不僅僅是加強了中央集權的統治、促進了國家的統一，更大大激起了社會各個階層讀書應考、考取作官、作官富貴的風氣，據統計當時浙江詞人達一百三十八人，江西七十八人，福建六十三人，故洪邁稱：「七閩、二浙與江之西東，冠帶詩書，翕然大肆，人才之盛，遂甲天下〔註34〕。」自建炎至嘉熙百餘年間，全國登科者一萬五千八百人。可見當時整個社會潛心學術，傾心文章，崇尚文化的濃重氣氛。成爲宋代版印事業成熟發達的重要社會原因之一。

四、科學發達，技術創新

　　由於教育普及、生活富裕，促使科學得到前所未有的發展。中國四大發

〔註32〕　（宋）李攸：《宋朝事實》（臺北市：藝文印書館，民59），卷三。

〔註33〕　參見國立臺灣師範大學圖文傳播技術學系編輯，許瀛鑑主編：《中國印刷　史論叢》（臺北市：中國印刷學會，1997），頁40～41。

〔註34〕　（宋）洪邁：《容齋四筆・饒州風俗・餘幹縣學記》（臺北市：大立出版社，民70），卷五，頁665。

明中，有三項即是在宋朝完成的：指南針應用於航海、火藥用於戰爭、活字印刷術用於刊印書籍。其他科學技術還有如「水運儀象台」，是世界最早的一台天文鐘；黃裳的《天文圖》以北極爲中心，刻有 1440 顆星，是世界上現存最古的石刻天文圖。數學方面，孕育出許多著名數學家，如沈括、賈憲、秦九韶、楊輝等。其中賈憲的「增乘開方法」比義大利魯菲尼和英國霍納提出的演算法早了八百年。秦九韶的《數學九章》是數學名著，他提出的大衍求一術整數論中一次同餘式的解法，比歐洲的尤拉和高斯早了五百年。

醫學方面，宋朝時醫學比之前朝分工更細，前朝僅將醫學分爲脈科（內科）、針科、瘍科（外科）三種。宋代則細分爲九科：大方脈科、小方脈科、風科、眼科、產科、瘡腫兼析瘍科、口齒、咽喉科、針炙科、金鏃書禁科，並有許多醫學著作，如宋慈的《洗冤錄》，爲世界上最早的一部法醫學著作；王惟一的《銅人腧穴針炙圖經》和針炙銅人模型使針炙向前邁進一大步；時修纂的《經史證類備急本草》，共收藥物一千五百八十八種，比《唐本草》新增四百七十六種，是《本草綱目》問世前的權威藥學著作。

繼農業後，手工業、商業、交通運輸業以及鄉鎮建設等，也相應得到了恢復、發展並逐漸繁榮了起來。社會經濟的恢復和發展，使社會得到了一個相對安定的環境，同時也使其他事業如冶煉、燒瓷、織染、造紙到版印圖籍等得到發展的前提。

宋紙品種多，質量尤佳。唐代已有勁矢不能穿洞的紙鎧。宋朝有紙衣、紙冠、紙帳、紙被，可見紙張之結實耐用。無怪金粟山藏經紙，堅韌如今牛皮紙，色亦近似。而福州東禪等覺寺所印《宗鏡錄》厚實如西洋卡片紙，兩面印字，毫不透紙背。宋朝又把造好的紙加工，以增色澤，如蠲紙、采箋等，也造出避蠹之黃紙、椒紙與竹紙，兩宋官刻即喜用黃紙印書，以其可以防蟲蛀。除上述外，宋朝印刷還有廣都紙、越紙、襄紙、表紙、印書紙、黃壇紙、皮紙、藳鈔紙、藏經紙及徽、池、成都會子紙等不同特色紙類外，又有書皮表背副葉紙、表背碧青紙、裝背饒青紙、三省紙、新管紙、竹下紙、古經紙等，供印造裝背之用。宋紙不但品質好，產量亦大，乾道四年（1168）於臨安西湖濱置造會紙局，咸淳時工徒一千二百人。專印造鈔票用紙，就有一千二百人的造紙工廠，規模不可謂小。連同其他各處的造紙工人，當以萬計，故能供應全國印刷品之用。

中國的墨歷經一千五百年來，依然漆黑發光。宋朝有專門記載製墨方法

經驗的專書，如李孝美《墨譜》，晁貫之《墨經》。其製墨業十分發達，官司皆生產大量的好墨，這對刷碑印文書人大爲方便，並提高了印刷品的品質。所以印成的書本，是黑而有光，而且一開卷便有一股書香襲來。

　　紙墨是印刷的基本原料，於印刷圖書的品質，成本利潤，關係甚大。宋朝產生了大量的好紙好墨，故能供應各種印刷品之用，而印本的品質又極高，爲後世所不及。

五、朝野上下，藏書刻書

　　明丘濬《大學衍義補》云：「宋朝以文爲治，而書籍一事尤切用心，歷世相承，率加崇尚。」兩宋君主多方購募圖書，「小則償以金帛，大則授之以官。」宋初有書萬餘卷；仁宗時編有《崇文總目》，書凡三萬餘卷；徽宗時詔購求士民藏書，又取民間鏤板之奇書；靖康之難，館閣之儲，蕩然無存，高宗又屢優獻書之賞；孝宗時類次書目得四萬餘卷；寧宗時又得一萬餘卷。宋朝朝廷不但熱心國家圖書之收藏，更大力提倡刻書，國子監等政府機關刻印儒家經典，史子醫書，除頒發各地外，並許可印賣。又崇釋、道二教，故又刻佛道兩藏。

　　大中祥符九年（1016），毋克勤「上其祖母昭裔所刻《文選》、《初學記》、《六帖》諸版，補三班奉職〔註35〕」。毋氏印書致富，家累千金，獻書版又得官。洪邁刻《萬首唐人絕句》，皇帝稱其精博，有茶香金器之賜。呂祖謙編進《宋文鑑》，得到銀絹三百匹兩賞賜。在這樣重賞之下，自然更鼓勵人們編刻書籍的興趣。

　　宋朝官吏待遇的優厚，爲史上所罕見。京朝官有正俸，又有祿粟，此外又有茶酒廚料、薪蒿炭鹽、飼馬芻粟、米麵羊口之給。官於外者有公用錢、職田、茶湯錢等。淳熙十三年（1186）秘書郎莫叔光上言：「今承平茲久，四方之人益以典籍爲重，凡縉紳家世所藏善本，外之監司郡守搜訪得之，往往鋟板，以爲官書，所在各自版行〔註36〕。」宋朝地方機關安撫使絲、茶鹽絲、漕絲、提刑絲、轉運絲、郡齋、縣齋、郡庠、府學、縣學、學宮、書院等都刻書。又州軍邊縣都設有公使庫，除作爲免費招待官員外，又有餘款可以刻

〔註35〕　（清）吳任臣：《十國春秋・毋守素傳》（北京：中華書局，1983），卷一百六十五。

〔註36〕　（宋）李新傳：《建炎以來朝野雜記》（臺北縣永和鎮：文海，民56），卷四，頁181～182。

書。有的還設有印書局，如泉州公使庫印書局於淳熙十年（1183）印造《司馬溫公集》。地方刻書又可動用公款，如台州知州唐仲友利用官錢開雕《小字賦集》。其他如密州觀察使致仕王永從一家既在思溪創建圓覺禪院，造寶塔十一層，又捐捨家財，獨立能刻《大藏經》，由此可見地方官財力之雄厚及當時紙墨材料之富足。

六、承續前朝，經驗積累

除前述幾項當代因素之外，宋刻書籍另有其自身發展的背景和條件。早在唐、五代時期，雕版印書事業不但早已發生，而且有了一個相當長時期的蘊釀和實踐階段。唐代的四川、兩浙、閩建也早已出現了刻書事業。到五代時期，雖然朝代頻繁更迭，十國割據並立，刻書事業由於得到了統治者的重視，雕版印書得以在這種禍亂交興的縫隙中生存並茁壯。以上種種，不但構成了宋代刻書事業大發展的前奏，而且從雕刻工人的培養，印刷產量的積蓄、技術造詣的提高等方面，都為宋代版印事業的興盛和精煉做了充分的準備。因此，進入宋朝之後，當國家獲得統一，社會環境安定，經濟獲得發展，文化要求和水準獲得提高時，版印事業漸漸興盛了起來。

第三節　宋代出版事業盛行的實際情況

雖然從唐代起人們就用雕版的方法來印製圖書，五代時印刷品的範圍又有所擴大，但雕版印刷的普及則是在宋代完成的。宋朝對於學術活動特別推崇，因而印書產量十分驚人，據宋人洪邁《容齋隨筆》記載：「國初承五季亂離之後，所在書籍印版至少。」但到北宋中期印書漸多：

> 濮安懿王之子宗緯，蓄書七萬卷。……宣和中，其子淮安郡王仲糜進目錄三卷，忠宣公在燕得其中帙，雲：『除監本外，寫本、印本書籍計二萬二千八百三十六卷』。觀一帙之目如是，所謂七萬卷者為不誣矣〔註37〕。

在政府鼓勵刻書下，真宗時國子監書板有十餘萬，比宋初增加幾十倍；神宗時解除書禁；入南宋極盛，十五路幾乎無不刻書的。據估計，宋代刻書

〔註37〕（宋）洪邁：《容齋四筆・榮王藏書》（臺北市：大立出版社，民70），卷十五，頁 772。

當有數萬部之多，至明人《朝野異聞錄》記明代權相嚴嵩被抄家時，尚有宋版書六千八百五十三部，只可惜今存宋版書不過千部且多爲殘書複本〔註38〕。

　　順應著政府的政策，又伴隨著農業、手工業和商品的發展，宋代出版事業逐漸興盛發達起來，最明顯的例子就是出現了許多出版家、出版地及出版社。同時官刻私雕並舉，在全國形成了龐大的刻書網，刊印了大量的書籍，雕版印刷呈現了空前的繁榮。

　　宋代的刻書通常分爲官刻、家刻及坊刻三大系統，這三大系統在刻書內容、刻書質量、投資和經營的性質等方面都形成了一些各自的特點。

　　官刻主要是指中央各殿、院、監、司、局、地方各州（府、軍）縣、各路茶鹽司、安撫司、提刑司、轉運司、漕司、公使庫、倉臺、計臺、各州學、府學、軍學、郡齋、郡庠、學宮、學舍，各縣縣齋、縣學、各地書院等主持並用公帑所刻之書，通常稱爲官刻本。

　　家刻也可稱家塾刻書，通常是指不專以出售爲目的、由私人出資刊刻的圖書。

　　坊刻乃專以營利爲目的的私人出版發行單位。但實際上，家刻與私刻並沒有一個明確的界線，因爲在宋代，不少學者除了著書而外，又兼賣書。宋張文潛《道山清話》記：「近時印書，而鬻書者往往皆士人。」有些士人甚至「躬自負擔」，傾其家資以爲販書之費。《曲洧舊聞》卷四記述了一則宋代著名學者穆修賣書的故事：

> 穆修伯長，在本朝爲初好學古文者，始得韓柳文善本，大喜，……欲
> 二家文集行於世，乃自鏤板，鬻於相國寺。性忱直，不容物，又士人
> 來，酬價不相當，輒語之曰：「但讀得成句，便以一部相贈。」〔註39〕

《東軒筆錄》卷三亦記其事，並謂穆修如此賣書，以致於「經年不售一部」。雖然刻書賣書的目的可能不同，但讀書人參與賣書活動，似乎是宋代的一種風氣。而一些專以賣書爲業的書店主人，自己也常常編纂一些圖書。因此，在判別家刻與坊刻時，只能以是否專以印書、賣書爲業作爲標準，而這個標準又非常含糊。

　　除此之外，民間各寺院、道觀及祠堂等靠募捐等形式也籌資刻印了一些

〔註38〕關於宋代刻書之數量，可參見張秀民：《中國印刷史》（上海：上海人民出版社，1989），頁58。

〔註39〕（宋）朱弁：《曲洧舊聞》（臺北市：世界，1987），卷四。

圖書。故本節將家刻、私刻及寺觀刻書等皆歸爲「私刻」，以泛指所有私宅、家塾和書棚、書坊、書肆、書籍舖等以私家和個人之力投資所刻之書；或是刻書資金既非公帑，亦非個人私家之錢，而是靠民間集體的力量，如募捐或家族職累集資所刻的書。

　　以下結合宋代政治、經濟、文化等各方面的社會因素，及前人記載著錄和現在書籍的流傳情況，以官刻及私刻兩大類分別闡述宋代出版事業的實際概況。

一、官刻

（一）中央官刻

　　宋代官刻圖書始於宋太祖，《宋會要輯稿・刑法・格令》記載：

> 太祖建隆四年（963）二月五日，工部尚書判大理寺竇儀言：「《周刑
> 統》科條繁浩，或有未明，請別加詳定』。乃命儀與權大理寺少卿蘇
> 曉正、奚嶼承、張希讓及刑部大理寺法直官陳光義、馮叔向等同撰
> 集。……至八月二日上之，詔並鏤印頒行〔註40〕。

　　此部法典不僅是我國第一部刻印的刑事法典，也是根據後周的《大周刑統》刪訂而成，而《大周刑統》又沿襲《唐律疏義》，因此《刑統》也就保存了唐律的精神，成了研究北宋以前，特別是研究唐代刑事立法和司法的重要法律文獻。

　　宋代從中央到地方，各級政府都曾經主持刻印不少圖書。中央刻書主要由國子監、崇文院、秘書省、司天監、校正醫書局、國史院、刑部、大理寺、進奏院、尙書度支部、邊敕所等機關負責，其中以國子監刻書最多。

　　宋代的國子監是全國的最高學府，仁宗後成爲掌管全國學校的總機構，《宋史》云：

> 舊置判監事二人，以兩制或帶職朝官充，凡監事皆總之……淳熙四
> 年，置監門官一員，監管石經閣，以不厘務使臣充，以後相承不
> 改。……淳化五年，判國子監李志言：『國子監就有印書錢物所，名
> 爲近俗，乞改爲國子監書庫官。』始置書庫監官，以京朝官充，掌
> 印經史群書，以備朝廷宣索賜予之用及出鬻而收其直以上于官。元

〔註40〕（清）徐松輯：《宋會要輯稿・刑法一・格令》（臺北市：世界書局，民66），
第 164 冊，頁 6462。

豐三年省。中興後，並國子監入禮部。〔註41〕

可見宋代國子監不但是最高學府還兼具出版典籍的工作。宋初，儒家經典及史書如五代一樣，仍由國子監負責刻印，經史注疏皆備，並一直延續到南宋末年，仍未間斷刻書。開始時國子監所印儒家經典都是以五代時刻成的「九經」書板印刷，後來因爲板片殘損過甚，於是國子監於太宗端拱元年（988）開始校勘孔穎達的《五經正義》。宋王應麟《玉海》曾詳記其事：

> 端拱元年三月，司業孔維等奉敕校勘孔穎達《五經正義》百八十卷，詔國子監鏤板行之〔註42〕。……眞宗景德二年五月一日（戊申），幸國子監，歷覽圖書，觀羣書漆板，問祭酒邢昺曰「板數幾何？」昺曰：「國初印板，止及四千，今僅至十萬，經史義疏悉備。」帝曰：「非四方無事，何以臻此，因益書庫十步，以廣所藏。」又詔褒之。〔註43〕

又九經板有注無疏，淳化五年（994）判監李至的上言中云：

> 五經書疏已板行，惟二傳、二禮、《孝經》、《論語》、《爾雅》七經疏義未備，豈負仁君垂訓之意！今直講崔頤、正孫奭、崔偓佺皆勵精強學，博通精義，望令重加讎校，以備刊刻。從之。〔註44〕

於是從至道二年（996）開始至眞宗咸平四年（1001）又校刊了《七經義疏》。以上十二經注疏共計三百四十五卷，即世所謂單疏本。宋初校刊的原本今已無存，但有南宋覆刻本傳世，皆半葉十五行，行二十四至三十字不等。

國子監有時還奉中書門下敕牒，執行皇帝命令，開雕重要典籍，約北宋太宗雍熙三年（986），國子監便奉中書門下敕令雕印了《說文解字》，牒云：

> 許慎《說文》起於東漢，歷代傳寫，訛謬實多，六書之踪，無所取法。若不重加刊正，漸恐失其源流，爰命儒學之臣，共詳篆籀之跡。右散騎常侍徐鉉等，深明舊史，多識前言。若能商榷是非，補正缺漏，書成上奏，克副朕心，宜遣雕鐫，用廣流布。自我朝之垂範，俾永世以作程。其書宜付史館，仍令國子監雕爲印板，依《九經》

〔註41〕　（元）脫脫：《宋史・職官志五》（臺北市：世界，民75），卷一百六十五，志一百一十八，頁1899～1903。

〔註42〕　（宋）王應麟：《玉海・端拱校五經正義》（臺北市：華聯出版社，民53），卷四十三，頁813。

〔註43〕　同上註，〈景德群書漆板刊正四經〉，頁814。

〔註44〕　同《宋史》註，〈李至〉，卷二百六十六，列傳第二十五，頁9177。

書例，許人納紙墨價錢收購。兼委徐鉉等點檢書寫雕造，無令差錯，致誤後人〔註45〕。

至天聖二年（1024）又刻印了《經典釋文》。

史籍之刻，則始於淳化五年（994）。《麟臺故事》卷二載：

淳化五年（994），選官分校《史記》、《前後漢書》，……既畢，遣內侍裴愈賚本就杭州鏤本。〔註46〕

眞宗咸平五年（1002），又校刊《三國志》及《晉書》。《麟臺故事》卷二載：

咸平三年（999）十月，詔選官校定《三國志》、《晉書》、《唐書》。……五年，校畢，宋國子監鏤板。

因將新修《唐書》，所以這次並未刊印《唐書》。乾興元年（1022），中書門下又奉旨牒令國子監依孫奭所奏雕印《後漢志》三十卷，牒云：

國子監漢林侍講學士尚書工部侍郎知審官院事間判國子監孫奭奏「臣添膺朝命，獲次進班。思有補於化文，輒於臣於睿覽。竊以先王典訓，在述作以明；歷代憲章，微簡冊而何見！普觀載籍，博考前聞，制禮作樂之功，世存沿襲。天文地理之說，率有異同。馬遷八書，於焉咸在；班固十志，得以備詳……臣竊見劉昭注《後漢志》三十卷，蓋范曄作之於前，劉昭述之於後，始因亡佚，終遂補全。綴以遺文，申之奧義。至於輿服之品，具載規程。職官之宜，各存制度。倘加鉛槧，仍俾雕鏤，成一家之書，以備前史之缺。伏惟晉、宋書等，例各有志，獨前、後漢有所未全。《後漢志》三十卷，欲望聖慈，許令校勘雕印……牒」，奉敕，宜令國子監依孫奭所奏行。〔註47〕

此後，又於仁宗天聖二年（1024）校刊了《南史》、《北史》、《隋書》。景祐元年（1034）三月：

太常博士直史館宋祈、三司戶部判官太常丞直史館鄭戩等奏：「昨奉差考校御試進士，竊見舉人詩賦多誤使音韻，如敘序、坐座、底氐之字，或借文用意，或因釋轉音，重疊不分，去留難定，有司論難，互執異同，上煩聖聰，親賜裁定，蓋現行《廣韻》、《韻略》所載疏漏，子注乖殊，宜棄仍留，當收復缺，一字兩出，數文同見，不詳

〔註45〕 李致忠：《宋版書敍錄·說文解字》（北京：北京圖書館，1994），頁273。

〔註46〕 （宋）程俱：《麟臺故事》（臺北縣板橋鎮：藝文，民58），卷二。

〔註47〕 同《宋版書敍錄》註，〈後漢志〉，頁252。

本意，迷惑後生。欲乞朝廷差官重撰定《廣韻》，使之適從。〔註48〕

奏文得准，詔祈、戩與國子監直講王洙同刊修；刑部郎中知制誥李淑詳定。又以都官員外郎崇正殿說書嘗撰《群經音辨》，奏同刊修。至寶元二年（1039）九月書成上之。九月十一日由延和殿進呈，奉旨由國子監開雕。

嘉佑五年（1060）校刊了《唐書》（即《新唐書》）。大約在宋神宗時，又刻印了歐陽修的《五代史記》，《郡齋讀書志》載：

> 嘉祐中，以宋、齊、梁、陳、魏、北齊、周書舛謬亡闕，始召館職讎校。曾鞏等以秘閣所藏本多誤，不足憑以是正，請召天下藏書家悉上異本。久之，始集。治平中，鞏校定南齊、梁、陳上之，劉恕上後魏書，王安國上北周書。政和中始皆畢，頒之學官〔註49〕。

嘉佑六年（1061），開始校勘南北朝七史（即《宋書》、《南齊書》、《梁書》、《陳書》、《魏書》、《北齊書》、《周書》）。宋本《南齊書》所附治平二年（1065）牒記：

> 嘉佑六年（1061）八月十一日，敕節文：《宋書》、《齊書》、《梁書》、《陳書》、《後魏書》、《北齊書》、《後周書》，見今國子監並未有印本，宜令三館秘閣見編校書籍官員精加校勘，同與管句使官，選擇楷書，如法書寫板樣，如《唐書》例，遂旋封送杭州開板。〔註50〕

校理工作到宋徽宗政和（1111～1118）中才完成，所以，七史之刻實畢工於北宋末年。自淳化五年至政和中期，十七史歷時一百二十餘年方才校勘刻成。其事雖主要由國子監統理，但刻印工作則主要是在杭州進行，王國維《兩浙古刊本考》有云：「若七經正義，若《史》、《漢》三史，若《資治通鑑》，若諸臣書，皆下州鏤板。」由此說明了國子監帶有國家出版社的性質，自己編校好的書，可自行刻印也能在其他地方印刷排印。

無奈之後金人攻破汴京，國子監藏書及書板被劫掠一空，國子監只好又重新校刻經史群書，「監本書籍者，紹興末年所刊也。國家艱難以來，固未暇及。九年九月張彥實待制為尚書郎，始請下諸州學，取舊監本書籍，鏤板頒行。從之。然所取諸書多殘缺，故胄監刊六經無《禮記》，三史無漢唐。二十

〔註48〕 同《宋版書敘錄》註，〈廣韻〉，頁294。

〔註49〕 （宋）晁公武：《郡齋讀書志‧書書一百卷》（臺北市：臺灣商務，民67），四部叢刊三編史部，志二上，頁5。

〔註50〕 （梁）蕭子顯：《南齊書》（南宋初期刊宋元明嘉靖遞修本），牒記，頁1。

一年五月，輔臣復以爲言。上謂秦益公曰：『監中其佗闕書，亦令次第鏤板，雖重有所費，蓋不惜也。』由是經籍復全〔註51〕。」隨著國勢興衰，宋代國子監刻書兩起兩落。

除儒家經典和史部圖書外，國子監還刻印了大量的子書，特別是醫家類圖書和集部圖書，如宋哲宗紹聖三年（1096），國子監奉敕開雕《黃帝內經素問》、《脈經》、《千金翼方》、《金匱要略方》、《王氏脈經》、《補注本草》、《圖經本草》等竣工，書後亦有國子監牒文，曰：

> 小字聖惠方等五部出賣，並每節鎮各十部，餘州各五部，本處出賣。
>
> 今有《千金翼方》、《金匱要略方》、《王氏脈經》、《補注本草》、《圖經本草》等五件醫書，日用而不可缺。本監雖見印賣，皆是大字，醫人往往無錢買，兼外州軍尤不可得。欲乞開作小字，重校對出賣。」

又如《莊子注》、李善注《文選》、《初學記》、《白孔六帖》等等。

北宋時官府藏書的整理及校定工作通常都由崇文院、秘閣等自行鏤板，但板成後一般要送國子監收貯。同時，一些地方所刻善本，其板片也要繳呈並貯於國子監。

至景德二年（1005），當景宗御國子監檢閱庫書，問及當時的國子監祭酒刑昺版印了多少書時，刑昺回答：「國初不及四千，今十餘萬，經、傳、正義兼具。」並頗有感慨：「臣少從師葉儒時，經具有疏者百無一二，蓋力不能傳寫。今版本大備，士庶家皆有之，斯乃儒者逢辰之幸也〔註52〕。」宋初不及四千板，僅十多年竟達到十餘萬塊，差了近二十餘倍，可見國子監刻書之多之快，也證實當時官刻之盛事。

前述知國子監的職責在「掌印經史群書，以備朝廷宣索、賜予之用及出鬻而收其值，以上於官。」特點一是備朝廷宣索、賜予之用；二是爲天下士子提供讀書範本；三是許人出錢印刷而收其值，以充公帑。國子監身爲中央官府，還自發印書、許人花錢印書，集出版社、印刷廠於一身，這在十世紀的世界史上，可謂一大創舉，對於宋代文化的繁榮起了難以估量的作用。

除國子監刻書外，中央的崇文院、秘書省、德壽殿、左廊司局等機構也刻了一些圖書。

崇文院，北宋太平興國三年（978）置，從《宋史‧職官志一》目下可知，

〔註51〕 同《建炎以來朝野雜記》註，甲集卷四，頁182。

〔註52〕 （元）脫脫：《宋史‧刑昺傳》（臺北市：世界，民75），卷四百三十一。

崇文院於咸平三年（1000）刻印《吳志》三十卷；景德四年（1007）刻印《廣韻》五卷；天聖中（1023～1032）又刻印《隋書》八十五卷、《律文》十二卷、《音義》一卷、《齊民要術》十卷；寶元二年（1039）刻印賈昌朝《群經音辨》七卷及《列子》。元豐五年（1082）改崇文院為秘書省，又由趙彥若等校定刊行《算經十書》，這是中國數學史上的大事。德壽殿刻了《隸韻》。左司郎局於淳熙三年（1176）刻印出版《春秋經傳集解》三十卷，卷後有題記：

> 淳熙三年四月十七日，左司郎局內曹掌典秦玉禎等奏聞：「《壁經》、《春秋》、《左傳》、《國語》、《史記》等書，多為蠹魚傷牘，不敢備進上覽。奏敕用棗墓、椒紙各造十部，四年九月進覽。監造臣曹棟校梓，司局臣郭慶驗牘。〔註53〕

可證左司郎局也是個專門刻書藏書以備進覽的單位。崇文院下的國史院也曾於景祐四年（1037）開雕過《景祐乾象新書》。另太史局印曆所：「太史局，掌測驗天文，考定曆法。凡日月、星辰、氣候、祥眚之事，日具所占以聞。歲頒曆于天下，則預造進呈〔註54〕。」此印曆所於宋南渡後，隸屬秘書省，此文可見宋代曆書每年由太史局編制，再由印曆所雕印。此外禮部、刑部、進奏院、尚書度支部、編敕所等也各刊刻過書籍及律令條格。

　　佛藏和道藏的刻印也是宋代官刻圖書的一個重點。北宋之初，雕刻書籍乃先佛藏而後儒書的。五代時期，朝野間十分流行佛教，如吳越、南唐、後蜀等皆曾大量刊印，但多是單本刊印，到了宋代才開始大規模的系統刊印。

　　南宋僧釋志磐於《佛祖統記》記載：「宋太祖開寶四年，敕高品、張從信、往益州，雕大藏經板；至太宗太平興國六年，板成進上，凡四百八十一函，五千零四十八卷〔註55〕。」宋朝在開寶四年（971）派遣官員張從信至益州（今成都）監雕佛教大藏經，至太宗太平興國八年（983）刻成，十三萬版，凡一千零七十八部五千零四十八卷，四百八十一函，這就是我國雕版史上有名的《宋開寶刊蜀本大藏經》，簡稱《開寶藏》，又稱《蜀藏》，為中國歷史上第一部印行規模龐大的佛教總集，此刻書工作還培養出大批刻工，更讓四川成了宋代三大刻書中心。

〔註53〕　（清）彭元瑞等奉敕編：《天祿琳琅書目後編》（中華漢語工具書書庫，民87），卷一。

〔註54〕　（元）脫脫：《宋史・太史局》（臺北市：世界，民75），卷一百六十四，頁3879。

〔註55〕　（宋）釋志磐：《佛祖統記》（臺南縣柳營鄉：莊嚴文化，1995），卷四十三。

　　《開寶藏》十三萬板，後來也運到京師開封。太平興國八年（983），在京師置印經院。熙寧四年（1071）仲秋初十，中書奉神宗旨意，又將《開寶藏》板賜予顯聖寺聖壽禪院，並許國內各處廟宇各自備紙墨費用，向其借板印造。婺州開元寺新建大藏經樓，便自備紙墨費赴汴京印造這部《開寶藏》。嘉祐中（1056～1063）又印造宣賜松江府興盛院。崇寧五年（1106）又印造賜予汀州開元禪寺。另外也曾賜贈契丹、西夏、高麗、日本、交趾等國。如今《開寶藏》已亡佚，現僅存零星殘卷傳世。

　　繼《開寶藏》後，各大寺院也競相雕刻單經與大藏經，使得佛教經典的蒐集、刻印達到空前絕後的盛景。宋神宗元豐三年（1080），於福州東禪寺募捐開雕大藏經，至宋徽宗崇寧二年（1103）竣工，前後歷時二十三年，凡刊刻六千四百三十卷，五百八十函。今傳世的《華嚴經》卷八十有彥肅「福州東禪等覺院住持慧空大師沖臻於元豐三年庚申歲謹眾緣，開雕大藏經板一付，上祝今上皇帝聖壽無窮，國泰民安，法輪常轉。」的題記，說明的刻經緣起。這部藏經是中國民間募刻大藏經的始祖，也是藏經改為經折裝的濫觴。

　　宋代道教經典的刊刻並不遜於佛教經典，自宋初起，宋太宗廣求道書，共得七千餘卷，其中還包括了一些諸子百家之書，太宗命徐鉉等校正，刪去重複，得三千七百餘卷。宋徽宗乃有名的道君皇帝，他搜訪道家遺書，命道士劉元道就書校定大藏，並於政和年間（1111～1117）送往福州閩縣萬壽觀，令福州知州黃裳募工鏤版，刊刻中國第一部道教總集——《萬壽道藏》。此後金國金民補刻的《金道藏》，蒙古宋德方及其弟子所刻的《玄都寶藏》，都是宋刻《萬壽道藏》的板片加以修補而成的。

　　雖然宋代朝野篤信佛道，然真正的思想還是儒家，從宋代官刻之書多側重於這方面即可得知。中央各殿、院、監、司、局刻書頻繁的風氣，對宋代上下影響很大，加上宋代社會經濟的發展，科舉仕途的刺激，全國官刻、私刻逐漸盛行。

（二）地方官刻

　　北宋末，金人入侵，將國子監書板悉數擄走，南宋政權又無力自行重新刊刻，不僅取地方官刻書為監本，還取私人刻書如魏了翁《六經正誤序》、岳珂《九經三傳沿革例》之書板以充監本，更將一些圖書分配給各地方刻印，《容齋續筆》卷十四〈周蜀九經〉即記南宋「紹興中分命江淮江東轉運私刻三史板」，於是地方政府和學校、書院便開始大規模刻印書了。南宋國子監以下依

據各地方政府之刻書以窺宋代地方刻書盛行之概況。

1、府州軍縣

據前人著錄和現存傳本可知宋代幾乎各府、州、軍、縣均有刻書，如北宋仁宗嘉祐三年（1058）建寧府雕印《健康實錄》二十卷。五年（1060）中書省奉旨下杭州雕印《新唐書》二百五十卷。北宋哲宗元祐元年（1086）杭州又奉旨開雕《資治通鑑》二百九十四卷。南宋高宗紹興二年（1132）餘姚縣也雕印《資治通鑑》二百九十四卷。九年（1139）紹興府刻印《毛詩正義》四十卷。同年臨安府刻印《群經音辨》七卷、《漢官儀》三卷、《文粹》一百卷。紹興十年（1140）臨安府又刻《兩漢文類》四十卷。紹興十四年（1144）四川眉山漕司刻印《宋書》一百卷、《魏書》一百四十卷、《梁書》五十六卷、《南齊書》五十九卷、《北齊書》五十卷、《周書》五十卷、《陳書》三十六卷，即版本學上有名的眉山七史，七史書板經歷宋元明三代，曾多次修板重印，所以至今流傳不稀。紹興十五年（1145）平江府刻印《營造法式》三十四卷。十九年（1149）平江府又刻印徐鉉《騎省集》三十卷，十八年（1158）又刻印《文選》六十卷。南宋孝宗淳熙三年（1176）嚴州刻印《通鑑紀事本末》四十二卷。九年（1180）溫陵州刻印《讀史管見》八十卷。南宋寧宗嘉定二年（1209）吉州刻印《張先生校正楊寶學易傳》二十卷。十五年（1222）南康軍刻印《儀禮經傳通解續》十五卷。端平三年（1236）常州軍刻印《古文宛注》二十一卷，淳熙十年（1251）福州刻印《國朝諸臣奏議》一百五十卷。以上諸例說明了宋代府、州、軍、線各地方單位刻書的普遍性，又從另一個角度顯示出官刻特別著重在正經正史上。

2、各路使

宋承唐制，唐曾將全國分為十五道，宋太宗改道為路，將全國劃分為十五路，在各路設安撫司，管理較大地區的軍、民兩政；設轉運司，主管各州郡水路轉運和財政稅收；設提刑司，提點各路刑獄訴訟；設茶鹽司，主管茶鹽專賣和折算。所以宋代各路使司，實際上掌握了各地的政治和經濟命脈，他們既有權又有充裕的經濟條件，因而也附庸社會風氣，競相刻書。

據前人著錄可知，兩浙東路茶鹽司於北宋神宗熙寧二年（1069）刻印《外台秘要》四十卷。南宋高宗紹興三年（1133）刻印《資治通鑑》二百九十四卷。紹興六年（1136）刻印《事類賦》三十卷。紹興年間刻印《周易注疏》十三卷、《周禮疏》五十卷、《尚書正義》二十卷、《唐書》二百卷。南宋光宗紹熙三

年（1192）刻印《禮記正義》七十卷。這些書尙流傳於今。

轉運司刻書則有紹興十七年（1147）福建轉運司刻印《太平盛惠方》一百卷。紹興二十一年（1151）兩浙西路轉運司刻印《臨州先生文集》一百卷，紹興年間淮南路轉運司刻印《史記集解》一百三十卷，江南東路轉運私刻印《本草衍義》二十卷。理宗淳祐十年（1250）淮南東路轉運刻印《徐積節先生文集》三十卷。紹興十八年（1148）荊湖北路安撫使司刻印《健康實錄》二十卷。乾道四年（1168）兩浙東路安撫使司刻印《元氏長慶集》六十卷。淳熙六年（1179）浙西提刑私刻印《作邑自箴》十卷。嘉定五年（1212）江西提刑司刻印《容齋隨筆》十六卷、《續筆》十六卷、《三筆》十六卷等。此爲兩宋安撫絲、提刑司刻書之例。

北宋紹聖三年（1096）廣西漕司刻印王叔和《脈經》十卷。紹興二十三年（1153）建安漕司刻印《東觀餘論》不分卷。淳熙八年（1181）江西計台刻印《荀子注》二十卷。淳熙九年（1182）江西漕台刻印《呂氏家塾讀詩記》三十二卷。此爲兩宋漕司、漕台、計台刻書之例。

3、公使庫

宋代公使庫類似現代的招待所，乃接待來往官吏，「公使庫者，諸道監帥司及州軍邊縣與戎帥皆有之。蓋祖宗時以前代牧伯皆斂於民，以佐廚傳，是以制公使錢，以給其費，懼及民也。然正賜錢不多，而著令許收遺利，以此郡得以自恣……公使苞苴，在東南而爲尤爲甚。揚州一郡，每歲饋遺見於帳籍者至十二萬緡。江浙諸郡每以酒遺中都官，歲五、六至，必數千瓶……近歲蜀中亦然……所謂公使庫醋錢者，諸郡皆立額，白取於屬縣，縣斂於民……〔註56〕。」可見公使庫名義上是以公帑接待來往官吏，實際上卻成了巧取豪奪，揮霍黎民百姓血汗錢的場所。爲了盡可能滿足來往官員的需要，各公使庫巧立名目，剝斂於民之外，還從事刻書、版印售賣，以補招待饋送來往官員的錢坑，其中也有附庸社會風氣的含意，於是公使庫也成了宋代地方官刻書單位之一了。

據記載可知北宋哲宗元符元年（1098）蘇州公使庫刻印了《吳郡圖經讀記》三卷。徽宗宣和四年（1122）吉州公使庫刻印歐陽修《六一居士集》五十卷。南宋高宗紹興二至三年兩浙東路茶鹽司公使庫刻印司馬光《資治通鑑》

〔註56〕　（宋）李新傳：《建炎以來朝野雜記》（臺北縣永和鎮：文海，民56），卷十七，甲集，頁551～553。

二百九十四卷，《目錄》三十卷。紹興十九年（1149）明州公使庫刻印了《騎省徐公集》三十卷。紹興二十八年（1158）沅州公使庫刻印孔平仲《續世說》十二卷。淳熙三年（1176）舒州公使庫刻印《禮記鄭注》二十卷，《禮記釋文》四卷，又刻《春秋經傳集解》三十卷。淳熙七年（1180）台州公使庫刻印《顏氏家訓》七卷，八年又刻印《荀子》二十卷。九年信州公使庫刻印《李復灊水集》十卷。十年（1183）泉州公使庫刻印《司馬太師溫國文正公傳家集》八十卷。十四年（1187）鄂州公使庫刻印《花間集》十卷。

4、府州軍縣學

宋代各府、州、軍、縣都設有學校，稱爲州學、府學、軍學、郡齊、郡庠、學官等等，這是讀書講學和培養士子的地方，他們一有資金，二有人力，可以精校細勘，所以也多有刻書，如紹興九年（1139）臨安府學刻印了賈昌朝《群經音辨》七卷，十二年（1142）汀州寧化縣學亦刻印一部。十五年（1145）齊安郡學刻印宋夏竦《集古文韻》五卷。乾道六年（1170）姑熟郡齊刻印宋洪遵《洪氏集驗方》五卷，七年（1171）又刻印宋李樞《傷寒要旨》一卷，《藥方》一卷。同年平江府學刻印唐韋應物《韋蘇州集》十卷，《拾遺》一卷，零陵郡庠刻印《唐柳先生外集》一卷。乾道八年（1172）姑熟郡齊刻印宋楊侃所輯《兩漢博聞》十二卷。九年（1173）高郵軍學刻印秦觀《淮海集》十卷，《後集》六卷，《長短句》三卷。淳熙二年（1175）鎮江府學刻印宋聶崇義《新定三禮圖集注》二十卷。同年嚴陵郡庠刻印宋袁樞《通鑑記事本末》四十二卷，九江郡齊刻印宋歐陽忞《輿地廣記》三十八卷。淳熙六年（1179）湖洲頖官刻印蔡節《論語集說》十卷。七年（1180）舒州頖官刻印蔡邕《獨斷》二卷。八年（1181）池陽郡齊刻印《文選注》六十卷。十年（1183）象山縣學刻印宋林鉞《漢雋》十卷。十一年（1184）南康郡齊刻印朱瑞章《衛生家寶產科備要》八卷。十四年（1187）嚴州郡齊刻印宋陸游《新刊劍南詩稿》二十卷。慶元六年（1200）尋陽郡齊印米芾《寶晉山林集拾遺》八卷。四年（1204）新安郡齊刻印《皇朝文鑒》一百五十卷，《目錄》三十卷。嘉定四年（1211）滁州郡齊刻印宋林鉞《漢雋》十卷。九年（1216）興國軍學刻印晉杜預《春秋經傳集解》三十卷。十年（1217）滁州郡齊刻印宋朱熹《四書章句集解》二十八卷。十一年（1218）衡陽郡齊刻印宋胡寅《致堂讀史管見》三十卷。十三年（1220）溧州學官刻印宋陸游《渭南文集》五十卷。嘉定年間建寧郡齊刻印徐天麟《西漢會要》四十卷。紹定元年（1228）嚴陵郡齊刻印宋魏野《鉅鹿

東觀記》十卷。六年（1233）臨江軍學刻印《朱文公校昌黎先生集》四十卷。
嘉熙四年（1240）新定郡齋刻印宋衛湜《禮記集說》一百六十卷。淳祐十年
（1250）上饒郡學刻印蔡沈《朱文公訂正門人蔡九鋒書集解》六卷，《書傳問
答》一卷。咸淳元年（1265）鎮江學府刻印劉向《說苑》二十卷。五年（1269）
崇縣縣齋刻印張詠《乖崖先生文集》十二卷。

　　5、書院

　　宋代書院很興盛，創立者有時為官府，有時為私人。一般書院多設址在
山林名勝之地，如白路、石鼓、應天、岳麓四大書院，且都有著名的學者講
學，多以儒家經典為主，採個別鑽研、相互問答、集眾講解等方式，對於學
術思想的發展有很大的影響，反映在刻書上，校勘比較精審，多可稱善。據
各家著錄可知：紹定三年（1230）婺州麗澤書院重印司馬光《切韻指掌圖》
二卷。紹定四年（1231）象山書院刻印《袁燮絜齋家塾書鈔》十二卷。淳祐
六年（1246）泳澤書院刻印大字本朱子《四書集注》十九卷，八年（1248）
龍溪書院刻印陳淳《北溪集》五十卷，《外集》一卷。寶祐五年（1257）竹溪
書院刻印方岳《秋崖先生小稿》八十三卷。景定五年（1264）環溪書院刻印
《仁齋直指方論》二十六卷、《小兒方論》五卷、《傷寒類書活人總論》一百
卷，《續集》十卷，《別集》十一卷。這些都是書院刻書的例子。

　　兩宋官刻圖書，一般而言，北宋以中央刻書居多，而南宋則以地方刻書
居多。

二、私刻

　　以上所述從宋代中央到地方官刻書的例子，僅是冰山一角，實際情況比
這要豐富的多，而受到官書的影響，又伴隨著宋代手工業和商業的發達，私
宅、家塾以及專以營利為目的的書坊、書肆、書棚、書籍舖、經籍舖等刊印
圖書也普遍發展起來。葉夢得《石林燕語》評宋代各地刻書道：

> 天下印書以杭州為上，蜀本次之，福建最下。京師比歲印板，殆不
> 減杭州，但紙不佳。蜀與福建多以柔木刻之，取其易成而速售，故
> 不能工。福建本幾遍天下，正以其易成故也〔註57〕。

此段點出了宋代全國的四大刻書中心，杭州、川蜀、福建及汴京。蜀中與杭

〔註57〕　（宋）葉夢得撰，（宋）宇文紹奕考異，侯忠義點校：《石林燕語》（上海市：
　　　　上海古籍出版社，2007.03），卷八。

州早在唐末就有刻書基礎，到宋代繼續發展，淵源有自。福建後來居上，只是速成量多，質量較差。汴京乃全國政治、經濟與文化的中心，刻書不可能亞於其他地方，只是至今無人見過眞正的宋汴刻本。其實綜觀宋代私刻之書，其刻書之多，地域之廣，遠遠超出了葉氏所說的範圍。據《天錄琳琅書目・茶晏詩》稱，兩宋私家刻書以「趙、韓、陳、岳、廖、余、汪」七家最有名。趙者，長沙趙淇；韓者，臨邛韓醇；陳者，陳解元陳起；岳者，岳珂；廖者，廖瑩中；余者，建安勤有堂余氏；汪者，新安汪綱。這七家可都是兩宋有名的出版家，只可惜其所刻之書流傳至今也屈指可數。

（一）私宅

宋代私宅刻書極爲普遍，如宋婺州市門巷唐宅刻印漢鄭玄注《周禮》十卷；義烏蔣宅崇知齋刻印漢鄭玄注《禮記》二十卷；紹熙二年（1191）余仁仲萬卷堂刻印漢何休《春秋公羊經傳解詁》三十卷；開禧元年（1205）劉日新宅三桂堂刻印宋王宗傳《童溪王先生易傳》五十卷、淳祐十二年（1252）魏克愚刻印《周易要義》十卷、《禮記要義》三十三卷。此爲私宅刊刻經部書之例。

私宅刊刻史部書之例則有宋王叔邊刻印《後漢書注》九十卷，《志補注》三十卷；華萬裔宅富學堂刻印宋李燾《李侍郎經進六朝通鑑博議》十卷；保佑元年（1257）趙與刻印宋袁樞《通鑑記事本末》四十二卷。

私宅刊刻子部書之例有宋崇川于氏刻印《新纂門目五臣音注揚子法言》十卷、《新增麗澤編次揚子事實品題》一卷、《新刊揚子門類題目》一卷；王氏取瑟堂刻印宋阮逸《中說注》十卷。

私宅刊刻集部書之例有宋婺州王宅桂堂刻印《三蘇先生文集》七十卷。虞平齋務本書堂刻印《新刊校正王壯元集注分類東坡先生詩》二十五卷。咸淳年間廖瑩中世彩堂刻印《昌黎先生集》四十卷，《外集》十卷，《遺文》一卷，《朱子校昌黎先生集傳》一卷，另又刻印《河東先生集》四十五卷。臨安府陳解元宅刻印《王建詩集》十卷等。淳熙三年（1176）王且刻印宋王阮《義豐文集》一卷。

以上所舉也僅是私宅刻書的一小部分，但與官刻刊印內容相比比，仍可見私宅刻書較側重於子、集兩部，反映出私刻比官刻有更大的自由空間與平民需求。這一特點也可從下述坊肆中得到證實。

（二）家塾

家塾刻書與私宅刻書在性質上沒有很大的區別，在中國歷代官僚、地主、富商大賈，皆設立家塾以聘師教授自己的子姪。這些被聘教師往往德高望重，具有眞才實學，常常在教學過程中，就自己所長，或著述、或校勘、或注釋、或整理前人著作，再倚靠雇主的財力，兼事刻書。

如宋鶴林于氏家塾曾刻印晉杜預《春秋經傳集解》三十卷；黃善夫家塾之敬室刻印《史記集解索隱正義》一百三十卷；蔡琪家塾刻印《漢書集注》一百卷；乾道七年（1171）蔡夢弼東塾刻印《史記集解索隱》一百三十卷；建安蔡子文東塾之敬室所刻邵堯夫《擊壤集》十五卷；建安陳彥甫家塾所刻《聖宋名賢四六叢珠》一百卷；梅山蔡建侯行父家塾所刻《陸狀元集百家注資治通鑑詳節》一百二十卷；建安劉元起家塾之敬室所刻《後漢書》一百二十卷；建安魏仲舉家塾所刻《新刊五百家注音辨昌黎先生文集》四十卷；建安曾氏家塾所刻《文場資用分門近思錄》二十卷；建安虞氏家塾所刻《老子道德經》四卷等等，皆是有名的家塾本。

（三）坊肆

坊肆，即書坊和書肆，也稱書林、書堂、書舖、書棚、書籍舖、經籍舖。唐代中葉以後，伴隨雕版印書的興起，這種坊肆在長安、四川、安徽、江蘇、浙江和洛陽等地逐漸興起。進入宋朝以後，這種書肆發展更爲普遍，如東京汴梁、杭州、建陽崇化、麻沙等地，坊肆不但很多，也很有名。

宋代的坊肆書商，有的專門接受委託，刻印和售賣書籍；有的坊肆主人本身就是藏書家，於是兼編撰、刻印、售賣於一身，所以坊肆之書常常名目新穎、刻印快速、行銷廣泛，帶起宋代出版事業的活躍氣氛。其中以在臨安陳氏父子之經籍舖及尹氏書籍舖及在建安余氏萬卷堂最有名。

常習聞「書棚本」之名，書棚本即是指臨安陳起父子所刻之書，其歷史最長、刻書最多、聲名也最大。葉昌熾《藏書紀事詩》卷七引方回《瀛奎律髓》說：

> 陳起，睦親坊開書肆，自稱陳道人，字宗之。能詩，凡江湖詩人皆與之善。嘗刊《江湖集》以售〔註58〕。

又引該書法式善《存素堂文集‧跋〈江湖小集〉》云：

〔註58〕　（清）葉昌熾：《藏書紀事詩》（清光緒二十三年（1897）長沙學使署刊本），卷四。

舊本提宋陳起編。起自宗之，錢塘書估，設局於睦親坊。世所藏宋

善本，皆其所刻，又稱陳道人雕版者也〔註59〕。

陳起本人以詩名，故開書肆亦多刊印唐宋詩集。尹氏書籍舖設於太廟前，所刻之書多以說部爲多。

建安余氏自北宋即以刻書爲業，直至元代，余氏子孫繁衍，多業以刻書，最著者即爲南宋余仁仲之萬卷堂及元時余志安之勤有堂。

除此二家之外，宋代坊肆是遍布全國各地，尤其在浙、蜀、閩、贛、皖等地，從近代藏書家著錄中可見坊肆者有：

1、在浙中者：杭州大隱坊、杭州錢唐門裏車橋南大街郭宅經舖、臨安府眾安橋南賈官人經書舖、臨安府中瓦南街東開印輸經史書籍舖、金華雙桂糖、婺州永康清渭陳宅。

2、在蜀中者：西蜀崔氏書肆、廣都裴氏。

3、在閩中者：閩山阮仲猷種德堂、建寧府黃三八郎書舖、建陽麻沙書坊、建寧書舖蔡琪純父一經堂、武夷詹光祖月崖書糖、崇川余氏、建寧府陳八郎書舖、建安江仲達群玉堂、建安虞氏、建安魏仲舉、建陽陳八郎崇化書坊、南劍州雕匠葉昌。

4、在江西者：臨江府新喻吾氏、饒州董氏集古堂。

5、在秦中者：咸陽書隱齊。

6、在晉中者：汾陽博濟堂。

書坊刻書以文學、科舉及生活用書爲主。宋岳珂《愧郯錄》卷九在談到建陽書坊刻書時說道：

自國家取士場屋，世以決科之學爲先，故凡編類條目、撮載綱要之

書稍可以便檢閱者，今充棟漢牛矣！〔註60〕

而建陽書坊正是編纂、印刷這類圖書的中心。書舖甚至還可以代舉子辦理從考試到及第委官後之一切雜務。

又宋代上至士大夫，下至普通百姓，似乎都有一種關心國家大事的風氣，宋趙昇《朝野類要》卷四記載，當時民間有不少小報專門有「內探」、「省探」、

〔註59〕 （清）葉昌熾：《藏書紀事詩》（清光緒二十三年（1897）長沙學使署刊本），
　　　　　 卷四。

〔註60〕 （宋）岳珂：《愧郯錄・場屋編類之書》（臺北縣板橋鎮：藝文，民56～57），
　　　　　 卷九，頁14。

「衙探」打探內廷及各級官府新聞，然後或抄錄，或刊刻出賣，不少書坊也將人們感興趣的政治性讀物刊刻出版。《宋會要輯稿・刑法・禁約》：

> 臣僚言：朝廷大臣之奏議、臺諫之章疏、內外之封事、士子之程文，機謀密話，不可漏泄。今乃傳播街市，書坊刊行，流布四遠，事屬未便。乞嚴切禁止。……其書坊見刊板及已印者，並日下追取，當官焚毀，具已焚毀名件申樞密院。今後雕印文書，需經本州委官員刊定，然後刊行。〔註61〕

書坊除自己刻書外，也轉售他人所刻之書。由於各書坊間刻、售書已成體系，故刻書售書都很快捷，能夠將書迅速進入讀者手中，宋洪邁《容齋隨筆》序云：

> 是書已成十六卷，淳熙十四年（1187）八月在禁林日，入侍至尊壽皇聖帝（即宋孝宗）清閒之燕，聖語忽云：「近見《甚齋隨筆》。」邁竦而對曰：「是臣所著《容齋隨筆》，無足采者。」上曰：「煞有好議論。」邁起謝，退而詢之，乃婺女（即金浙江金華）所刻，賈人販鬻於書坊中，貴人買以入，遂呈乙覽。〔註62〕

洪邁寫書尚未完稿，即有書坊刻售其書，並很快傳入了內廷，可見書坊刻書之快，流傳之廣。

書坊刻書旨在牟利，自然希望能夠在圖書市場上佔據最大的份額，特別是一些規模較大的書坊，不但刊刻前賢或時人的著作，自己也出資組織人員編纂圖書，因此自然不希望別的書坊翻版。在這種情況下，版權意識便產生了。按宋時慣例，凡自己編輯、校刊的圖書在申報官府後便可獲得版權，官府可以應刻書者要求在各刻書處張榜曉示，嚴禁他人翻版。眉山舍人刻《東都事略》目錄後有牌記曰：「眉山程舍人宅刊行，以申上司，不許翻版。」等字。

（四）寺觀

宋代刻印的佛藏著名的有《開寶藏》、《崇寧萬壽大藏》、《毗盧藏》、《圓覺藏》、《資福藏》和《磧砂藏》等；道藏有《萬壽道藏》。其中《開寶藏》和《萬壽道藏》為官刻，前已有介紹，其餘各藏均為寺院刻本。

〔註61〕（清）徐松輯：《宋會要輯稿・刑法二・禁約》（臺北市：世界書局，民66），第165冊，頁6519。
〔註62〕（宋）洪邁：《容齋隨筆》（臺北市：大立出版社，民70），序，頁1。

　　《崇寧萬壽大藏》又稱《福州東禪寺大藏》、《福藏》，由福州東禪寺等覺院主持沖眞等募雕，這是已知的中國第一部私刻漢文大藏經，始刻於元豐三年（1080），畢工於崇寧二年（1103）。《崇寧萬壽大藏》每版三十六行，行十七字，經摺裝，每摺六行，以後的《毗盧藏》、《圓覺藏》、《資福藏》和《磧砂藏》及元明所刻佛藏都遵用其版式。《崇寧萬壽大藏》共六千四百三十四卷，現已亡佚，僅有少數零冊傳世。

　　《毗盧藏》由福州開元寺募雕於兩宋之際，宋末元初又曾重刻了其中的一部份。全藏共六千一百一十七卷，現已亡佚，僅有少數零冊傳世。

　　《圓覺藏》，由胡州思溪（今浙江吳興）圓覺寺募雕，刻成於南宋初年，全藏五千四百八十卷，現已亡佚。

　　《資福藏》，南宋淳熙二年（1175）刻成於思溪資福禪寺，全藏五千七百零四卷，有人認爲《資福藏》本是在《圓覺藏》的基礎上補刊而成，兩藏實爲一藏。《資福藏》現也亡佚。

　　《磧砂藏》，南宋紹定年間由平江府陳湖（今江蘇吳縣陳湖）磧砂延聖院募刻，完成於元初，歷時百年。全藏六千三百六十二卷，現陝西、山西和美國普林斯頓大學均有收藏。

　　然雕版印書雖較抄寫爲便，仍須按書依次雕成，費時費力，工程浩大。於是在宋仁宗慶曆中期，有畢昇作活字版，江少虞《宋朝事實類苑》說道：

> 慶曆中，有布衣畢昇爲活版。其法用膠泥刻字，薄如錢脣。每字爲一印，火燒令堅。先設一鐵板，其上以松脂、蠟和紙灰之類冒之。欲印，則以一鐵範置鐵板上，乃密布字印，滿鐵範爲一版，持就火煬之。藥稍鎔則以一平版按其面，則字平如砥。若止印二、三本，未爲簡易；若印數十百千本，則極爲神速。常作二鐵板，一板印刷，一版已用布字。此印者纔畢，則第二板已具。更互用之，瞬息可就。每一字皆有數印，如之、也等字，每字有一十餘印，以備一板內有重複者。不用則用紙貼之，每韻爲一貼，木格貯之。有奇字素無備者，旋刻之，以草火燒，瞬息可成。〔註63〕

據此，則活字版印刷可說始於宋仁宗時，其不僅成爲中國史上的一大發明，更顯示宋代出版事業能發展創新的印刷技術以適應不同的需求。

〔註63〕（宋）江少虞：：《宋朝事實類苑・書畫伎藝・板印書籍》（臺北市：源流，民71），卷五十二，頁686。

　　宋代雕版技術既有嶄新的進步，所以書籍的出版漸多，藏書日富。據記載，三國時期書籍爲一千一百二十二部四千五百六十二卷，兩晉爲二千三百四十八部一萬四千八百八十七卷，南北朝爲七千零九十四部五萬零八百五十五卷〔註64〕，唐朝約有二萬餘部，而宋代自太祖建隆至大中祥符年間，著錄總數爲三萬六千二百八十卷；仁宗慶曆初，存書凡三萬零六百六十九卷；孝宗淳熙五年，存書四萬四千四百八十六卷，較之仁宗時崇文院所藏實多一萬三千餘卷。寧宗嘉定十三年，又續刊書目，得一萬四千九百四十三卷，而太常博士所藏之書，及諸郡諸路刻板而未獻者，尚不在內。此外私家藏書，如濮安懿王之子榮王宗綽，聚書至七萬卷；宋敏求家藏書至三萬卷；李淑家藏圖書有二萬三千一百八十六卷，陳直齋藏書至五萬一千一百八十餘卷；周密家三世積書共有四萬二千餘卷，若以《宋史藝文志》所著錄言之，總計九千八百一十九部，十一萬九千九百七十二卷，宋志雖非專錄一代之書，然其中十之九爲宋人之作，趙宋一代著作出版之盛，可蓋見矣！

　　當然，這個數字不可能絕對精確，但它至少可以說明宋期書籍出版總數是數朝累計都望塵莫及的，而這些公私豐富的收藏之所以超越前代，也是淵源於雕版刻書技術之進步，對於中國文化發揚影響甚巨。

　　總結以上宋代的刻書單位，有的是中央和地方的官署；有的是學校、家塾；有的是寺院、道觀；有的是是專以刻書爲業的書坊、書肆，區域遍布京都、兩浙、四川、福建、江西等全國各地。另從《中國印刷史論叢・南宋刻書地域表》〔註65〕中，列約有一百八十三處，以兩浙東路四十八處最多，此爲江南東西路三十七處；荊湖南北路二十八處；福建路二十二處；淮南東西路；四川路各十七、八處；廣南東西路最少。大致可依此看出各地刊書概略。當時號稱煙瘴地方廣南西路的柳州、象州，及孤懸海外的瓊州於紹興癸亥（1143）也刊有《初虞世必用方》，這比近人所說海南島在十六、七世紀出版書籍，要早四、五百年。可以說南宋時代的雕版印說幾乎傳布到全國各地了。

　　惟宋朝全國興修地方志約計七百十八種，僅浙東就有一百三十二種，除一部份爲稿本、抄本、未刻，及一地重覆三、四修或七、八修外，一般方志

〔註64〕楊家駱：〈中國古今著作名數之統計〉，《新中華》復刊第 4 卷第 7 期，1946年，頁 49。

〔註65〕國立臺灣師範大學圖文傳播技術學系：《中國印刷史論叢》，臺北市，中國印刷學會，1997 年，頁 69。

多就地刊雕，則刊版地可能就倍於此表了。

　　宋代官刻、私刻圖書各有特色。一般而言，私刻之書與官刻書不同在於官刻圖書重正經正史且財力雄厚，故常常不惜工本，所刻書精美大方；而私刻則四部皆有，有的精校慎刻，以嘉惠學林；有的雕以輭木，印以劣紙，以圖賤價易售；其鮮明的廣告色彩是唐五代所不能及的。

　　從各方面來看，宋代出版事業不但地區遼闊，內容豐富，更能與社會潮流共舞、應民眾需求而動、數量大、流通廣，「無遠不至」。

第三章　臺灣公藏宋版書收藏情況

第一節　自大陸遷移至臺灣的時代背景

一、宋版書流徙

　　中華文化的燦爛，是舉世皆知的事實；中華文化的具體表現，有博物館的數十萬件文物作為證明，也是人所周知的。翻開歷史，我國都有一些收藏家，把可貴的文物，蒐集保存，然而這些私人收藏家，所收無論如何的多，終比不上宮廷的豐富，可以說，歷代文物精華，都是集中在宮廷裡面，每個朝代，立國愈久，收藏愈富。

　　但隨著朝代的更易，文物從一姓之手轉移給另一姓之手，在興亡之間，兵荒馬亂，文物也難免損失或流落至民間，待朝廷政權得到之後，便是文物的接收。靖康之亂，金人便把存在宮中的文物搜掠一空，其散失在民間的，又多為南宋內府所收購。金亡，金內府的收藏，悉歸諸元；南宋亡，臨安內府所藏，也被元人由海路運到大都（今北平）。元為明所滅，明將徐達把元內府所藏，全部運到南京了，後來明成祖建都北平，又由南京運回北平。明代亡國，全部歸清所得。

　　十九世紀末期以後，中國外遭列強迭次侵略，內因軍閥連年戰亂，國內文物收藏家多不能世守。其中宋版書又是世界公認中國歷史的寶藏，而能擁有這近千年的寶藏，源遠流長，不是一朝一夕之事。

　　清朝末年，內憂外患日漸加深，天祿琳瑯藏書在動盪歲月裡亦有相當程度的損毀，但到清末光緒年間，昭仁殿藏書仍十分豐富。直至辛亥年間（1911），

武昌起義，一舉推翻了滿清二百六十八年的統治，也終結了幾千年的君主政治。末代皇帝溥儀在宣統三年（1911）遜位後仍留住在宮廷長達十三年之久，常用賞人的名義，將宮中重要文物偷運出宮，這期間究竟有多少國寶文物流失出去，無人得知。在民國十四年（1925）清室善後委員會發現的一冊《諸位大人借去書籍字畫玩物等糙帳》中記載〔註1〕，溥儀共盜運四十一次古書出宮，計兩百一十部，且幾乎是宋本精品，其中包括宋本一百九十九部。這批宮中古物從天津運到東北僞滿州國後，全部入藏於僞皇宮藏書樓中。

　　民國十三年（1924）國民軍請溥儀出宮，由政府組織清室善後委員會進宮清點古物。一年後，故宮博物院正式成立，相關人員就開始著手將清宮存的古書集中。民國十五年（1926），中國北方政局詭譎多變，清點工作多受阻，直到民國十八年（1929）才能繼續點查，截至民國二十三年（1934），從各宮殿提取的古書，高達九千三百多種，合計二十六萬五千三百餘冊，於是圖書館建立了十餘大書庫，即善本庫、殿本庫、經部庫、史部庫、子部庫、集部庫、方志庫、佛經庫、複本庫、叢書庫、滿文庫、普通庫。另有幾部大型書籍依舊留在原處，包括文淵閣《四庫全書》、《古今圖書集成》，摛藻堂《四庫全書薈要》，乾清宮《古今圖書集成》。

　　民國二十年（1931）「九一八事變」，日本關東軍突襲瀋陽北大營，發動侵佔我國東北三省。翌年（1932），即出現僞滿州國，扶植溥儀爲傀儡執政，接著進攻熱河，準備將戰火引向華北。故宮博物院感到形勢危急，立刻召開理事會，通過將院中所藏百萬文物選取精品裝箱南遷的決議。

　　民國二十二年（1933）五月，中日簽訂塘沽停戰協定，華北暫安，當時的京師圖書館（即北平圖書館）也將甲庫善本及普通庫中選出的珍本共五千餘種、六萬多冊，與敦煌寫經、輿圖、金石拓騙、珍貴的西文書籍等南遷上海，存放在公共租借倉庫中。後又因上海瀕臨海濱，空氣潮濕，英法租借人煙稠密，周遭不時發生火警，對於文物安全堪憂，於是民國二十四年（1935）於南京設保存倉庫，將存滬之文獻，先遷移至此〔註2〕。

〔註1〕　有關溥儀盜運宮中寶物一事，可參考煮雨山房輯：〈故宮已佚書籍書畫目錄四
　　　　種：賞溥傑書畫目〉，《故宮藏書目錄彙編上冊》，（北京市：線裝書局，2004）
　　　　及清愛新覺羅・溥儀：《末代皇帝宣統溥儀自傳：我的前半生》（臺北市：文
　　　　化，民81）。

〔註2〕　關於當年北方書籍移遷至南方一事，可參考國立故宮博物院編撰：《故宮七十
　　　　星霜》（台北：商務，民84），頁119。

　　民國二十六年（1937）「七七事變」爆發，日軍攻向華北。八月十三日，除英、美、法等國租借外，上海其他地方都告淪陷。江南一帶向為我國人文淵藪，有不少藏書世家且典藏甚豐，其珍本尤足稱道，其中不少善本舊籍燬於戰火，即使倖免，無奈書主為生活所苦，不得不忍痛割愛，這些珍貴文獻於是流入上海古書市場內。於是日本偽華北交通公司、美國哈佛燕京學社〔註3〕、梁鴻志〔註4〕、陳群〔註5〕等，搶著蒐購，連北京、上海書商也打著如意算盤，紛紛南下，競出高價。

　　如果政府繼續坐視不管，兵燹之餘，我國古籍可能全落入他人之手，往後若要研究我國文史，就必須留學英美日等國〔註6〕。有鑑於此，私立光華大學校長張壽鏞〔註7〕、國立暨南大學校長何炳松〔註8〕及文學院長鄭振鐸

〔註3〕　哈佛燕京學社（Harvard－Yenching Institute），於 1928 年在提煉鋁的發明家和美國鋁業公司的創始人郝爾（Charles M. Hall）資助下創辦。哈佛燕京學社是一個非盈利性的機構，致力於在東亞和東南亞推進人文學科和社會科學的高等教育。雖然哈佛燕京學社同哈佛大學關係密切，但是在法律和財政上獨立。哈佛燕京學社通過對哈佛燕京圖書館的貢獻來支持哈佛大學的東亞研究。現任社長為裴宜理（Elizabeth J. Perry）。以上有關哈佛燕京社的介紹，參見哈佛燕京社網站：http://www.harvard-yenching.org/。

〔註4〕　梁鴻志（1882～1946），清福建長樂人，字眾異，為近代的政治家，日本所成立的傀儡政權中華民國維新政府的首腦之一，清末著名楹聯大師梁章鉅的孫子，1938 年梁鴻志出任中華民國維新政府行政院長，1940 年汪精衛的南京國民政府成立後轉任監察院長。汪精衛於 1944 年死後改出任立法院院長。1945 年抗戰勝利後，梁鴻志被重慶國民政府以漢奸罪名逮捕，1946 年 11 月 10 日被處死。參見徐友春編：《民國人物大辭典》（石家莊市：河北人民出版社，1991），頁 884。

〔註5〕　陳群（1890～1945），清福建閩侯人，字人鶴，乳名榮福，又號中之，近代政治人物，後在抗戰中投靠日本。參見徐友春編：《民國人物大辭典》（石家莊市：河北人民出版社，1991），頁 1002。

〔註6〕　對於當時古籍流入他國之著作，可參考劉哲民：〈前言〉，《搶救祖國文獻的珍貴記錄——鄭振鐸先生書信集》（上海：學林出版社，1992.8），頁 3～4。

〔註7〕　張壽鏞（1876～1945），浙江鄞縣（今寧波市鄞州區）人，字伯頌、詠霓，號約園，張煌言之後人。晚清舉人，翰林出身，兼具教育家，藏書家和政府官員。光華大學創辦者和第一任校長。藏書是張壽鏞嗜好，他建有約園，私人藏書逾十六萬卷。參見徐友春編：《民國人物大辭典》（石家莊市：河北人民出版社，1991），頁 963。

〔註8〕　何炳松（1890～1946）清浙江金華人，字伯原、伯丞，就讀美國威斯康辛大學和普林斯頓大學，攻讀史學、經濟學，歸國後長期任商務印書館編譯所所長、協理和暨南大學校長。著有《歷史研究法》、《通史新義》。力倡社會科學與史學結合，對當時民間中國原有之物不分好壞僅須加「國」字即成時髦玩

〔註9〕、商務印書館董事長及中英庚款董事會張元濟〔註10〕（雖因年事已高，聲明不與於辦事之列，但在搶救搜尋文物工作上依然出力）等幾位仍留在上海的學者專家們，聯名函電重慶教育部及中英庚款董事會，建議中央蒐購這批古籍。重慶方面想到當時國立中央圖書館有一筆建築費存在中英庚款董事會，因戰無法興建，而國幣又正在迅速貶值，因此責成國立中央圖書館籌備處主任，後爲首任館長的蔣復璁〔註11〕進行蒐購〔註12〕。

民國二十九年（1940）1月，蔣復璁用化名先往香港〔註13〕，與中英庚款董事葉恭綽〔註14〕接洽，隨又潛赴上海，經與有關人士商議，決定組成「文獻保存同志會〔註15〕」，以避敵爲耳目，對外蒐購善本古籍。在蔣復璁離開後，

物之風頗感憂心，並反胡適等人所倡之全盤西化論。參見徐友春編：《民國人物大辭典》（石家莊市：河北人民出版社，1991），頁390。

〔註9〕 鄭振鐸（1898～1958），生於浙江溫州，原籍福建長樂。作家，文學史家，著名學者，字西諦，書齋用「玄覽堂」的名號，有幽芳閣主、紉秋館主、紉秋、幼舫、友荒、賓芬、郭源新等多個筆名，是中國民主促進會發起人之一，上海淪陷後，化名鄭敬夫。參見徐友春編：《民國人物大辭典》（石家莊市：河北人民出版社，1991），頁1486。

〔註10〕 張元濟（1867～1959），中國出版家，字菊生，清浙江嘉興海鹽人。1897年在北京創辦溪學堂。戊戌變法後被清廷革職，任上海南洋公學譯書院院長。1901年，張元濟投資上海商務印書館，並主持該館編譯工作，倡議設立編譯所，並聘蔡元培爲所長。參見徐友春編：《民國人物大辭典》（石家莊市：河北人民出版社，1991），頁905。

〔註11〕 蔣復璁（1898～1990），浙江海寧人，字蔚堂，歷任國立中央圖書館創館館長、清華大學講師、國立北平圖書館編纂、德國普魯士邦立圖書館客座館員、國立編譯館編審、台灣國立故宮博物院（1965年在台北外雙溪重建）首任院長、1974年當選中央研究院院士。參見徐友春編：《民國人物大辭典》（石家莊市：河北人民出版社，1991），頁1378。

〔註12〕 有關當年蒐購流入民間的古籍之著作，可參考盧錦堂：〈抗戰時期香港方面暨馮平山圖書館參與國立中央圖書館搶救我國東南淪陷區善本古籍初探〉，《國家圖書館館刊》第2期，2003年10月，頁125～146。

〔註13〕 有關蔣復璁當年蒐購淪陷區古籍一事，可參考蘇精：〈附錄：抗戰時秘密搜購淪陷區古籍始末〉，《近代藏書三十家》（臺北：傳記文學雜誌社，1983.9），頁225。

〔註14〕 葉恭綽（1881～1968）字裕甫、玉甫、譽虎、玉父，號遐庵，號遐翁，室名「宣室」，廣東番禺人。書畫家、收藏家、政治家。參見徐友春編：《民國人物大辭典》（石家莊市：河北人民出版社，1991），頁1256。

〔註15〕 上海「文獻保存同志會」工作報告書共9號，相關資料可參考中央圖書館館刊第16卷第1期、阮靜玲編：《搶救國家文獻：1940～41中央圖書館搜購古籍檔案展》（臺北市：國家圖書館，民97.04）、孟國祥：《南京文化的劫難（1937～1945）》（南京市：南京出版社，2007.09）、盧錦堂：〈屈故館長翼鵬先生與

「同志會」接著展開工作，由張壽鏞負責版本與價格的審定；何炳松負責經費的收支；鄭振鐸負責跟書商及藏書家接洽，並兼圖書的保管、編目；版本收藏家張鳳舉參與採訪，葉恭綽則負責香港方面的蒐購及主持由滬寄港的轉運事宜；故宮博物院古物館館長徐鴻寶〔註16〕亦從後方跋涉至滬、港兩地協助鑑定版本及點收工作〔註17〕。直至民國30年（1941）12月，太平洋戰爭爆發，上海局面日益動盪，蒐購古書的行動才不得不停止。雖然只有短短差不多兩年的時間，卻適時購得善本書四萬八千多冊，可稱成果豐碩。

　　而存於倉庫的北平善本，也因上海淪陷，歐戰繼起，國際局勢瞬息萬變，岌岌可危，所以當時北平圖書館館長袁同禮〔註18〕，委託我駐美大使胡適，

國立中央圖書館在抗戰時期所蒐購我國東南淪陷區之古籍最精品〉，《屈萬里先生百歲誕辰國際學術研究會論文集》（臺北市：國家圖書館，中央研究院歷史語言研究所，國立臺灣大學中國文學系，民國95年12月）及。盧錦堂：〈抗戰期間中央圖書館搶救我國東南淪陷區散出古籍相關工作報告書之一考察〉，《第一屆東亞漢文文獻整理研究國際學術研討會》，台北大學，2008年10月31日～11月1日。

〔註16〕徐鴻寶（1881～1971），字森玉，號寒梧，齋室名在茲堂，浙江吳興人，歷任北京大學圖書館館長、京師圖書館主任、國立北平圖書館採訪部主任等。曾就讀于著名的白鹿洞書院。在校期間，即著有《無機化學》和《定性分析》，校中稱為「奇才」。山西大學堂監督（校長）寶熙十分賞識他的才華，經常邀他鑒賞古物，共同探討、考證、鑒定、研究文物，從而奠定了他成為文物鑒定家的基礎。參見徐友春編：《民國人物大辭典》（石家莊市：河北人民出版社，1991），頁725。

〔註17〕參見劉哲民：〈前言〉，《搶救祖國文獻的珍貴記錄——鄭振鐸先生書信集》（上海：學林出版社，1992.8），頁4；蘇精：〈附錄：抗戰時秘密搜購淪陷區古籍始末〉，《近代藏書三十家》（臺北：傳記文學雜誌社，1983.9），頁226～227。此外有關「文獻保存同志會」的篇章如下，沈津：〈鄭振鐸和「文獻保存同志會」〉，《國家圖書館館刊》，86年1期（1997.6），頁95～115；林清芬：〈國立中央圖書館與「文獻保存同志會」〉，《國家圖書館館刊》，民國87年1期（1998.6），頁1～22；蔣復璁：《珍帚齋文集》（臺北：臺灣商務印書館，1985.9），頁160～165及475～481。莊因：《漂流的歲月（上）——故宮國寶南遷與我的成長》（臺北：三民書局，2006）。

〔註18〕袁同禮（1895～1965），河北徐水人，字守和。1916年畢業于北京大學，入清華圖書館工作。1920年赴美國，先後入哥倫比亞大學歷史系與紐約州立圖書館專科學校學習。1924年歸國，曾任廣東嶺南大學圖書館館長、北京大學目錄學教授兼圖書館館長、北京圖書館協會會長、北京圖書館副館長等。是著名的文字學家、圖書館目錄學家，著名學者。撰有《國立北平圖書館現藏海外敦煌遺籍照片總目》。參見徐友春編：《民國人物大辭典》（石家莊市：河北人民出版社，1991），頁649。

與美方洽談，於民國三十年（1941）將善本書選提了二千九百多種，二萬餘冊，分裝一百零二箱，再分批船運美國，寄存於國會圖書館內〔註19〕。

由於當時時局十分險惡，故宮博物院毅然決定，將全部的南遷文物向後方疏散，並分三批進行，一路是運到湖南，再轉運到貴州；一路是溯江而上，經漢口，運到四川；一路運到陝西，再轉四川。

第一批以參加倫敦藝展的文物為基本，選提精品八十箱，從南京裝船溯江而上，到武昌後改乘火車運至長沙，存入湖南大學圖書館。後戰火引向內地，故宮博物院認為長沙並非久留之地，決定將文物再向後方轉移，正當故宮博物院離開長沙火車站之時，日軍隨即就到達長沙，在一陣狂轟爛炸後，長沙火車站及湖南大學全化為一片焦土。為安全起見，這批文物避開了土匪常出沒的湘西，繞道至廣西桂林。於民國二十七年（1938）十一月移至貴州安順華嚴洞中，故宮博物院便在此成立了安順辦事處。從南京到安順，行程六千餘里。

第二批九千三百六十九箱文物，於民國二十六年（1937）運抵漢口洋行倉庫。民國二十七年（1938）再西遷至重慶，但隨即重慶遭日軍轟炸，文物在二十天內運往重慶四十里外的山中，接著用汽車運至宜賓，再用輪船從宜賓運往樂山。民國二十八年（1939）九月，九千三百六十九箱文物運抵樂山安谷鄉大祠堂中，故宮博物院便在此成立了樂山辦事處。從南京到樂山，行程約五千里。

第三批七千兩百八十六箱陸路文物的轉運最為艱辛。經由水路運輸的文物都是輕便易行的東西，而大的、重的都留給的陸路運輸。首先，從南京北上至徐州，就在離開徐州轉而西過開封到達寶雞之際，日軍便將徐州化為一片火海。文物在寶雞僅有兩個月，便轉運漢中，然後再轉往成都。民國二十八年（1939）七月，這批文物全部運抵峨眉，故宮博物院便在此成立峨眉辦事處。從南京到峨眉，行程約五千里。

直至民國三十四年（1948）日本投降後，三處的文物重新開始集中至重慶。民國三十六年（1947），又經過陸路運時兩個多月，行程六千餘里；水路由民生輪船公司裝運，歷時半年。行經萬餘里路途，十年浩蕩的文物，才總

〔註19〕有關我國文物運往美國一事，可參考錢存訓：〈北京圖書館善本古籍流浪六十年——祝願國寶早日完璧歸趙〉，《傳記文學》79 卷 6 期，民國 90 年 12 月，頁 15～18。

算全部安返南京。

二、宋版書遷台

　　早在民國二十二年（1933）中央政府就決定在南京設立中央博物院，但直至民國三十五年（1946）才正式啓用。中央政府將內政部古物陳列所南遷所存古物，均撥作中央博物院爲基本藏品，而留在北平的文物則移交給故宮博物院典藏。對日抗戰勝利後，若干遺失在東北的文物，以及溥儀盜走運存東北的文物，又復流回北平市肆，政府因而先後購得幾部宋版書，如《資治通鑑》、《通鑑目錄》、《四明志》等等。

　　政府本開始對文物有所整理，未料不到一年，局勢再度惡化。民國三十七年（1948）冬，國共內戰進入白熱化，徐蚌失守，南京再度陷入危機，當時杭立武以教育部長兼代中央博物院籌備主任，又是故宮博物院理事會秘書，與蔣復璁、傅斯年經國民政府核准，將故宮博物院、中央博物院及中央研究院歷史語言研究所中的古物篩選精品運往臺灣。後來中央圖書館的藏書及外交部的部份重要案卷，也要求隨同運臺。於是，四大文物寶庫及外交部成立一個聯合單位，辦理文物遷台事宜。

　　第一批文物是由海軍部派出中鼎輪號艦代爲轉運的。故宮博物院的文物是三百二十箱，還受北平圖書館的委託，代該館附運文物八十箱，這一批文物，在民國三十七年（1948）十二月二十二日從南京開出，十二月二十七日到達臺灣。

　　第一批文物運出之後，繼續籌備起運第二批，還是聯合辦理，除外交部外，其他四機關仍然加入，由招商局的海滬輪號於民國三十八年（1949）一月九日運抵臺灣基隆港。

　　第三批文物的運輸工作，由海軍部派運輸艦崑崙號護航，然因太過沈重，留下了六十六箱藏經圖書。但經過了三次的運送，總計有一千三百多箱圖書抵臺。

　　遷台的文物幾乎是當初南遷的所有珍貴圖書了。

　　五機關的文物運到臺灣後，一同存放在楊梅的通運公司倉庫裡。庫房地點就在車站旁邊。因臺灣氣候潮濕，在全島上以臺中一帶最爲乾燥，宜於貯存文物，於是中央政府派員至臺中，與臺中糖廠接洽，承臺中糖廠廠長於升峰允許，撥借兩棟倉庫貯存文物，還撥借一塊地以建蓋職員宿舍。因中央研

究院歷史語言所已經遷臺,故該所文物單獨存在楊梅,其餘四機關文物便遷至臺中市,成立中央文物聯合保管處。民國三十八年(1949)十月,政府因臺中糖廠煙囪高大,距火車站近,爲求妥愼起見,在靠近山麓的霧峰鄉北溝吉峰村建構郊外庫房。

文物來到臺灣後,在長達十五年的歲月裏,被存放在臺中的深山裏。山洞潮濕,地處偏遠,著實不便,政府預計建設一個新的博物院來存放這些文物但卻苦於經費不足,此時美國提議以「宋代汝窯碗」作爲交換,願出錢新建博物館,然政府沒有答應。直到民國四十六年(1957)在亞洲協會贊助下,於民國五十四年(1965)故宮博物院臺北外雙溪新館建成,於是故宮文物遂有完善的貯存處,並將中央博物院籌備處的文物一併保管。

中央圖書館於臺中霧峰北溝興建庫方完成那年(1950)將部分書刊一百五十箱移運臺北,暫借於省立臺北圖書館與國立臺灣大學,以供民眾與學生閱覽。民國四十三年(1954)教育部令蔣復璁先生於臺北南海路復館,中央圖書館文物遂陸續貯存於此;又因館藏日增,因應國家文化建設需要,最後於民國七十五年(1986)九月遷至現臺北中山南路上。

而存放於楊梅的中研院史語所文物,則於民國四十三年(1954)春,隨該院定居南港現址。民國四十九年(1960)該院再建傅斯年圖書館,宋版書即存放於此。

當時因戰爭寄放於美國國會圖書館的北平圖書館藏書,也於民國五十四年(1965),由當時中央圖書館館長蔣復璁透過外交部向美國要回這批書,教育部委託中央圖書館代爲保管,後又委託故宮博物院存放〔註20〕。

雖然故宮與央圖的重要文物有一大部分皆安全送至臺灣,加上當初被劫往東京的一百一十一箱善本書籍也運返國土,但寄存香港的其他古籍,包括淪陷前來不及裝箱的書;托李寶棠〔註21〕帶至香港的書籍,因未見蓋有國立中央圖書館印記,日軍即當作寄存之書而未運走的兩皮箱書籍;以及擬由港寄滬而未曾寄出的書等等,在戰後有不少下落不明〔註22〕。但憑藉著有心人

〔註20〕有關寄放於美國國會圖書館的北平圖書館藏書回臺一事,可參見錢存訓:〈北京圖書館善本古籍流浪六十年——祝願國寶早日完璧歸趙〉,《傳記文學》,79:6(90.12),頁15~18。

〔註21〕有關托李寶棠帶至香港的書籍一事,可參見盧錦堂:〈從抗戰期間搶救珍貴古籍的一段館史說起〉,《國家圖書館館訊》,90:3(90.8),頁6~8。

〔註22〕盧錦堂:〈從抗戰期間搶救珍貴古籍的一段館史說起〉,《國家圖書館館訊》第

士諸多的付出，經由政府與民間的合作，抗戰期間大批珍貴文化遺產還是得以保存下來，許多珍貴圖書文獻不致淪入異地，無論在文化史上或中國歷史上，都是不容忽視的一頁。

第二節　臺灣公藏宋版書的來源

　　臺灣公藏宋版書藏，依收藏來源大致可分為三部分：一是臺灣原有藏書，如臺灣大學圖書館藏書、台北市立圖書館總館等。二是由中國大陸運存至臺之圖書，如國立故宮博物院、國家圖書館及中央研究院傅斯年圖書館等，其中雖有從前的舊藏或新購，但大部分是在內憂外患短短數十年中集成的。三是私人收藏再捐售給各收藏機構的。而以收藏質與量來看，大部分宋版書集中於故宮博物院、國家圖書館及中央研究院傅斯年圖書館等三處：

一、故宮博物院

　　故宮博物院是眾所共知、收藏大量中華文物的寶庫，是世界各國喜愛中國文化人士所嚮往的聖地。每年從各地前來參觀欣賞的人士達二百萬以上。現今所藏宋版書約有兩百一十一部，其淵流可上溯至九百年前北宋年間，歷經宋、元、明、清歷代宮廷的嬗遞。圖書來源主要是民國三十八年（1949）自南京所運來近七千種圖書中的宋版書、來台以後所購買收藏、私人收藏所捐贈者及從北平圖書館善本書中而得的宋版書。總的來說，可分為兩大類：

（一）清宮秘閣藏書

　　如前節所述，因國共戰爭而播遷來臺之後，故宮博物院在臺中霧峰北溝糖廠儲藏，民國五十四年（1965），行政院在臺北士林外雙溪設立國立故宮博物院，將中央博物院籌備處的文物也一併由故宮博物院保管。溯其來源，有二：一為遜清內府秘藏，一為京師圖書館藏書。

　　清內府的藏書，原分別貯放在昭仁、養心諸殿，景福、乾清諸宮，及文淵閣、摛藻糖、史館等處。昭仁殿是存放宋元明版及舊鈔善本所在，即著名的天祿琳琅藏書。照常理判斷，由《天祿琳瑯書目緒編》著錄的宋版書。應

90 卷第 3 期，民國 90 年 8 月，頁 6～8。於文末附有〈國立中央圖書館在香港遺失之善本圖書目錄〉。又據周勛初先生〈季振宜唐詩的編纂與流傳〉一文記載，部分留港圖書在中共建國後被馮平山及陳君葆帶回南京，後來有 154 種歸北京圖書館，99 種歸南京圖書館。

該全部存在該院才是，但事實並非如此，國民革命成功後，清遜帝曉得大勢已去，使用各種手段，盜竊儲放宮中的文物，於是幾達二百多種的宋版書，經過這位遜帝有計畫的偷盜後，存在的數量已極為有限。民國十四年（1935）故宮博物院正式成立後，將宮內各處的藏書，點檢保管，猶存宋版四十六部。後併同各宮殿的收藏，加上內閣大庫的七種殘卷一起計算，只有六十九種，現均運到臺灣。

提到內閣大庫，學術界都很熟悉，舉凡近代史學術上新發現，如殷墟甲骨、流沙墜簡、敦煌經卷以及大庫書檔，無不令人豔稱。內閣大庫所貯的，是明文淵閣的孑遺，而文淵閣藏書又是襲自宋元秘閣，雖然因為歷代典藏的不善，損失的很多，僅存的宋元本也大多殘缺不全。但因儲之秘閣，罕有人翻閱，故觸手若新，書品絕佳，而且頗多孤本秘笈，為世寶重。又內閣為中央政權的樞紐，管理許多例行專件及重大典禮，同時各處呈報及軍機處交出的文件，皆存放於此。宣統元年（1909），庫垣大壞，重新修理大庫時，檢出不少檔案及書冊，由當時內閣大學士兼管學部張之洞〔註23〕奏請作為新設立的京師圖書館的基本藏書，其中即包含前段所提之七種宋版殘卷。

而京師圖書館，就是後來的北平圖書館。館中除了內閣大庫的藏本外，又有兩江總督端方採進了一批南陵徐氏積學齋、歸安姚氏咫進齋、海虞瞿氏鐵琴銅劍樓等所散出的珍槧舊鈔。所以館中所藏不但豐富且書品絕佳，頗多為世所重的孤本秘笈。當初擔任京師圖書館正監督繆荃孫〔註24〕，也從中檢出一批宋元舊版，編纂成一書目。

民國二十二年（1933），北平圖書館也編有一份善本書目。抗戰時，為使典籍免於戰火摧毀，圖書分散保存，其中一部份由當時館長袁同禮以及徐森

〔註23〕 張之洞（1837～1909），字孝達，號香濤、香岩，又號壹公、無競居士，晚年自號抱冰。直隸南皮（今河北南皮）人，歷任翰林院編修、教習、侍讀、侍講學士及內閣學士等職，一度是清流派健將，後期轉化為洋務派的主要代表人物，大力倡導「中學為體，西學為用」。他注重教育，對清末教育有很大的影響，曾創辦漢陽鐵廠、大冶鐵礦、湖北槍砲廠等。諡文襄。有《廣雅堂集》。張之洞與曾國藩、李鴻章、左宗棠並成為晚清「四大名臣」。參見蔡冠洛編：《清代七百名人傳》（臺北市：廣文，民67），頁631。

〔註24〕 繆荃孫（1844～1919），字炎之，一字筱珊，晚號藝風。江蘇江陰申港鎮繆家村人。中國近代教育家、目錄學家、史學家、方志學家、金石家，中國近代圖書館事業的奠基人，中國近代教育事業的先驅者，一生歷16省，著書200卷。編校、刻書甚多。參見徐友春編：《民國人物大辭典》（石家莊市：河北人民出版社，1991），頁1581。

玉、王重民〔註25〕幾位先生檢選了一百零二箱善本書（含故宮文物），寄放在美國國會圖書館。民國五十四年（1965）二月，袁同禮在美病故，北平圖書館寄存的善本無人掌管，現任故宮博物院院長蔣復璁，同時尚在中央圖書館館長任內，深怕這批善本因乏專人典守，而有散失之虞，乃呈文教育部請予索回，經教部核准，透過外交部，向美國要回來，與當年十一月寄存美國的西北科學考察團所發掘的居延漢簡一併委託美國軍艦運返臺灣。又當時故宮博物院所新建的大樓設有善本書庫，設備完善，有空調及防塵防火等現代設備，於是教育部委託故宮博物院保管這批存書，其中就有八十幾部宋版書，保藏至今依然良好。

　　北平圖書館善本書在運存美國不久後，在雙方協議下，曾攝製了一套顯微膠片一千零六十三卷，1959 年日本東洋文庫把這套微片膠捲，依其順序編成書目，名曰《擬備中國書目》，昌彼得先生也參與點校工作，發現許多原來北平圖書館的善本並未被運出，反而流散了〔註26〕。

　　當年故宮博物院所有典藏，雖然並未全部運臺，但遺留在大陸者，不過是部分普通本圖書，精華盡在此。以數量而言，故宮博物院不及國家圖書館所藏的多，但大多都是秘府所藏之瑯嬛秘冊，譬如南宋初年國子監刻本《爾雅》是覆刻自北宋的監本，源出於中國最早的官刻書──五代長興國子監本，五代及北宋監本群經早已無一存世，就南宋監刻的經注，其傳世可考者，除此部外，僅見於蕘圃藏書題識著錄的嘉道間吳縣黃氏士禮居舊藏的《周禮秋官》及道光初昭文張氏《愛日廬藏書志》著錄的《禮記》殘卷。黃張二氏現無蹤跡，端賴故宮博物院所藏一帙，尚足見長興景德國子監刻書的遺範，更可藉以瞭解南宋公私翻雕群經版式行款之所本。又如南宋浙江茶鹽司注疏合刻的經書有《周禮》、《論語》、《孟子》三種，在南宋以前，經注和疏本是分別單行的，稱爲單注本及單疏本，把注與疏文合刻在一起，始於浙東茶鹽司本，而明清通行的十三經注疏，則源出於宋元之際福建坊刻的十行本，譌文誤字及刪削的地方頗多。茶鹽司本注疏合刻群經，今傳世可考的僅有《周易》、《尚書》、《周禮》、《禮記》、《春秋》、《論語》及《孟子》七經，故宮即藏有

〔註25〕王重民（1903～1975），原名鑒，後改重民，字有三，號冷廬主人。河北高陽縣人。中國古文獻學家、目錄學家、版本學家、圖書館學教育家。參見徐友春編：《民國人物大辭典》（石家莊市：河北人民出版社，1991），頁 72。
〔註26〕關於北平圖書館善本流散一事，可參見昌彼得：〈關於北平圖書館寄存美國的善本書〉，《書目季刊》4 卷 2 期，民國 58 年 12 月，頁 3～11。

其三，不僅具有極高的校勘價值，也是版本學研究的重要資料。此外如《龍龕手鑑》、《宣和奉使高麗圖經》、《四朝名臣言行錄》、《郡齋讀書志》、《劉賓客集》、《華嚴經》等等，都是世所罕見的版本。

（二）民間搜訪捐贈

該院宋版書來源，除清宮收藏外，還有一大部分來自海外及近年來民間捐贈的藏本。海外收來的一部份宋版書，乃著名宜都楊守敬觀海堂舊藏獲自日本的古籍。

宜都楊氏觀海堂藏書，是楊守敬於清光緒初年充任何如璋公使的隨員留駐日本四年之間，全力購入約有三萬冊以上的古書。楊守敬與森立之、向山黃村、島田重禮等日本聞名藏書家交往，通過此人脈，得到了一些《經籍訪古志》中所著錄的善本書籍〔註27〕。民國初，楊氏卒後，其家屬將其藏書售歸政府。政府則將其中一部份撥交松坡圖書館，以紀念蔡鍔將軍。剩下的就儲放在集靈囿，待民國十五年（1926）故宮成立後，集靈囿裡餘一萬五多冊全數撥交故宮典藏。據袁同禮〈楊惺吾先生小傳〉一文中說：

> 其藏書以七萬金讓諸政府，藏於政事堂，日久頗多散佚。七年冬，徐總統（世昌）以一部份撥付松坡圖書館，約十之五六，所餘者儲於集靈囿。十三年秋，余由歐返國，供職國務院，曾以公開閱覽，進言於黃君膺白，未幾黃君去職，事遂寢。本年（民國十五年）一月，由國務院改國立故宮博物院保存，儲於景山西之大高殿，為故宮博物院圖書館分館。〔註28〕

觀海堂藏書，宋元舊刊，古鈔秘本不少，其中就有九種宋版書，數量雖然有限，但是學術價值極高，例如其中一本宋建安余氏萬卷堂刊本《類編秘府圖書畫一元龜》，在我國僅見於明文淵書目的著錄，國內也許早已不傳了，幸賴楊守敬購回，才能一窺其真貌。

故宮博物院為擴大文化資源的保護，盡全力收購重要文物，且鼓勵民間捐贈，近年來得到不錯的成效。其中宋版書捐贈的例子就有兩例，一為立法委員謝承炳在民國六十九年（1980）九月將所藏晉唐石刻拓本六十五種捐贈之後，復以秘藏數十年的一部宋槧《李壁注王荊公詩》贈送故宮博

〔註27〕 有關楊守敬於日本購書一事，可參考吳哲夫：〈楊守敬與觀海堂藏書〉，《故宮文物月刊》第 520 期，民國 78 年 4 月，頁 118～123。
〔註28〕 袁同禮：〈楊惺吾先生小傳〉，《圖書館學季刊》第 1 卷第 4 期，1926 年。

物院〔註29〕。

二為沈仲濤（1892～1981）研易樓藏書。沈仲濤在上海經商，為美國印刷油墨在中國的總代理，其先祖沈復粲是清代中葉浙江著名藏書家，藏書之所名為「鳴野山房」。蒐書極廣，以精為主且不惜成本。清末有所謂四大藏書家，其藏書就包含了三家：吳興陸心源皕宋樓、杭州丁丙善本書室、常熟瞿鏞鐵琴銅劍樓。民國二十多年，日軍南下，江南珍藏善本急速流散，沈仲濤於是拚命去蒐購。後來這些書分兩批運到臺灣，一批隨身坐船，一批交運太平輪運，不幸該船沈落大海。這些書的數量很大，當年商務印書局刻《四部叢刊》，就有若干書是向沈仲濤先生借得。後來沈仲濤年老病重，為了替藏書找到可妥善保存之處，到全臺各公家藏書單位參訪善本收藏情況，最後才決定捐贈給故宮博物院。其中宋版書就有三十三種，特別是廣東漕司刻本《新刊校定集注杜詩》及國子監本《增修互註禮部韻略》，珍逾拱璧，版式紙墨皆呈現宋代校刊之美。另外像南宋建安余仁仲萬卷堂刻的春秋三傳，或錦溪張監稅宅刊《昌黎先生集》等，也相當珍貴，此外尚有一部份元、明版本。另外還有徐庭瑤將軍捐贈的舊本書籍二千零六冊等。

二、國家圖書館

民國三十八年（1949），政府將中央圖書館、中央博物院、故宮博物院等機構合併於臺中霧峰北溝糖廠一起管理。民國四十五年（1956），中央圖書館遷入原臺灣省國語推行委員會舊址，即現在台北南海路館址。國家圖書館所藏宋版書來源大部分是南京遷運來臺的，少部分是在臺購置、接收私人的圖書及交通部遺贈者，分述如下：

（一）由南京遷運來臺者

中央圖書館從南京運來臺灣的十二萬冊善本圖書中，有兩百零一種宋版書，在當年海內外圖書館善本收藏中，可以說是首屈一指。中央圖書館不像北平圖書館承襲京師圖書館，有清內閣大庫的舊藏奠基，籌辦時可說是毫無基礎。如今總計存藏宋版書約有兩百一十二種，如此豐碩的收藏，假若不是因緣際會，是不可能臻此的。

民國成立（1912）之初，政府即撥以專款增購圖書，教育部也多次在臨

〔註29〕有關謝承炳贈書一事，可參考昌彼得：〈連城寶笈蝕無嫌──談宋版李壁注王荊公詩〉，《故宮文物月刊》第9卷第11期，民國81年2月，頁93。

時政府公報上刊登收買古籍的廣告，爲籌設中央圖書館做準備〔註30〕。

　　民國二十二年（1933），國家圖書館前身國立中央圖書館在南京成立籌備處，初期所蒐集圖書文獻稱得上珍貴的並不多，可稱爲善本者僅明永樂五年（1407）內府刊本《大明仁孝皇后勸善書》一部。直到抗戰時期，經由上海幾位有識人士協助，組成「文獻保存同志會」，進行秘密蒐購，因而獲得大量流失的善本古籍，使目前國家圖書館的藏書，版本繁多且完備，更有不少是未經後代翻刻且流傳稀少的孤本。

　　民國二十九年（1940）正式成立了中央圖書館，當年正值抗戰時期，「同志會」在上海搜集之善本，最初先郵寄到香港，再轉運到重慶，因轉運費用過鉅，只運過一次，餘下的書便都留在香港馮平山圖書館，後來局勢危急，準備運美〔註31〕，寄存國會圖書館，不料香港淪陷，有部分竟被日軍劫走。戰後經我駐日軍事代表團深入查證，終在東京帝國圖書館地下室及伊勢原鄉下搜獲這批珍貴古籍，值得慶幸。

　　當時，上海已大半淪陷，「同志會」搶救古籍行動的艱辛，不言可喻。眾人憑著堅定的信念和處處以國家爲重的情操，著實令人敬佩。鄭振鐸在他的〈求書日錄〉中記載：

> 有一個時期，我家裡堆滿了書，連樓梯旁全都堆得滿滿的。我閉上了門，一個客人都不見，竟引起不少人的不滿與誤會，但我不能對他們說出理由來。……爲了保全這些費盡心力搜羅訪求而來的民族文獻，又有四個年頭，我東躲西避著，離開了家，蟄居在友人們的家裡，慶弔不問，與人世幾乎不相往來。我絕早的起來，自己生火，自己燒水、燒飯，起初是吃著罐頭食物，後來，買不起了，只好自己買菜來燒。在這四年裡，我養成了一個人的獨立生活的能力，學會了生火、燒飯、做菜的能力。假如有人問我，你這許多年躲避在上海究做了些什麼事？我可以不含糊的回答他說：爲了搶救並保存若干民族的文獻！〔註32〕

〔註30〕關於民國初年籌設中央圖書館而增購圖書一事，可參考國立中央圖書館編撰：〈館史史料選輯〉，《國立中央圖書館館刊》16卷1期，1983年4月，頁57。

〔註31〕國家圖書館大陸時期舊檔中藏有1941年9月中蔣復璁呈部長密簽的草稿及謄清稿，都只提到書籍內運，但謄清稿上又經修正，日期改爲10月3日，其中「內運」文字已刪，增入「運美」的說明。可參考前述盧錦堂的著作。

〔註32〕鄭振鐸：《失書記》（臺北市：網路與書出版：大塊文化，2007），頁37。

如此對搶救國家文獻的執著與付出，令人動容。

於是這些到處收購淪陷區的古書，成為國家圖書館善本的骨幹，其中包括了江南各大藏書家如「吳興張氏適園樓藏書」、「劉氏嘉業堂」、「江寧鄧氏群碧樓」、「嘉興沈氏海日樓」、「盧江劉氏遠碧樓」及「順德鄧氏風雨樓」、「李氏泰華樓」等；久負盛名如「常熟瞿氏鐵琴銅劍樓」、「吳縣潘氏滂喜齋」、「聊城楊氏海源閣」等，其他如「合肥李氏」、「江安傅氏雙鑑樓」、「南陵徐氏積學齋」、「徐氏南州書樓」、「閩氏陳氏閣樓」等等。

除了「同志會」之外，也有不少為了國家文化遺產而默默貢獻一己之力的人，如香港大學馮平山圖書館主任陳君葆〔註33〕，當「同志會」將蒐集來的善本古籍以香港為中轉站或戰存地時，陳君葆協助保管工作。後來香港淪陷，日軍查封圖書館後，陳君葆仍在日軍監視下埋首整理其中藏書，不久，這些善本被日軍運離香港大學，陳君葆心急如焚，待抗戰一結束，他立刻展開追查，托外國友人博薩爾隨遠東委員會到日本調查罪行時，代為留意失蹤古籍的下落，終於皇天不負有心人，1946年6月16日從博薩爾來信告訴他於帝國圖書館（今東京圖書館）發現該批善本古籍，於是他隨即寫信給當時的教育部部長，加速追尋失書。結果，書總算找回且存於國家圖書館中。〔註34〕

在戰亂中為國家蒐購善本圖書，藏書的內容是重要關鍵。如以吳興劉氏嘉業堂藏書為例，1941年3月19日，上海文獻保存同志會致蔣復璁函，其中即提及：

> 曾約略加以估計：如能獲得劉貨，則全部精品，可有三千五百種左右；可抵得過北平圖書館之四冊善本目矣。所不及者，惟宋元本及明代方志部分耳。其他經、子部分，大足並美，史、集二部，尤有過之，無不及。誠堪自慰也！〔註35〕

〔註33〕陳君葆，字厚基，廣東省香山縣（今中山市）三鄉平嵐村人，香港知名學者，愛國教育家，文學家，宗教哲學家，政治活動家，柳亞子曾以蕭何、蘇武、馬融、阮籍、孔璋等漢魏晉唐名人比擬他。與當時到香港的中國政要及文化界知名人士，有廣泛的接觸和密切的交往，其中包括宋慶齡、李濟深、黃炎培、郭沫若、柳亞子、許地山等人。參見謝蓉滾主編：《陳君葆日記》（香港：商務印書館，1999），前言，頁1。

〔註34〕有關陳君葆搶救古籍一事，請參考陳君葆著，謝榮滾主編：《陳君葆日記》（香港：商務印書館，1999），頁882～883，以及該書書末小思一文，頁1133～1134。

〔註35〕國立中央圖書館：〈館史史料選輯〉，《國立中央圖書館館刊》16卷1期，1983年4月，頁88。

宋版書固然珍貴，然嘉業堂所藏之明刊本及抄校本，不僅量多更是精品，故當劉氏準備出售藏書時，各界虎視眈眈，有人還打算出價六十萬收購，但經「同志會」以大義、私交說動書主，才能以二十五萬元低價售予中央圖書館，使其珍貴所藏繼續保留在國內。

（二）在臺購置、代管及寄藏者

本館遷台後，於民國四十七年（1958）購得林氏寶宋室舊藏「寶篋印陀羅尼經」一卷，是宋太祖開寶八年（975）吳越王錢俶所刊。民國五十一年（1962）購得滄縣張溥泉遺書一批，內有善本書七十五種，三百四十五冊又十一卷，其中包括唐人寫經、宋元舊槧、明清刊本之精者。民國七十三年（1984）獲捐得「湖南湖潭袁氏」。民國七十六年（1087）再獲捐得嚴靈峰「無求備齋諸子文庫」。往後諸年，又零星買了幾部宋版書。民國五十四年（1967）代管北平圖書館藏書，後來此批書歸了故宮博物院貯藏。民國七十一年（1982）由王撫州先生捐贈善本數種〔註36〕。

國家圖書館宋版版書文種繁多，大都具有學術上的價值，也有不少全世界僅存的孤本或罕見珍本，如紹興間國子監本《漢書》、淳熙刊本李善注《文選》、紹興間眉山程舍人宅刊本《東都事略》等，其中當推南宋書棚本《江湖群賢小集》六十冊為鎮庫之寶，談起這部書購得實屬不易，過去流傳的南宋江湖詩集，都是毛晉汲古閣所謂宋鈔本輾轉傳錄，明清幾百年間沒有一位藏書家真正見過宋本。抗戰勝利後，此書突然在上海出現求售，但所值過於昂貴，中央圖書館無力收購，後來經吳稚暉、張溥泉致書給蔣委員長，才能以黃金議價購得〔註37〕。

國圖宋版書另一特色即藏有最多黃丕烈手跋的宋版書。清代中葉藏書最富，鑑賞眼力最高，應推吳縣的黃堯圃丕烈。黃氏為書中的伯樂，他熟於版本目錄，書一經他手，真偽立判，特點輒知，他又勤於筆墨，往往將所知題記於書的前後護葉，黃氏的題拔，自嘉道以來甚受藏書家的重視，「黃跋本」遂成為一專有名詞。清光緒以來輯其題拔編刊者不絕於縷，估計經他題拔的

〔註36〕 關於國家圖書館在臺購置及接收私人圖書一事，參考國家圖書館編：《出版、閱讀與圖書館：國家圖書館七十週年館慶研討會展覽專輯》一文。

〔註37〕 關於購買南宋書棚本《江湖群賢小集》一事，可參考昌彼得：〈琅嬛秘笈歷劫不磨——中央圖書館善本書集藏經緯談〉，《國立中央圖書館館訊》，15卷，民國82年，頁21～24及秋禾，少莉編：《舊時書坊》（北京市：生活、讀書、新知三聯書店，2005年），頁52～58。

書，幾近千種，其值皆高出他本甚多。而國家圖書館所藏之宋版書應爲黃跋
本最多的館藏單位。

三、中央研究院傅斯年圖書館

中央研究院歷史語言所成立於廣州時，即著意蒐集圖書文獻。遷臺以後，
先在楊梅建所，後爲妥善安置藏書，於民國四十九年（1960），經國家長期發
展科學委員會推薦，得美源資助，於現址臺北南港興建四層大樓圖書館一幢。
存藏宋版書有三十六部，主要來源爲：

（一）鄧邦述群碧樓藏書

民國二十三年（1934）承院方撥存舊購自南京鄧邦述「群碧樓」藏書四
百三十餘種，內有宋元刊本六十餘種。辛亥年間（1911），鄧邦述避居津門，
無以爲活，乃舉宋本出以易米，1921 年夏，以長安居大不易，歸於吳中，迄
1926 年元月，皆閉門謝客，後因家無餘財，又舉債買一宅於城南隘巷，困支
一年後，於 1927 年 5 月，經蔡元培出面，以五萬元的價格將藏書售予中央研
究院。在售書之後，鄧邦述曾無可奈何地說：

> 餘雖不幸，及身而散，然亦有所甚幸者。積書至數萬卷，充箱盈笥，
> 擔挈彌苦，身遭亂離，不能不委之而去。偶挈以俱，則舍彼取此，
> 致難別擇。舟車之費，棄擲方多，盜負雨濡，所在不免。吾書雖南
> 北迻遞，安然無恙，即有散失，未同劫灰，此一幸也。不得已而去，
> 遑雲擇人，海客豪家，非所願託。然愛書者半出寒儒，希言善價，
> 若零縑寸璧，夕割朝裁，求之惟恐不精，得之惟恐不賤，則千金市
> 骨，既尠知音，九張分機，亦虞減色。適遇研究院者，兼搜故籍，
> 用廣國華，瑯嬛之儲，請自茲始。從此不憂散佚，得慰初衷，永獲
> 保存，並叨榮問，此又一幸也。〔註38〕

據說售價五萬元，實得四萬五千元，另五千爲蔡元培作壽，倘若非蔡氏之力，
則中央研究院斷無法購此古籍。丁文江曾任中央研究院幹事，也曾慨然與葉
景葵說：「研究院應興之事甚多，應革之事亦甚多，即如鄧孝先之書，研究院
購之何用，乃費去五萬元。若以此五萬元研究地質，豈非有益於國計民生？」
葉笑云：「如君言，則琉璃廠肆皆關門，從此無肯刻中國書者矣。」〔註39〕由

〔註38〕鄧邦述：《寒瘦山房鬻存善本書目》（臺北市：廣文書局，民56），序，頁1。
〔註39〕同上註。

此可見，宋版書的殘存僅在一念間矣。

（二）其他捐贈與蒐購

中央研究院傅斯年圖書館宋版書絕大多數皆是群碧樓之藏書，僅有少數是來自民間捐贈或蒐購而來。善本書主要來源有民國三十六年（1947）接收日本北平東方文化事業總會及近代科學圖書館藏書，其善本書七百餘種；另有蒐購自江安傅增湘藏園部分藏書；民國五十七年（1968）購自李玄伯散出的百餘種善本等。

其中最重要即是江安傅增湘（沅叔）藏園所藏之宋蜀刻本《南華眞經》。兩宋時代是中國雕版印刷的全盛時期，當時刊印《莊子》不知凡幾，清初以來流傳者有宋巾箱本，據《天祿琳瑯前編》記載，此本版高不及五吋，紙墨極精，嘉慶初年昭仁殿失火，此書遂燬。後涵芬樓得宋刊《莊子》，前六卷爲宋閩本；後四卷爲北宋本，是傳世《南華眞經》最古之本，明清藏書家均未嘗目見者，其購自日本。此書後來影印入《續古逸叢書》中。另國內藏書家如汪氏藝精舍舊藏宋鄂州刻本，後歸海源閣；吳荷屋筠清館則藏有宋建本，此兩本也是世所稀見。除上述外，其餘如瞿氏、陸氏及善本書室、持靜齋諸家所載於目錄爲宋刻本者，皆爲纂圖互注本，出於閩中坊刻，較不珍貴。王叔岷撰《續古逸叢書》時，詳加比勘，謂卷七以下大都與北宋本合，傅增湘亦謂：「是書雖刊於南渡，而其源仍出於北宋善本。」此孤本可補充現今本的缺陷，在校勘上的價值，自不待言。

中央研究院傅斯年圖書館所藏之宋本書，雖數量爲三館中最少，然卻以罕見秘籍居多，複本少爲其特色，多是國內外研究者所重視的典籍。

第三節　臺灣主要收藏機構的宋版書簡目及數量統計

由上節可知臺灣主要宋版書公藏的機構爲國立故宮博物院、國家圖書館、中央研究院傅斯年圖書館三處，但如台北市立圖書館總館、臺灣大學圖書館、師範大學圖書館、東海大學圖書館、國防部圖書館等等也有少量宋版存藏，現將各機構館藏之宋版書一一羅列成表，以展現臺灣各主要宋版書收藏機構之藏量、出版處及內容：

一、故宮博物院〔註40〕

序號	書名（卷數、冊數）	版本	備註
1	周易玩辭十六卷八冊	宋寧宗時江陰項氏建安書院刊本	北平
2	童溪王先生易傳存二卷一冊	宋刊本	
3	附釋文尚書注疏二十卷十六冊	宋慶元間建安魏縣尉宅刊配補元建刊明閩修補十行本	
4	婺本點校重言重意互註尚書十三卷六冊	宋刊本巾箱本	
5	附釋音毛詩注疏存八卷五冊	宋建安劉叔剛刊元明遞修本	
6	纂圖互注毛詩二十卷六冊	宋紹熙間建陽書坊刊本	
7	詩本義十五卷附鄭氏詩譜一卷四冊	宋寧宗時江西刊本	
8	詩集傳二十卷十冊	宋寧宗、理宗間刊七行本	北平
9	周禮疏五十卷三十二冊	南宋初年兩浙東路茶鹽司刊南宋中葉暨元明遞修本	
10	附釋音周禮註疏存三十六卷七冊	宋建陽刊元明修補十行本	
11	周官講義存八卷一冊	宋寧宗時刊本	北平
12	校正詳增音訓周禮句解存十二卷六冊	南宋末年建安刊本	
13	禮書存六十九卷八冊	宋刊元至正七年（1347）福州路儒學明遞修本	北平
14	禮書存二十卷二冊	宋刊元至正七年（1347）福州路儒學明遞修本	北平
15	禮書存十一卷一冊	宋刊元至正七年（1347）福州路儒學明遞修本	
16	儀禮要義五十卷三十六冊	宋淳祐十二年（1252）魏克愚徽州刊九經要義本	
17	春秋經傳集解三十卷十六冊	宋刊本	
18	春秋經傳集解存二十七卷二十五冊	宋淳熙間撫州公使庫刊配補乾道江陰軍學本暨明覆相臺岳氏本	
19	附釋音春秋左傳註疏六十卷二十四冊	宋建陽刊元明修補十行本	

〔註40〕參自吳哲夫先生所執行之行政院國家科學委員會專題研究計畫《臺灣公藏宋元版書調查研究》。

20	附釋音春秋左傳註疏存三十一卷十五冊	宋建安劉叔剛一經堂刊配補元明修補本	
21	音註全文春秋括例始末左傳句讀直解存十卷三冊	宋末建刊巾箱本	北平
22	春秋公羊經傳解詁十二卷六冊	宋紹熙間建安余仁仲萬卷堂刊本	
23	春秋穀梁傳存六卷二冊	宋紹熙間建安余仁仲萬卷堂刊本	
24	監本附音春秋穀梁註疏存九卷五冊	宋建陽刊元明修補本	
25	監本附釋音春秋穀梁傳注疏存六葉一冊	宋建刊元明修補本	
26	春秋集註十一卷綱領一卷二冊	宋端平二年（1235）臨江郡庠刊本	
27	樂書存六十六卷六冊	宋慶元刊元至正七年（1347）福州路儒學、明代遞修本	北平
28	樂書存三十一卷二冊	宋慶元間刊本	北平
29	樂書存八十四卷九冊	宋慶元刊元至正七年（1347）福州路儒學明遞修本	北平
30	論語註疏解經存十卷一冊	宋紹熙間兩浙東路刊元明遞修本	
31	論語筆解十卷一冊	宋蜀刊本	
32	孟子註疏解經十四卷五冊	宋嘉泰間兩浙東路茶鹽司刊元明遞修本	
33	爾雅三卷三冊	宋刻大字本	
34	重刊許氏說文解字五音韻譜十三卷	宋孝宗時刊元明遞修本	
35	漢隸字源五卷附碑目一卷六冊	宋紹熙間刊本	北平
36	龍龕手鑑四卷六冊	宋孝宗時浙刊本	
37	增修互註禮部韻略五卷十六冊	宋嘉定間國子監刊本	
38	增修互註禮部韻略存四卷四冊	宋理宗時刊元代修補本	北平
39	六經圖不分卷四冊	宋末建刊巾箱本	北平
40	古史六十卷二十四冊	宋浙刊明印本	
41	漢書存十七卷八冊	宋紹興間國子監刊本	北平
42	漢書存九卷四冊	宋紹興間國子監刊本	北平
43	漢書一百二十卷四十冊	宋福唐郡庠復景祐監刊元明遞修補本	
44	後漢書存六十二卷二十三冊	宋紹興間國子監刊元明修補本	北平
45	後漢書存二十三卷九冊	宋紹興間國子監刊元明修補本	北平
46	後漢書存五十五卷十二冊	宋刊元大德元統及明初遞修補本	北平

47	後漢書一百二十卷六十四冊	宋福唐郡庠刊元明遞修本	
48	後漢書一百二十卷四十冊	宋福唐郡庠刊元明遞修本	
49	三國志六十五卷二十八冊	宋紹興間衢州刊元明修補本	
50	晉書存一百零二卷二十一冊	宋刊元明修補本	北平
51	晉書存六十四卷附音義三卷十六冊	宋刊元至明初修補本	北平
52	晉書存三十二卷七冊	宋刊元明修補本	北平
53	晉書存三十卷十二冊	宋刊元明遞修本	
54	晉書存四卷一冊	宋刊本	
55	宋書存五十八卷三十一冊	宋紹興間刊明初修補本	北平
56	梁書存四十卷十四冊	宋紹興間刊明初修補本	北平
57	陳書存二十五卷七冊	宋紹興間刊元代修補本	北平
58	陳書存八卷二冊	宋紹興間刊元代修補本	北平
59	陳書存五卷一冊	宋紹興間刊本	北平
60	北齊書存十六卷五冊	宋紹興間刊本	北平
61	周書五十卷十二冊	宋刊元明遞修本	
62	四史外戚傳四卷二冊：魏書一卷	彙輯宋元刊本：南宋初期刊宋元遞修本	北平
63	四史外戚傳四卷二冊：北齊書一卷	彙輯宋元刊本：南宋初期刊宋元遞修本	北平
64	資治通鑑存四葉	宋鄂州覆刊龍爪本	
65	增入名儒集議資治通鑑詳節存八卷六冊	宋建刊巾箱本	北平
66	資治通鑑綱目存五十七卷五十七冊	宋嘉定十二年（1219）眞德秀溫陵郡齋刊宋末元明遞修本朱校	北平
67	資治通鑑綱目五十九卷六十冊	宋武夷詹光祖月崖書堂刊本	
68	大事記通釋存二卷一冊	宋嘉定五年（1212）吳郡學舍刊本	北平
69	增修陸狀元集百家注資治通鑑詳節存六十卷六冊	宋末元初建刊元明修補本	北平
70	增修陸狀元集百家注資治通鑑詳節存四十五卷三冊	宋末元初建刊元明修補本	北平
71	增修陸狀元集百家注資治通鑑詳節存四十一卷五冊	宋末元初建刊元明修補本	北平
72	通鑑總類二十卷四十冊	宋嘉定元年（1208）潮陽刊本	

73	通鑑紀事本末存三十五卷三十五冊	宋淳熙二年（1175）嚴州郡庠刊宋端平淳祐元初遞修本	北平
74	通鑑紀事本末存十八卷十八冊	宋寶祐五年（1257）趙與𥲅湖州刊本	北平
75	通鑑紀事本末存五卷五冊	宋寶祐五年（1257）趙與𥲅湖州刊本	北平
76	通鑑紀事本末存一卷一冊	宋寶祐五年（1257）趙與𥲅湖州刊本	
77	通鑑紀事本末四十二卷九十七冊	宋寶祐五年（1257）趙與𥲅湖州刊元明遞修本	
78	通鑑紀事本末存九卷九冊	宋寶祐五年（1257）趙與𥲅湖州刊明修補本配補鈔本	北平
79	通鑑紀事本末存一卷一冊	宋寶祐五年（1257）趙與𥲅湖州刊本	
80	國語二十一卷、附補音三卷十二冊	宋紹興間刊宋元明遞修本	
81	國語補音三卷二冊	宋紹興間浙刻本	
82	國語補音三卷三冊	宋孝宗時（淳熙）嚴州刊本	
83	四朝名臣言行錄存三十一卷二十四冊	宋建陽書坊刊本	
84	新刊名臣碑傳琬琰之集存四十四卷四冊	宋建刊本	北平
85	新刊名臣碑傳琬琰之集上集二十七卷中集存五十四卷下集二十五卷二十四冊	宋建刊本	
86	紹興十八年同年小錄一卷一冊	宋刊本	
87	十七史詳節存二百六十六卷九十八冊	宋建陽書坊刊巾箱本	
88	東萊先生標註三國志詳節二十卷三冊	宋紹熙間建陽書坊刊巾箱本	
89	諸儒校正唐書詳節六十卷二十四冊	宋建陽書坊刊巾箱本	
90	新編方輿勝覽七十卷二十冊	宋咸淳三年（1267）建安祝氏刊本	
91	新編方輿勝覽存五十四卷二十四冊	宋咸淳三年（1267）建安祝氏刊本	
92	大唐西域紀存一卷一冊	宋刊思溪藏經本	北平
93	宣和奉使高麗圖經四十卷三冊	宋乾道三年（1167）徐藏江陰刊本	
94	蘇文忠公奏議存二卷一冊	宋眉山刻大字本	

95	東坡先生奏議存二卷一冊	宋慶元間黃州刊本	北平
96	國朝諸臣奏議存二卷一冊	宋淳祐十年（1250）福州路提舉史季溫刊本	
97	國朝諸臣奏議存一百四十五卷五十七冊	宋淳祐十年（1250）福州路提舉史季溫刊元明遞修本	
98	國朝諸臣奏議存一百三十八卷五十冊	宋淳祐十年（1250）福州路提舉史季溫刊元明初遞修本	北平
99	國朝諸臣奏議存一百二十五卷四十八冊	宋淳祐十年（1250）福州路提舉史季溫刊元明初遞修本	北平
100	國朝諸臣奏議存四十四卷十六冊	宋淳祐十年（1250）福州路提舉史季溫刊本元明初遞修本	北平
101	昭德先生郡齋讀書志四卷附志一卷後志二卷五冊	宋淳祐九年（1249）黎安朝袁州刊本	
102	致堂讀史管見三十卷三十冊	宋寶祐二年（1254）江南宛陵郡齋刊本	
103	致堂讀史管見存十二卷七冊	宋寶祐二年（1254）江南宛陵郡齋刊本	北平
104	致堂讀史管見存七卷七冊	宋寶祐二年（1254）江南宛陵郡齋刊本	北平
105	致堂讀史管見三十卷三十冊	宋寶祐二年（1254）江南宛陵郡齋刊明修補本	
106	音點大字荀子句解二十卷六冊	宋理宗景定元年（1260）建安刊本	
107	纂圖互註荀子二十卷八冊	宋建陽書坊刊元代修補本	
108	纂圖互注荀子二十卷六冊	宋建陽書坊刊元明遞修本	
109	說苑二十卷十冊	宋度宗咸淳年間鎮江府學刊元明遞修本	
110	監本音註文中子十卷二冊（卷六以下題「纂圖音註文中子」）	南宋建陽書坊刊巾箱本、實係兩種版本配補而成	
111	河南程氏遺書存五卷附錄一卷二冊	南宋黃州刊宋元遞修本	北平
112	河南程氏外書十二卷四冊	宋刊本	
113	童蒙訓三卷二冊	宋紹定二年（1229）壽州郡守李塕重刊本	北平
114	晦庵先生朱文公語錄存七卷六冊	宋嘉定八年（1215）池州刊本	北平
115	西山先生眞文忠公讀書記存甲集八卷乙集下一卷五冊	宋開慶元年（1259）湯漢等福州刊元延祐五年修補本	北平

116	西山讀書記乙集上大學衍義存十一卷五冊	宋刊本	北平
117	眞西山讀書記乙集上大學衍義存九卷三冊	宋開慶元年（1259）湯漢等福州刊本元明遞修本	北平
118	西山先生眞文忠公讀書記二十二卷十二冊	宋建安刊本	
119	心經一卷附政經一卷一冊	宋淳祐二年（1242）趙時棣大庚縣齋刊本	
120	慈溪黃氏日抄分類存五卷二冊	南宋末年刊本	北平
121	新刊仁齋傷寒類書活人總括七卷二冊	宋建安環溪書院刊本	
122	備急灸法一卷騎竹馬灸法一卷竹閣經驗備急藥方一卷一冊	宋淳祐五年（1245）刊本	
123	醫學眞經察脈總括一卷一冊	宋建安環溪書院刊本	
124	外臺祕要方存二卷二冊	宋紹興間兩浙東路茶鹽司刊本	北平
125	嚴氏濟生方十卷五冊	宋刊影鈔配本	
126	新刊仁齋直指方論二十六卷六冊	宋建安環溪書院刊本	
127	新刊仁齋直指小兒方論五卷二冊	宋建安環溪書院刊本	
128	歷代名醫蒙求二卷二冊	宋嘉定十三年（1220）臨安府太廟前尹家書籍舖刊本	
129	容齋隨筆存五卷四筆存五卷四冊	宋刊元大德九年（1305）修補本	北平
130	新刊淮南鴻烈解二十一卷八冊	南宋茶陵譚氏刊本	
131	自警編五卷四冊	宋端平元年（1234）九江郡齋刊明修本	北平
132	自警編存四卷五冊	宋端平元年（1234）九江郡齋刊明修本	北平
133	孔氏六帖存二十九卷十九冊	宋乾道二年（1166）韓仲通泉州刻本	
134	冊府元龜存五卷五冊	宋蜀刊小字本	北平
135	冊府元龜存二卷二冊	宋蜀刊小字本	北平
136	冊府元龜存八十卷十六冊	宋蜀刊小字本	北平
137	前漢六帖存一卷一冊	宋刊本	北平
138	新刊山堂先生章宮講考索十卷十冊	宋刊巾箱本	
139	新編翰苑新書存三十八卷七冊	宋末建陽書坊刊本	
140	類編祕府圖書畫一元龜存五卷一冊	宋建安余仁仲萬卷堂刊本	

141	桯史十五卷八冊	宋刊元明遞修本	
142	大方廣佛華嚴經八十卷附行願品一卷八十一冊	宋淳化、咸平間杭州龍興寺刊本	
143	大方廣佛華嚴經八十卷八十冊	宋淳化咸平間杭州龍興寺刊本	
144	大集譬喻王經二卷二冊	宋刊思溪藏經本	
145	大威德陀羅尼經存一卷一冊	宋元間平江府磧砂延聖院刊磧砂藏大藏本	
146	大乘本生心地觀經八卷八冊	宋刊思溪藏經本	
147	金剛般若波羅蜜經二卷二冊	宋開慶元年（1259）太平壽聖寺刊本	
148	金剛般若波羅蜜經二卷二冊	宋覆刊開慶元年（1259）壽聖寺本	
149	妙法蓮華經七卷七冊	宋皇祐三年（1051）刊本	
150	妙法蓮華經七卷七冊	宋刊大字本	
151	妙法蓮華經七卷七冊	宋刊小字本	
152	妙法蓮華經七卷七冊	宋刊歐體大字本	
153	妙法蓮華經七卷七冊	宋刊本	
154	妙法蓮華經七卷七冊	宋刊蘇寫本	
155	妙法蓮華經玄義存一卷一冊	宋刊本	北平
156	菩薩瓔珞本業經二卷二冊	北宋福州東禪寺刊崇寧萬壽藏經本	
157	大佛頂如來密因修證了義諸菩薩萬行首楞嚴經十卷十冊	宋紹興九年（1139）當湖南林禪院刊本	
158	首楞嚴義疏注經存五卷五冊	宋刊本	
159	一切如來心秘密全身舍利寶篋印陀羅尼經手卷一卷一冊	宋開寶八年（975）吳越王錢俶刊本	
160	潭州雲蓋山會和尚語錄一卷	宋咸淳三年阿育王山住持大觀刊本	
161	宋刻會和尚道吾禪師二家語錄不分卷一冊	宋咸淳三年（1267）明州府阿育王山廣利禪寺刊本	
162	寶峯雲庵眞淨禪師語錄三卷三冊	宋咸淳三年（1267）明州府阿育王山廣利禪寺刊本	
163	妙湛和尚偈頌存一卷二冊	宋紹興十二年（1142）福州醵資刊本	
164	翻譯名義集存二卷四冊	南宋紹興二十七年（1157）吳郡刊本	

165	翻譯名義集存一卷一冊	宋紹興間集貲刊本	北平
166	四分律行事鈔資持記存一卷一冊	宋明州法雲律院住持如昇刊本	北平
167	安吉州思溪法寶資福禪寺大藏經目錄二卷二冊	宋刊本	北平
168	佛地經論一卷一冊	宋元祐六年（1091）刊本	
169	音註河上公老子道德經二卷一冊	宋麻沙劉通判宅刊本	
170	常建詩集二卷一冊	宋臨安府陳氏刊本	
171	新刊校定集注杜詩三十六卷二十四冊	宋理宗寶慶元年（1225）廣東漕司刊本	
172	黃氏補千家註紀年杜工部詩史存三十一卷	宋寶慶二年（1226）建刊本	
173	昌黎先生集四十卷外集十卷附錄一卷六冊	宋淳熙元年（1068）臨安錦谿張監稅宅刊本	
174	昌黎先生集存十卷一冊	宋淳熙間浙刊巾箱本	
175	朱文公校昌黎先生集四十卷外集十卷遺文一卷集傳一卷	宋末刊配補元明建刊本	
176	劉賓客文集三十卷外集十卷十二冊	宋紹興間浙刻本	
177	增廣註釋音辯唐柳先生集四十三卷別集二卷附錄一卷三十冊	宋建陽書坊刊小字本	
178	范文正公集存十一卷四冊	宋乾道三年（1167）鄱陽郡齋刊元天曆元年（1328）范氏歲寒堂修補本	北平
179	鐔津文集存二卷一冊	宋刊本	
180	趙清獻公文集存十卷四冊	南宋刊元明修補本	北平
181	王荊文公詩存十七卷	宋刊本	
182	東坡先生集存和陶詩四卷	宋光宗寧宗間黃州刊嘉熙四年（1240）寶祐三年（1255）補修本	北平
183	蘇文定公文集存十八卷後集十一卷三集五卷應詔集十二卷十六冊	宋孝宗時眉山刊	北平
184	淮海集四十卷後集六卷長短句三卷存十二冊	宋乾道九年（1173）高郵軍學刊元代修補本	
185	李學士新注孫尙書內簡尺牘十六卷存八冊	宋紹興間刊本	
186	晦庵先生文集十一卷後集十八卷存十二冊	宋刊本	

187	晦庵先生文集存六十五卷六十四冊	宋寧宗時浙江刊元後至元二年（1265）江浙儒學修補本	北平
188	晦庵先生文集存五十四卷五十六冊	宋寧宗時浙江刊元代修補本	北平
189	東萊呂太史別集十六卷附錄三卷拾遺一卷存十冊	宋嘉泰四年（1204）呂喬年輯刊元代印本	北平
190	南塘先生四百六十一卷二冊	宋刊本	北平
191	格齋先生三松集一卷三冊	宋刊本	北平
192	南軒先生文集存二十八卷四冊	宋寧宗時嚴州刊本	
193	梅亭先生四六存一卷一冊	宋刊本	北平
194	梅亭先生四六標準四十卷	宋刊本	
195	後村居士集存一冊	宋淳祐九年（1249）刊本	
196	艮巖餘稿四卷一冊	宋刊元代修補本	北平
197	文選存十一卷四冊	北宋刊本	北平
198	文選存二卷二冊	北宋刊本	北平
199	文選存二十九卷三十冊	宋紹興間贛州州學刊元明修補本	北平
200	文選存二十五卷二十一冊	宋紹興間贛州州學刊元代修補本	北平
201	文選存十卷十冊	宋紹興間贛州州學刊元明修補本	北平
202	文選存二卷一冊	宋贛州州學刊本	
203	文選存一卷一冊	宋贛州州學刊本	
204	文選存五十卷五十冊	宋紹興二十八年（1158）明州修補舊刊本	
205	文選六十卷三十二冊	宋淳熙八年（1181）尤袤貴池刊理宗間遞修本	
206	六家文選六十卷四十冊	宋開慶至咸淳間廣都裴氏刊本配明袁褧覆刊裴本	
207	文苑英華辨証十卷一冊	宋刊本	
208	新編諸儒批點古今文章正印前集十八卷後集十八卷續集二十卷別集二十卷十六冊	宋咸淳間刊本	
209	皇朝文鑑存一卷一冊	宋嘉泰間新安郡齋刊本	北平
210	新刊國朝二百家名賢文粹存一卷一冊	宋蜀刊本	北平
211	河南程氏文集八卷六冊	宋刊八行本	北平

　　故宮博物院宋版書來源除了清末楊守敬購自日本的觀海堂藏書及近年各界捐贈外，全是清室各宮殿的舊藏，有許多價值連城的珍本，如世所豔稱的宋黃唐注疏合刻本群經，今日存世者絕少，該院即有《周禮》、《論語》、《孟子》三種；又如宋乾道九年（1173）高郵軍學刊本《淮海集》、宋乾道二年（1166）韓仲通泉州刻本《孔氏六帖》，以及被顧廣圻讚為天地間第一等至寶的宋淳佑十二年（1952）魏克愚徽州刊本《九經要義》本中的《儀禮要義》等書，全是寰宇間孤本。其他如《春秋集注》、《龍龕手鑑》、《高麗圖經》等等。多是稀少尊貴外，本身又校勘精細的本子。

二、國家圖書館〔註41〕

序號	書名（卷數、冊數）	版本	備註
1	伊川先生點校附音周易二卷三冊	南宋末年建刊本	
2	纂圖互註周易十卷六冊	宋建刊十一行本	
3	周易兼義九卷附略例一卷釋文一卷八冊	宋建刊元明遞修本	
4	大易粹言存五十四卷十二冊	宋建安劉叔剛刊本	
5	周易注存三卷二冊	宋刊本	
6	尚書十三卷七冊	宋乾道、淳熙間建安王朋甫刊本	
7	附釋音尚書註疏二十卷十冊	宋建刊元明遞修本	
8	附釋音尚書註疏二十卷八冊	宋建刊元明遞修本	
9	書集傳存一卷一冊	宋刊大字本	
10	尚書表註二卷二冊	南宋末年建安刊本	
11	附釋音毛詩註疏二十卷二十四冊	宋建安劉叔剛刊本	
12	附釋音毛詩註疏存首十二卷十六冊	宋建安劉叔剛刊元明遞修本	
13	附釋音周禮註疏四十二卷二十四冊	宋建刊本	
14	鬳齋考工記解二卷四冊	南宋後期刊元延祐四年（1317）修補十行本	
15	禮記存八卷二冊	宋淳熙四年（1177）撫州公使庫刊，紹熙至淳祐間遞修本	

〔註41〕參自吳哲夫先生所執行之行政院國家科學委員會專題研究計畫《臺灣公藏宋元版書調查研究》。

16	禮記二十卷十冊	宋紹熙間建安刊本	
17	附釋音禮記註疏六十三卷二十四冊	宋建刊明正德修補本	
18	附釋音禮記註疏存首四十卷二十四冊	宋建刊明正德修補本	
19	禮記舉要圖一卷一冊	宋建刊本	
20	禮書一百五十卷三十二冊	宋刊元至正七年（1347）福州路儒學明遞修本	
21	禮書一百五十卷十二冊	宋刊元至正七年（1347）福州路儒學明遞修本	
22	儀禮經傳通解三十七卷續二十九卷七十七冊	宋南康軍嘉定十年（1217）刊正編，十六年（1223）刊續編，元、明南監遞修本	
23	春秋經傳集解存二十九卷附春秋名號歸一圖二卷諸侯興廢等二卷十六冊	宋潭府劉氏家塾刊配補宋建刊纂圖互註本	
24	春秋經傳集解存二十六卷十二冊	宋建安余仁仲萬卷堂刊配補另三種宋刊本	
25	附釋音春秋左傳註疏存二十八卷二十九冊	宋建刊本	
26	附釋音春秋左傳註疏存三十卷六冊	宋建刊元明修補本	
27	附釋音春秋左傳註疏六十卷三十冊	宋建刊明初遞修本	
28	附釋音春秋左傳註疏六十卷二十四冊	宋建刊明正德十六年（1521）遞修本	
29	音註全文春秋括例始末左傳句讀直解存五十八卷二十冊	宋末建刊巾箱本	
30	監本附音春秋公羊註疏二十八卷十八冊	宋建刊元明遞修本	
31	監本附音春秋公羊註疏二十八卷十四冊	宋建刊配補鈔本	
32	監本附音春秋公羊註疏存二十卷十冊	宋建刊元明遞修本	
33	監本附音春秋穀梁註疏二十卷十二冊	宋建刊元明遞修本	

34	樂書二百卷二十四冊	宋慶元刊元至正七年（1347）福州路儒學、明遞修本	
35	樂書正誤一卷一冊	宋嘉泰間陳芾刊本	
36	論語註疏解經二十卷八冊	宋建刊元泰定四年（1327）明初修補本	
37	論語註疏解經二十卷六冊	宋建刊元泰定四年（1327）明初修補本	
38	附音傍訓句解論語二卷二冊	宋坊刊巾箱本	
39	孟子註疏解經十四卷十四冊	宋建刊明正德十二年（1517）遞修本	
40	孟子註疏解經十四卷六冊	宋建刊明正德十二年（1517）遞修本	
41	孟子集注十四卷十四冊	宋刊本	
42	說文解字存九卷二冊	南宋初刊宋元遞修本	
43	重刊許氏說文解字五音韻譜存一卷一冊	宋淳熙間刊元明遞修本	
44	廣韻五卷五冊	宋乾道淳熙間婺州刊巾箱本	
45	押韻釋疑存五卷拾遺一卷三冊	宋嘉熙三年（1239）刊元元貞二年（1296）及大德三年（1299）修補本	
46	史記存一百二十六卷三十冊	南宋初期覆北宋國子監刊元及明初遞修本	
47	漢書存一卷一冊	宋紹興至乾道間刊宋元遞修本	
48	後漢書存十八卷二冊	南宋初刊三種配補南宋福唐郡庠刊元大德元統遞修本	
49	後漢書存一卷一冊	宋慶元間建安劉元起刊本	
50	後漢書志三十卷八冊	宋福唐郡庠刊元大德九年（1305）至明正德間遞修本	
51	三國志六十五卷二十冊	宋紹興間衢州州學刊元明修補本	
52	三國志存二十卷三冊	宋紹興間衢州州學刊明嘉靖萬曆間南監修補本	
53	晉書一百三十卷附音義三卷三十六冊	宋刊本	
54	宋書一百卷三十冊	南宋初期刊宋元明弘治嘉靖遞修本	

55	宋書一百卷三十二冊	南宋初期刊宋元明弘治嘉靖遞修本	
56	宋書一百卷五十四冊	南宋初期刊明初以前修本配補明弘治嘉靖間修本	
57	南齊書五十九卷十二冊	南宋初期刊宋元明初遞修本	
58	南齊書五十九卷十二冊	南宋初期刊宋元明嘉靖遞修本	
59	南齊書五十九卷十四冊	南宋初期刊宋元明嘉靖遞修本	
60	梁書五十六卷十冊	南宋初期刊宋元明嘉靖遞修本	
61	陳書三十六卷六冊	南宋初期刊宋元明嘉靖遞修本	
62	陳書三十六卷六冊	南宋初期刊宋元明嘉靖遞修本	
63	陳書三十六卷十二冊	南宋初期刊宋元明嘉靖遞修本	
64	陳書三十六卷十一冊	南宋初期刊宋元明嘉靖遞修本	
65	魏書一百一十四卷八十冊	南宋初期刊宋元明嘉靖遞修本	
66	魏書一百一十四卷四十冊	南宋初期刊宋元明嘉靖遞修本	
67	魏書存九十五卷三十冊	南宋初期刊宋元明嘉靖遞修本	
68	魏書存九十四卷六十冊	南宋初期刊宋元明初遞修本	
69	北齊書五十卷十三冊	南宋初期刊宋元明嘉靖遞修本	
70	北齊書五十卷八冊	南宋初期刊宋元明嘉靖遞修本	
71	周書五十卷十冊	南宋初期刊宋元明嘉靖遞修本	
72	周書存十卷三冊	南宋初期刊宋元明嘉靖遞修本	
73	隋書存二卷二冊	宋紹熙間建刊本	
74	隋書存一卷一冊	宋紹熙間建刊本	
75	唐書存一百九十三卷六十七冊	南宋中期建安魏仲立宅刊本	
76	五代史記七十四卷十八冊	南宋初刊宋修十二行本	
77	五代史記七十四卷二十冊	宋慶元五年（1199）曾三異校刊本	
78	五代史記七十四卷二十四冊	宋慶元五年（1199）曾三異校刊本	
79	東都事略一百三十卷二十四冊	宋紹熙間眉山程舍人宅刊本	
80	資治通鑑存二百五十六卷一百二十八冊	南宋鄂州覆北宋刊龍爪本	
81	資治通鑑目錄三十卷十二冊	南宋初刊宋元遞修本	
82	資治通鑑綱目五十九卷六十冊	宋嘉定十二年（1219）眞德秀溫陵郡齋刊宋末元明初遞修本	
83	資治通鑑綱目存二卷二冊	宋嘉定十二年（1219）眞德秀溫陵郡齋刊宋末元明初遞修本	

84	增入名儒講義皇宋中興兩朝聖政 存四十卷四十二冊	宋建刊巾箱本	
85	通鑑總類存一卷二冊	宋嘉定元年（1208）潮陽刊本	
86	通鑑紀事本末四十二卷八十四冊	宋寶祐五年（1257）趙與懃湖州刊本	
87	通鑑紀事本末四十二卷一百冊	宋寶祐五年（1257）趙與懃湖州刊元明修補本	
88	通鑑紀事本末存三十六卷八十三冊	宋寶祐五年（1257）趙與懃湖州刊元明修補本	
89	國語存十九卷七冊	宋紹興十九年（1149）刊，明弘治間（1488～1505）南監修補本	
90	國語補音三卷三冊	宋紹興間刊明南監修補本	
91	新刊名臣碑傳琬琰之集存五十六卷十一冊	宋建刊本	
92	東萊先生標注三國志詳節二十卷八冊	宋紹熙間建安刊本	
93	新編方輿勝覽七十卷二十四冊	宋咸淳三年（1267）建安刊本	
94	吳郡圖經續記三卷三冊	宋紹興四年（1134）孫祐蘇州刊本	
95	吳郡志五十卷十六冊	宋紹定二年（1229）李壽朋平江府刊本	
96	新定續志十卷四冊	宋景定間刊咸淳間增修本	
97	東南進取輿地通鑑存三十卷六冊	南宋晚年建刊本	
98	中興館閣錄存九卷續錄十卷十冊	宋嘉定三年（1210）刊寶慶至咸淳間增補本	
99	經進新註唐陸宣公奏議存十一卷四冊	宋紹熙間刊本	
100	東坡先生奏議十五卷四冊	宋乾道淳熙間刊本	
101	東坡先生奏議存二卷一冊	宋光宗寧宗間黃州刊嘉熙四年（1240）寶祐三年（1255）修補本	
102	國朝諸臣奏議存二十六卷十冊	宋淳祐十年（1250）福州路提舉史季溫刊本	
103	國朝諸臣奏議存一卷一冊	宋淳祐十年（1250）福州路提舉史季溫刊本	
104	東萊先生音註唐鑑存六卷一冊	南宋末年建刊本	
105	致堂讀史管見三十卷三十冊	宋寶祐二年（1254）江南宛陵郡齋刊明初修補本配補鈔本	

106	小學史斷二卷二冊	南宋末年刊本
107	纂圖分門類題註荀子二十卷六冊	宋紹熙間建刊本
108	文場資用分門近思錄二十卷四冊	南宋末年建安曾氏刊本
109	麗澤論說集錄十卷八冊	宋嘉泰四年（1204）刊明南監修補本
110	西山先生眞文忠公讀書記甲集三十七卷乙集下二十二卷丁集二卷四十八冊	宋開慶元年（1259）湯漢等福州刊元明遞修本
111	西山先生眞文忠公讀書記甲集三十七卷三十二冊	宋開慶元年（1259）湯漢等福州刊本元明修補本
112	西山眞文忠公讀書記乙集下二十二卷四十冊	宋開慶元年（1259）湯漢等福州刊元明遞修本
113	西山眞文忠公讀書記乙集下存一卷一冊	宋開慶元年（1259）湯漢等福州刊元代遞修本
114	眞西山讀書記存乙集上大學衍義四十三卷三十冊	宋開慶元年（1259）湯漢等福州刊本
115	忠經纂註一卷一冊	南宋末期刊本
116	心經一卷一冊	宋端平元年（1234）顏若愚泉州府學刊本
117	慈溪黃氏日抄分類存三十卷三十二冊	南宋末年積德堂刊本補配影鈔本
118	近思後錄十四卷四冊	南宋末年建安曾氏刊本
119	十一家註孫子三卷八冊	宋紹熙間刊鈔補本
120	錢氏小兒藥證直訣三卷三冊 附方一卷董氏小兒斑疹備急方論一卷	宋刊大字本配補清昭文張氏雙芙閣影鈔清陳世傑仿宋刊本
121	類編朱氏集驗醫方十五卷八冊	宋咸淳二年（1266）刊本
122	新大成醫方十卷四冊	宋咸淳三年（1267）刊本
123	自警編五卷十二冊	宋端平元年（1234）九江郡齋刊明代鈔補本
124	自警編存四卷八冊	宋刊本
125	精騎存三卷三冊	宋孝宗、光宗間婺州永康清渭陳宅刊本
126	唐宋孔白六帖存四十二卷二十冊	宋建刻本
127	新雕白氏六帖事類添注出經存二十八卷十五冊	南宋坊刊本

128	新編婚禮備用月老新書二十四卷八冊	南宋末年建刊本	
129	新編宣和遺事二卷四冊	宋末建刻本	
130	新編五代史評話存八卷八冊	宋末刊本	
131	世說新語八卷八冊	宋寶慶三年（1227）劉應登原刊宋元間坊肆增刊評語本	
132	大方廣佛華嚴經存一卷一冊	宋淳化咸平間杭州龍興寺刊大藏經本	
133	羅摩伽經存二卷二冊	北宋末期福州東禪等覺院刊大藏經本	
134	妙法蓮華經七卷一冊	宋刊小字梵夾本	
135	佛說尼拘陀梵志經二卷附灌頂王喻經等三卷一冊	宋刊思溪藏經本	
136	雜阿含經存一卷一冊	北宋紹聖三年（1096）福州東禪等覺院刊大藏經本	
137	正法念處經存一卷一冊	北宋紹聖四年（1097）福州東禪等覺院刊大藏經本	
138	攝大乘論釋存一卷一冊	北宋紹聖元年（1094）福州東禪等覺院刊大藏經本	
139	阿毗曇毗婆沙論存一卷一冊	宋刊本	
140	佛說一切如來真實攝大乘現證三昧大教王經存一卷一冊	宋刊思溪藏經本	
141	陀羅尼雜集存一卷一冊	宋紹興十八年（1148）福州開元禪寺刊本	
142	一切如來心秘密全身舍利寶篋印陀羅尼經一卷一卷	宋開寶八年（975）吳越王錢俶刊本	
143	佛頂尊勝陀羅尼等靈異神咒二十道一卷一冊	宋刊乾道九年（1173）秀州惠雲院僧德求印梵夾巾箱本	
144	蘭盆經疏會古通今記存一卷一冊	宋刊本	
145	五燈會元二十卷二十冊	宋寶祐元年（1253）刊本	
146	冥樞會要三卷六冊	宋紹興十五年（1145）湖州報恩光孝禪寺刊本	
147	翻譯名義集七卷七冊	宋紹興間集貲刊本	
148	古尊宿語錄三十二卷二十冊	宋咸淳三年（1267）阿育王山住持大觀重刊本	

149	纂圖附釋文重言互註老子道德經二卷一冊	宋建刊巾箱本	
150	百川學海存十八卷六冊	宋咸淳九年（1273）刊本配補影宋抄本	
151	楚辭辨證二卷二冊	宋嘉定四年（1211）同安郡齋刊本	
152	反離騷一卷一冊	宋嘉定六年（1213）章貢郡齋刊本	
153	箋註陶淵明集十卷三冊	南宋末年建刊巾箱本	
154	謝宣城詩集五卷二冊	宋嘉定十三年（1220）洪伋宣州郡齋重刊配補影宋鈔本	
155	韋蘇州集存一卷一冊	南宋初期刊宋修本	
156	黃氏補千家集注杜工部詩史存十二卷八冊	宋嘉定十五年（1222）建安坊刊本	
157	張司業詩集存二卷一冊	宋臨安陳氏書籍舖刊本	
158	權載之文集存八卷一冊	宋蜀刊本	
159	歐陽行周文集十卷二冊	宋蜀刊本	
160	李賀歌詩編四卷集外詩一卷二冊	北宋末南宋初間公牘紙印本	
161	昌黎先生集存二卷一冊	宋淳熙元年（1068）錦溪張監稅宅刊本	
162	重校添註音辯唐柳先生文集四十五卷外集二卷二十四冊	宋嘉定間姑蘇鄭氏刊本	
163	重校添註音辯唐柳先生文集四十五卷外集二卷三十二冊	宋嘉定間姑蘇鄭氏刊元至明初修補本	
164	重校添註音辯唐柳先生文集存十七卷九冊	宋嘉定間姑蘇鄭氏刊本	
165	范文正公文集二十卷別集四卷十冊	宋乾道三年（1167）鄱陽郡齋刊嘉定五年（1212）重修本	
166	范文正公文集二十卷別集四卷十冊附尺牘三卷、年譜一卷、年譜補遺一卷、別附褒賢集、言行拾遺、鄱陽遺事錄等十二冊	宋乾道三年（1167）鄱陽郡齋刊嘉定五年（1212）重修本	
167	范文正公集存五卷別集四卷尺牘三卷年譜一卷鄱陽遺事錄一卷六冊	宋乾道三年（1167）鄱陽郡齋刊嘉定五年（1212）重修本	
168	范文正公文集二十卷別集四卷十冊殘存別集四卷三冊	宋乾道三年（1167）鄱陽郡齋刊嘉定五年（1212）重修至元天曆間遞修本	

169	慶元府雪竇名覺大師祖英集二卷一冊	宋釋自如集貲刊本	
170	伊川擊壤集二十卷集外詩一卷六冊	南宋末期刊本	
171	伊川擊壤集二十卷集外詩一卷六冊	南宋末期刊本配補明初仿宋刊及鈔本	
172	伊川擊壤集存十七卷集外詩一卷七冊	南宋末期刊本配補元翻宋刊本	
173	歐陽文忠公集存五卷三冊	南宋中期覆周必大吉州刊本	
174	歐陽文忠公集存三卷三冊	南宋刊本	
175	歐陽文忠公集存一卷一冊	南宋中期覆周必大吉州刊本	
176	廬陵歐陽先生文集存四十二卷十七冊	宋刊小字本	
177	臨川先生文集一百卷四十冊	宋紹興二十一年（1151）兩浙西路轉運司王珏刊宋元明初遞修本	
178	臨川先生文集存二十二卷八冊	宋紹興二十一年（1152）兩浙西路轉運司王珏刊宋元明初遞修本	
179	蘇文忠公文集存一卷一冊	宋孝宗時眉山刊大字本	
180	經進東坡文集事略存五十五卷八冊	南宋中末期建刊本	
181	註東坡先生詩存十九卷二十冊	宋嘉定六年（1213）淮東倉司刊本	
182	蘇文定公文集存二卷一冊	宋孝宗時眉山刊	
183	豫章黃先生文集三十卷二十冊	宋孝宗時刊寧宗時修補本	
184	山谷黃先生大全詩註存二十卷首目一卷八冊	宋建刊本	
185	參寥子詩集十二卷二冊	宋末刊鈔補本	
186	北山小集存四卷一冊	宋乾道、淳熙間刊公牘紙印本	
187	于湖居士文集四十卷附錄一卷六冊	宋嘉泰間刊本	
188	晦庵先生朱文公集一百卷續集十一卷別集十卷一百冊	宋咸淳元年（1265）建安書院刊本	
189	晦庵先生朱文公文集一百卷續集十一卷別集十卷殘存二卷二冊	宋咸淳元年（1265）建安書院刊本遞經元及明初修補本	
190	晦庵先生朱文公文集一百卷續集十一卷別集十卷一百六十冊	宋咸淳元年（1265）建安書院刊元明遞修本	

191	東萊呂太史文集十五卷別集十六卷外集五卷附錄三卷拾遺一卷十六冊	宋嘉泰四年（1204）呂喬年輯刊元明修補本	
192	育德堂外制存五卷六冊	宋寧宗時刊本	
193	客亭類稿存一卷一冊	南宋刊巾箱本	
194	後村居士集存一卷一冊	南宋末年刊本	
195	雪巖吟草甲卷忘機集一卷一冊	宋嘉熙間茗川宋氏刊本	
196	文選存五十三卷二十七冊	宋紹興間贛州州學刊宋元明遞修本	
197	文選三十卷十六冊	宋紹興三十一年（1161）建陽崇化書坊陳八郎宅刻本	
198	文選六十卷六十冊	宋淳熙八年（1181）尤延之貴池刊本	
199	西山先生真文忠公文章正宗存六卷又目錄一卷八冊	南宋末年刊配補元刊本	
200	唐僧弘秀集十卷一冊	宋寶祐六年（1258）臨安陳解元書籍鋪刊本	
201	聖宋文選全集三十二卷十六冊	宋乾道間刊巾箱本	
202	聖宋文選全集三十二卷十二冊	宋乾道間刊補配本	
203	皇朝文鑑存六卷三冊	宋嘉泰四年（1204）新安郡齋刊本	
204	皇朝文鑑存六十三卷三十四冊	宋嘉泰四年（1204）新安郡齋刊，嘉定、端平、元明遞修本	
205	真文忠公續文章正宗二十卷十冊	宋咸淳二年（1266）刊元修本	
206	真文忠公續文章正宗二十卷六冊	宋咸淳二年（1266）刊明弘治十七年（1504）南京國子監修補本	
207	圈點龍川水心二先生文粹前集二十卷後集二十一卷十二冊	宋嘉定間刊本	
208	南宋群賢小集九十五卷三十二冊	宋嘉定至景定間（1208～1264）臨安府陳解元宅書籍鋪遞刊本	
209	重廣眉山三蘇先生文集存三卷一冊	宋紹興末饒州董氏集古堂刊本	
210	坡門酬唱二十三卷十二冊	宋紹熙元年（1190）豫章原刊本	
211	醉翁琴趣外篇存三卷一冊	南宋刊本	
212	山谷琴趣外編三卷一冊	南宋刊本	

　　由上表可見，國家圖書館宋版書之文種類別較多，且多有學術上的價值，當然也有不少全世界僅存的孤本或罕見珍本，如前節所述的鎮庫之寶南宋書棚本《江湖群賢小集》、紹興間國子監本《漢書》、淳熙刊本李善注《文選》、紹興間眉山程舍人宅刊本《東都事略》、《一切如來心秘密全身舍利寶篋印陀羅尼經》等。而此館最重要的特點在於呈現宋人著作種類豐富，是研究宋代歷史文化者，必進的典藏單位。

三、中央研究院傅斯年圖書館 〔註42〕

序號	書名（卷數、冊數）	版本	備註
1	周易本義經二卷傳十卷附圖一卷筮儀一卷五贊一卷四冊	宋刊本	
2	周禮疏殘葉一冊	宋刊本	
3	禮記正義存一卷一冊	宋刊本	
4	史記一百三十卷四十冊	北宋景祐監本補配南宋黃善夫本及元饒州路儒學本	
5	漢書一百二十卷二十冊	宋刊元修本	
6	後漢書一百三十卷二十冊	宋刊元修本	
7	新刊名臣碑傳琬琰之集上二十七卷中五十五卷下集二十五卷目錄三卷三十二冊	宋紹熙間（1190～1194）刊本	
8	通典殘存五卷二冊	宋刊本	
9	通典殘存二卷一冊	宋刊本	
10	增入諸儒議論杜氏通典詳節存二十五卷十二冊	宋刊殘本	
11	纂圖互註荀子二十卷八冊	宋刊本	
12	纂圖互註揚子法言十卷四冊	宋刊本	
13	醫說十卷十冊	宋刊本配補明嘉靖本	
14	李涪刊誤二卷一冊	宋刊本	
15	桯史十五卷八冊	宋刻元明遞修本	
16	大方廣佛華嚴經存一卷一冊	宋刊本	
17	大威德陀羅尼經存一卷一冊	宋刊本	

〔註42〕 參自吳哲夫先生所執行之行政院國家科學委員會專題研究計畫《臺灣公藏宋元版書調查研究》。

18	大般若波羅蜜多經存一卷一冊	宋刊本	
19	大般涅槃經存一卷一冊	宋刊本	
20	開元釋教目錄存二卷二冊	宋刊磧砂藏本	
21	根本說一切有部毗奈耶破僧事一卷一冊	宋刊本	
22	武周刊定眾經目錄存一卷一冊	宋刊本	
23	一切經音義存二卷二冊	宋刊磧砂藏本	
24	大智度論存四卷四冊	宋刊本	
25	五經同卷一冊 佛說孫多耶致經一卷 佛說父母恩難報經一卷 佛說新歲經一卷 佛說群牛譬經一卷 佛說九橫經一卷	宋刊磧砂藏本淳祐元年（1241）本	
26	二經同卷一冊 佛說聖最勝陀羅尼經一卷 佛說五十頌聖般若波羅蜜經一卷	宋刊磧砂藏本	
27	三經同卷三卷一冊 薩鉢多酥哩踰捺野經一卷 一切如來烏瑟膩沙最勝鉀持一卷 菩提心觀釋一卷	宋刊本	
28	大唐西域求法高僧傳存一卷一冊	南宋磧砂藏經刊本	
29	南華真經十卷十冊	南宋初刊本	
30	李群玉詩集三卷後集五卷二冊	宋臨安府陳解元宅書籍鋪刊本	
31	唐李推官披沙集六卷二冊	宋書棚刊本	
32	碧雲集三卷二冊	宋書棚刊本	
33	范忠宣公文集二十卷八冊	宋嘉定五年（1212）沈圻永州刊初印本	
34	東萊呂太史文集十五卷別集十六卷外集五卷文集附錄三卷拾遺一卷麗澤論說集錄十卷三十冊	宋刊本	
35	文苑英華存十卷一冊	宋刊本	
36	文粹一百卷四十八冊	宋刊本	
37	精選古今名賢叢話詩林廣記前集十卷後集十卷十八冊	宋刊本	

　　傅斯年圖書館所藏之量為三館中最少，但藏書多為有計畫陸續所購買的，因此圖書既適用，且重複的本子很少，使用價值很大。

四、其他館藏 [註43]

序號	書名（卷數、冊數）	版本	收藏地
1	重刊許氏說文解字五音韻譜十二卷十二冊	宋淳熙刊元明遞修本	國防部圖書館
2	西山先生真文忠公文章正宗存四卷六冊	南宋末年刊本	台灣大學
3	西漢文類存十六卷八冊	宋紹興十年（1140）臨安府刊本	東海大學
4	孟子集註存十一卷十一冊	宋末元初間刊本	師範大學
5	錦繡萬花谷存續集首四卷一冊	宋刊本	台北市立圖書館總館
6	佛說眾許摩訶帝經存卷八藏經本一帖	宋末元初刊藏經本	台北市立圖書館總館
7	佛說毗沙門天王經藏經本一帖	宋末元初刊藏經本	台北市立圖書館總館

　　其他臺灣公藏宋版書之單位，雖然數量不多，其價值依然不凡，以臺大所藏之《西山先生真文忠公文章正宗》為例，據各家所著錄之《西山先生真文忠公文章正宗》，最普遍的版本是宋刊大字本，但臺大所藏卻為小字本，與孫星衍《平津館鑑藏記》卷一〈宋版說〉所提到的小字本《西山先生真文忠公文章正宗》完全相同，只可惜此本缺序跋可資證明其刊刻時間。

五、小結

　　由上段可將臺灣主要宋版書收藏機構及藏量整理如下表：

收藏地點	藏書量（部）
國立故宮博物院	211（包含北平圖書館 84 部）
國家圖書館	212
中央研究院傅斯年圖書館	37

〔註43〕參自吳哲夫先生所執行之行政院國家科學委員會專題研究計畫《臺灣公藏宋元版書調查研究》。

台北市立圖書館總館	3
臺灣大學圖書館	1
師範大學圖書館	1
東海大學圖書館	1
國防部圖書館	1

　　經調查整理後，臺灣宋版書總計共收藏有四百六十七種。其中經後人審定，有七十二種被認爲應是元版，三種應是明版，一種爲日本南北朝覆刊本〔註44〕，統計後如下：

（一）疑爲元版者：

序號	書名 （卷數、冊數）	版本	後人考證 之版本	藏地	備註
1	周易兼義九卷附略例一卷釋文一卷八冊	宋建刊元明遞修本	元刊明代修補本	國圖	
2	附釋音尙書註疏二十卷十冊	宋建刊元明遞修本	元刊明初修補本	國圖	本書大部分爲元刻本，可能是福建建陽刻本，有一部分漫漶難識，書況不甚佳。
3	附釋音尙書註疏二十卷八冊	宋建刊元明遞修本	元刊明正德間修補本	國圖	
4	書集傳存一卷一冊	宋刊大字本	元刊本	國圖	
5	附釋音毛詩註疏二十卷二十四冊	宋建安劉叔剛刊本	元覆宋建安劉叔剛一經堂刊明初修補本	國圖	
6	附釋音毛詩註疏存首十二卷十六冊	宋建安劉叔剛刊元明遞修本	元覆宋建安劉叔剛一經堂刊明初修補本	國圖	
7	附釋音周禮註疏四十二卷二十四冊	宋建刊本	元刊明代修補本	國圖	

〔註44〕同上註，此計畫依據各館藏目錄及阿部隆一《中國訪書志》所記載之版本異同彙整而得。

8	附釋音周禮註疏存三十六卷七冊	宋建陽刊元明修補十行本	元大德刊至明正德間遞修本	故宮	
9	附釋音禮記註疏六十三卷二十四冊	宋建刊明正德修補本	元刊明正德間修補本	國圖	
10	附釋音禮記註疏存首四十卷二十四冊	宋建刊明正德修補本	元刊明正德間修補本	國圖	
11	禮書一百五十卷三十二冊	宋刊元至正七年（1347）福州路儒學明遞修本	元至正七年（1347）福州路儒學刊明代修補本	國圖	
12	禮書一百五十卷十二冊	宋刊元至正七年（1347）福州路儒學明遞修本	元至正七年（1347）福州路儒學刊明代修補本	國圖	
13	禮書存六十九卷八冊	宋刊元至正七年（1347）福州路儒學明遞修本	元至正七年（1347）福州路儒學刊本	故宮（北平）	
14	禮書存二十卷二冊	宋刊元至正七年（1347）福州路儒學明遞修本	元至正七年（1347）福州路儒學刊本	故宮（北平）	
15	禮書存十一卷一冊	宋刊元至正七年（1347）福州路儒學明遞修本	元至正七年（1347）福州路儒學刊明代修補本	故宮	
16	附釋音春秋左傳註疏存二十八卷二十九冊	宋建刊本	元覆宋劉叔剛刊明初印本	國圖	
17	附釋音春秋左傳註疏六十卷二十四冊	宋建陽刊元明修補十行本	元刊明正德修本	故宮	
18	附釋音春秋左傳註疏存三十卷六冊	宋建刊元明修補本	元覆南宋劉叔剛刊明正德六年（1511）修補本	國圖	
19	附釋音春秋左傳註疏六十卷三十冊	宋建刊明初遞修本	元覆宋劉叔剛刊明初修補本	國圖	
20	附釋音春秋左傳註疏六十卷二十四冊	宋建刊明正德十六年（1521）遞修本	元覆南宋劉叔剛刊明正德間修補本	國圖	

21	音註全文春秋括例始末左傳句讀直解存十卷三冊	宋末建刊巾箱本	元建刊本	故宮（北平）	
22	監本附音春秋公羊註疏二十八卷十八冊	宋建刊元明遞修本	元刊明代修補本	國圖	
23	監本附音春秋公羊註疏二十八卷十四冊	宋建刊配補鈔本	元刊本配補影鈔本	國圖	
24	監本附音春秋公羊註疏存二十卷十冊	宋建刊元明遞修本	元刊明初修補本	國圖	
25	監本附音春秋穀梁註疏存九卷五冊	宋建陽刊元明修補本	元大德刊明遞修本	故宮	
26	監本附釋音春秋穀梁傳注疏存六葉一冊	宋建刊元明修補本	元大德刊明遞修本	故宮	
27	樂書存六十六卷六冊	宋慶元刊元至正七年（1347）福州路儒學、明代遞修本	元至正七年（1347）福州路儒學刊本	故宮（北平）	
28	樂書存三十一卷二冊	宋慶元間刊本	元至正七年（1347）福州路儒學刊本	故宮（北平）	
29	樂書二百卷二十四冊	宋慶元刊元至正七年（1347）福州路儒學、明遞修本	元至正七年（1347）福州路儒學刊明嘉靖間南監修補本	國圖	
30	樂書存八十四卷九冊	宋慶元刊元至正七年（1347）福州路儒學明遞修本	元至正七年（1347）福州路儒學刊明代修補本	故宮（北平）	
31	樂書正誤一卷一冊	宋嘉泰間陳芾刊本	元刊本	國圖	
32	論語註疏解經二十卷八冊	宋建刊元泰定四年（1327）明初修補本	元刊明代修補本	國圖	

33	論語註疏解經二十卷六冊	宋建刊元泰定四年（1327）明初修補本	元刊明正德間修補本	國圖	卷首版心下方刻有「泰定四年（1327）程瑞卿」字樣，或係元泰定帝（1324～1328）時所刊
34	附音傍訓句解論語二卷二冊	宋坊刊巾箱本	元建安覆宋末建刊巾箱本	國圖	
35	孟子註疏解經十四卷十四冊	宋建刊明正德十二年（1517）遞修本	元刊明正德間修補本	國圖	
36	孟子註疏解經十四卷六冊	宋建刊明正德十二年（1517）遞修本	元刊明正德間修補本	國圖	
37	孟子集注十四卷十四冊	宋刊本	元覆宋常州府學刊本	國圖	
38	晉書一百三十卷附音義三卷三十六冊	宋刊本	元覆南宋中期刊元明遞修本	國圖	
39	晉書存一百零二卷二十一冊	宋刊元明修補本	元覆南宋中期刊元明遞修本	故宮（北平）	
40	晉書存六十四卷附音義三卷十六冊	宋刊元至明初修補本	元覆南宋中期刊元明遞修本	故宮（北平）	
41	晉書存三十二卷七冊	宋刊元明修補本	元覆南宋中期刊元明遞修本	故宮（北平）	
42	五代史記七十四卷二十冊	宋慶元五年（1199）曾三異校刊本	元覆宋慶元五年（1199）曾三異校刊明代遞修本	國圖	封面題『元覆宋槧五代史』，右上題『北宋慶元間曾三異刻本，元明補版甚多』，二者筆跡不同
43	五代史記七十四卷二十四冊	宋慶元五年（1199）曾三異校刊本	元覆宋慶元五年（1199）曾三異校刊明代遞修本	國圖	

44	增修陸狀元集百家注資治通鑑詳節存六十卷六冊	宋末元初建刊元明修補本	元建安坊刊本	故宮（北平）	
45	增修陸狀元集百家注資治通鑑詳節存四十五卷三冊	宋末元初建刊元明修補本	元建安坊刊本	故宮（北平）	
46	增修陸狀元集百家注資治通鑑詳節存四十一卷五冊	宋末元初建刊元明修補本	元建安坊刊本	故宮（北平）	
47	通鑑總類二十卷四十冊	宋嘉定元年（1208）潮陽刊本	元至正二十三年（1363）平江路儒學刊本	故宮	
48	通鑑總類存一卷二冊	宋嘉定元年（1208）潮陽刊本	元至正二十三年（1363）平江路儒學刊明修本	國圖	
49	十七史詳節存二百六十六卷九十八冊	宋建陽書坊刊巾箱本	元建刊本	故宮	
50	東萊先生標注三國志詳節二十卷八冊	宋紹熙間建安刊本	元建刊本	國圖	
51	諸儒校正唐書詳節六十卷二十四冊	宋建陽書坊刊巾箱本	元刊本	故宮	
52	增入諸儒議論杜氏通典詳節存二十五卷十二冊	宋刊殘本	元末明初間建刊本	傅圖	
53	新刊仁齋傷寒類書活人總括七卷二冊	宋建安環溪書院刊本	元刊環溪書院刊本	故宮	
54	備急灸法一卷騎竹馬灸法一卷竹閣經驗備急藥方一卷一冊	宋淳祐五年（1245）刊本	明刊本	故宮	
55	醫學真經察脈總括一卷一冊	宋建安環溪書院刊本	元刊本	故宮	
56	新刊仁齋直指方論二十六卷六冊	宋建安環溪書院刊本	元刊環溪書院刊本	故宮	
57	新刊仁齋直指小兒方論五卷二冊	宋建安環溪書院刊本	元刊環溪書院刊本	故宮	

58	桯史十五卷八冊	宋刊元明遞修本	元刊黑口本	故宮	
59	世說新語八卷八冊	宋寶慶三年（1227）劉應登原刊宋元間坊肆增刊評語本	元至元二十四年（1287）劉應登原刊元坊肆增刊評語	國圖	依據字樣、雕法判定爲元建刊元修本。劉批不論字體或放置處皆與原版不甚搭配，當爲後來增入。
60	五經同卷一冊佛說孫多耶致經一卷佛說父母恩難報經一卷佛說新歲經一卷佛說群牛譬經一卷佛說九橫經一卷	宋刊磧砂藏本淳祐元年（1241）本	元刊本	傅圖	
61	箋註陶淵明集十卷三冊	南宋末年建刊巾箱本	元建刊本	國圖	阿部隆一先生認爲是本書與日本內閣文庫、靜嘉堂文庫、岡山大學（卷五以下配明刊本）、涵芬樓藏本（涵錄著錄、四部叢刊影印）皆爲同一版本，過去一直被視爲宋刊本，然實際恐怕是元刻本。
62	黃氏補千家集注杜工部詩史存十二卷八冊	宋嘉定十五年（1222）建安坊刊本	元前至元十九年（1342）建刊本	國圖	
63	范文正公文集二十卷別集四卷十冊	宋乾道三年（1167）鄱陽郡齋刊嘉定五年（1212）重修本	元天曆元年（1328）范氏歲寒堂刊明代修補本	國圖	

64	范文正公文集二十卷別集四卷十冊附尺牘三卷、年譜一卷、年譜補遺一卷、別附褒賢集、言行拾遺、鄱陽遺事錄等十二冊	宋乾道三年（1167）鄱陽郡齋刊嘉定五年（1212）重修本	元天曆元年（1328）范氏歲寒堂刊迄至正間增補本	國圖	
65	范文正公集存五卷別集四卷尺牘三卷年譜一卷鄱陽遺事錄一卷六冊	宋乾道三年（1167）鄱陽郡齋刊嘉定五年（1212）重修本	元天曆元年（1328）范氏歲寒堂刊迄至正間增補本	國圖	
66	范文正公文集二十卷別集四卷十冊殘存別集四卷三冊	宋乾道三年（1167）鄱陽郡齋刊嘉定五年（1212）重修至元天曆間遞修本	元天曆元年（1329）范氏歲寒堂刊迄至正間增補本	國圖	
67	范文正公集存十一卷四冊	宋乾道三年（1167）鄱陽郡齊刊元天曆元年（1328）范氏歲寒堂修補本	元天曆元年（1328）范氏歲寒堂刊本	故宮（北平）	
68	范忠宣公文集二十卷八冊	宋嘉定五年（1212）沈圻永州刊初印本	元天曆刊范氏歲寒堂本	傅圖	
69	晦庵先生朱文公文集一百卷續集十一卷別集十卷殘存二卷二冊	宋咸淳元年（1265）建安書院刊本遞經元及明初修補本	元刊明代修補本	國圖	
70	晦庵先生朱文公文集一百卷續集十一卷別集十卷一百六十冊	宋咸淳元年（1265）建安書院刊元明遞修本	元刊明代修補本	國圖	
71	西山先生真文忠公文章正宗存四卷六冊	南宋末年刊本	元末明初間覆宋建刊本	台大	
72	精選古今名賢叢話詩林廣記前集十卷後集十卷十八冊	宋刊本	元建刊本	傅圖	

（二）疑為明版者：

序號	書名 （卷數、冊數）	版本	後人考證 之版本	收藏地	備註
1	東萊呂太史別集十六卷附錄三卷拾遺一卷存十冊	宋嘉泰四年（1204）呂喬年輯刊元代印本	明刊本	故宮 （北平）	阿部隆一先生認為與傅圖的「東萊呂太史文集十五卷別集十六卷外集五卷文集附錄三卷拾遺一卷麗澤論說集錄十卷三十冊」同一版本，故有可能也是明本。
2	東萊呂太史文集十五卷別集十六卷外集五卷附錄三卷拾遺一卷十六冊	宋嘉泰四年（1204）呂喬年輯刊元明修補本	明刊本	國圖	阿部隆一先生認為與傅圖的「東萊呂太史文集十五卷別集十六卷外集五卷文集附錄三卷拾遺一卷麗澤論說集錄十卷三十冊」同一版本，故有可能也是明本。
3	纂圖互註揚子法言十卷四冊	宋刊本	明前期建刊覆元刊本	傅圖	

（三）疑為日本南北朝刊者：

序號	書名（卷數、冊數）	版本	後人考證 之版本	收藏地	備註
1	翻譯名義集存一卷一冊	宋紹興間集貲刊本	日本南北朝覆宋紹興間集貲刊本	故宮 （北平）	

　　從書的文物價值和收藏價值來看，古本就是善本，但從讀書治學的角度來看，古本未必都是善本。由於書籍不可避免地在許多方面表現出自己的時代、地區，乃至於出版的特徵，所以綜合運用各種方法科學地鑑定版本，不僅是必要的，而且也是有可能做到的。當然，要真正做到這一點，必須付出許多時間和毅力。此處所列舉的例子，大多是日人阿部隆一先生與各藏館研究人員對宋版書的考證，但不一定考證的結果都是相同的，如宋慶元五年（1199）曾三異校刊本的《五代史記》，國家圖書館研究人員認為其書封面題有「元覆宋槧五代史」，右上則題「北宋慶元間曾三異刻本，元明補版甚多」，

二者筆跡不同，故認定爲「元覆宋慶元五年（1199）曾三異校刊明代遞修本」；但阿部隆一先生卻認爲是「宋慶元五年（1199）刊元明正德六年（1511）遞修本」〔註45〕。或如宋紹熙間建安刊本《東萊先生標注三國志詳節》，國家圖書館研究人員考證後認爲是宋版書，但阿部隆一先生卻證爲「元建刊本」〔註46〕。

　　對某個時代、某個地區、某個單位的刻本，甚至對某部書的版本源流，某種版本現象進行參入研究後，都可作爲一篇學術論文，此處將前人對於版本的紀錄和研究整理出來，望日後可據以探討版本學中的各種問題，將自己的紀錄與心得用適當的方式發表。

〔註45〕關於曾三異校刊本的《五代史記》之版本問題一事，參考國家圖書館特藏組編：《國家圖書館善本書志初稿‧史部一》，頁 73 及阿部隆一：《中國訪書志》，頁 431 之書志。

〔註46〕宋紹熙間建安刊本《東萊先生標注三國志詳節》一事，參考國家圖書館特藏組編：《國家圖書館善本書志初稿‧史部一》，頁 43 及阿部隆一：《中國訪書志》，頁 480 之書志。

第四章 臺灣公藏宋版書之特色

第一節 傳承歷代秘府書藏

　　東漢孔融曾說：「珠玉無脛而自至者，以人好之也。」一切的珠玉珍玩，能夠群聚在一起展露耀眼的身價，最主要的因素即是人們喜愛它的心理。我國素稱文明古國，古來就重視知識的傳承，尤其是對於啓發心智，傳授聖德的古書，更是熱愛，古書也就此而成爲歷代以來追求及收藏的對象。

　　然中國古代許多地方缺乏類似現代博物館性質的機構，於是歷代文物的收藏大部分都集中於宮廷。在春秋戰國以前，只有君王才有能力擁有藏書，所謂「學在官府」、「官守其書」，天下的典籍、檔案和文物，一併收存在王宮皇室中。東周以後，私人藏書漸漸出現，但眞正較豐富的收藏，還是在官府。雖然後來秦始皇統一六國，焚書坑儒，仍保存許多經典在宮廷。西漢繼承了秦代的宮廷藏書又廣收各地遺書，建立了石渠閣、天祿閣、麒麟閣等收藏典籍之所。隋朝宮廷藏書則以秘閣、觀文殿和嘉則殿最爲著名。唐朝初年，接收了隋代宮廷舊藏，建立了唐朝宮廷藏書，始設集賢殿書院、麗正書院等。

　　我國雕版印刷事業肇始於唐代，奠基於五代，到了兩宋才得到長足發展的機會。唐及五代的印本圖書，成品少，時間邈遠，後世傳存絕少，因此宋版書遂成爲流傳較早的古書。宋太祖在位期間，前朝皇家書室的珍本古籍都成了宋朝宮廷藏書的基礎，又接收了五代十國的宮廷藏書及廣徵天下遺書後，藏書量更是加倍突增。

　　位於元朝興盛宮大殿的奎章閣及崇文閣，是元代著名的皇家書室。明代

建立了文淵閣，閣中藏書承自宋、遼、金、元的宮廷藏書。清朝入主中原後，全盤接受了明朝宮廷的藏書，成爲歷代皇宮藏書的繼承者，並將內府書藏分別置於昭仁、養心諸殿，景福、乾清諸宮以及文淵閣、摛藻糖、皇史宬等多處。

縱使經歷改朝換代、燒書搶奪，古籍失佚所在多有，然在各朝帝王努力廣求各地遺書下，仍有不少重要的宋版書留存下來。如第二章所述，縱使清末至民國內憂外患不斷，宮廷中的善本古籍卻因此輾轉流藏到臺灣，故臺灣所藏的宋版書，無論書品、紙張，甚或裝幀等等，有的外裹龍紋錦緞包袱；有的裝入楠木、香檀木、花梨木等書匣中，書匣外甚至飾繪佛像、祥雲、龍紋等精緻圖案，在在具有強烈鮮明的宮廷特色。

從追溯歷史方面，可見臺灣公藏宋版書有源於宋、元、明、清各代內府密閣的珍藏；另一方面，歷代宮廷內的書目典籍，形式多樣，浩如煙海，故歷代官府將眾書各歸其類，從而詳察，定其存廢，刪其譌謬，補齊差漏，總成目錄，如宋代的《崇文總目》、《中興館閣書目》；元代的《西湖書院重整書目》；明代的《文淵閣書目》；清代的《四庫全書總目》、《天祿琳琅書目》等。欲知何本古籍爲宮廷所藏，總是要查一查各種公藏目錄，然此項工作於鑑定版本時，大都經由公藏單位的版本鑑定專家精審過了，若要得知這些已鑑定的宋版書中爲哪一秘閣所藏，則不得不先從藏書印著手了。

藏書印濫觴於西漢，盛於唐，興於宋。藏書印主要有以下功能：所有權標誌、身份地位的象徵、保護和管理圖書、寄託藏家理想和情懷等。唐宋以後的藏書印成爲文人寄託情懷與理想的一種形式，自此藏書印的藝術欣賞價值大大超越實用價值，但藏書印最直接功用即表明所有權和身份地位。比如，鈐有「內府圖書」、「內殿文璽」及「御府圖書」等印者，就表示其爲皇室所收藏的書籍。所以歷來藏書印受到版本學家、目錄學家和藏書家的重視。不少古籍版本目錄學專著都將藏書印作爲一項重要的內容來著錄。

藏書印的重要性共有三大點：第一，它可以用來考查一部書的流傳源流；第二，它可以和版式、行款、字體，紙張一起，用來判斷一部書的版本；第三，它可以用來補充書史資料的不足。故從版本學方面，藏書印是鑒定版本的必要依據之一；從藏書史方面來看，借助藏書印，我們可以瞭解一部書的流傳過程；從藝術欣賞方面來看，一方篆刻精緻的藏書印讓漢字的魅力展現得淋漓盡致，使書籍成爲一件具有收藏價值的藝術品。

　　民國時期著名的藏書家傅增湘，其藏書樓名為「雙鑑樓」，因他藏有兩部珍貴的《資治通鑑》，一部是他祖父傳下來的元刊本《資治通鑑音注》，另一部是他搜購得來的宋刊本《資治通鑑》。他把這兩部宋元刊本稱之為「雙鑑」，作為藏書樓的名字，可見他對這兩部書的喜愛和驕傲。在一個偶然的機會下，傅增湘看見了南宋淳熙年間宮廷寫本《洪範政鑑》，這本《洪範政鑑》鈐有宋「緝熙殿書籍印」，輯熙殿是南宋時的皇室藏書樓，有了這枚皇室藏書印，就可斷定這部書就是從輯熙殿流傳下來的。宋朝末年，忽必烈率領著他的萬千鐵騎踏破關山，取宋朝而代之，《洪範政鑑》自然被收入元朝宮廷中，於是書上多了一枚元「翰林國史院官書」印。接著草莽英雄朱元璋把元朝統治者趕回到大草原上去，自己做了皇帝，在宮中新建一座藏書樓「大本堂」，《洪範政鑑》就被收藏於大本堂中，同時書上又加蓋了一枚明「大本堂藏書」印。《洪範政鑑》上的這幾枚皇家藏書印，見證了數個朝代，橫跨幾百年的歷史。能把這部書收藏在「雙鑑樓」就成了傅增湘的一個夢想，十多年耿耿於懷，後來他終於碰到一位書商要出售這部書，不禁喜出望外。可是書商出價極高，不得已之下，傅增湘賣掉了自己珍藏的日本古刻本三篋，買下了這部從宋到清，歷時七百多年，上面朱印累累的世間珍寶，對此他笑稱是「捨魚而得熊掌」。

　　在臺灣公藏宋版書當中，就有幾部如同《洪範政鑑》一樣鈐有各朝風格的印鑑，傳承著歷代秘府書藏的歷史，如：傅斯年圖書館所藏之《文苑英華存十卷一冊》，鈐有「內殿文璽」、「御府圖書」、「緝熙殿書集印」、「晉府書畫之印」、「敬德堂章」等印鑑。「內殿文璽」乃宋代皇帝鑒藏印；「御府圖書」乃宋徽宗鑒藏印；「緝熙殿書集印」為宋理宗趙昀藏書印；「晉府書畫之印」、「敬德堂章」兩方為明太組三子晉王朱棡收藏印，可見證其「宋明清內府，內閣大庫·明晉府遞藏本〔註1〕」傳承三代秘府之特色和重要性。

　　另一部《增入諸儒議論杜氏通典詳節存二十五卷十二冊》，鈐有宋朝秘府的「內府書印」、「內府合同」及清朝乾隆藏書印鑑，如「五福五代堂寶」、「八徵耄念之寶」、「太上皇帝之寶」、「乾隆御覽之寶」、「天祿繼鑑」、「天祿琳琅」等。另也有私家藏書印鑑，如「毘陵周氏九松迂叟藏書記」、「柯印九思」、「歐陽玄印」、「圭齋」、「茗東沈氏」「事守堂印」、「群碧樓」「群碧校讀」等等。可見此部書歷經三折，先藏於宮中，中間一度流入民間，最後再被政府搜羅而回歸公藏機構。

──────────────

〔註1〕　（日）阿部隆一：《增訂中國訪書志》（東京：汲古書院，昭和 58），頁 656。

　　臺灣國家圖書館所藏之《歐陽行周文集十卷二冊》及《權載之文集存八卷一冊》中鈐有「翰林國史院官書」朱文長方印，有此印者，皆爲元朝官府藏書。此部僅有此印鑑，便無其他皇室藏書印鑑了，由此可知，應爲元朝後散出至民間之書。

　　除《文苑英華存十卷一冊》爲明代宮室藏書外，另故宮博物院所藏之《冊府元龜存五卷五冊》、《王荊文公詩存十七卷》；國家圖書館所藏之《歐陽文忠公集存三卷三冊》；傅斯年圖書館所藏之《周禮疏殘葉一冊》也有「晉府／圖書」、「晉府／書畫／之印」、「敬德／堂圖／書印」等明代宮室藏書印。而特別鈐有明代國子監之印「國子監崇／文閣官書」者，僅有故宮博物院所藏之《通鑑紀事本末存三十五卷三十五冊》及傅斯年圖書館所藏之《周禮疏殘葉一冊》兩部。

　　而於臺灣公藏書中鈐有「五福五代堂寶」、「八徵耄念之寶」、「太上皇帝之寶」、「天祿繼鑑」、「乾隆御覽之寶」、「天祿琳琅」等藏書章，數量繁多，光鈐有「乾隆御覽之寶」之印者，計有二十部，皆可證其爲清朝宮室收藏過的宋版書，如《春秋經傳集解存二十七卷二十五冊》、《龍龕手鑑四卷六冊》、《古史六十卷二十四冊》、《漢書一百二十卷四十冊》、《國朝諸臣奏議存一百四十五卷五十七冊》、《文選存五十卷五十冊》等等，這正好可與第三章所提之清末民初宋版書流傳至臺灣的歷史相呼應。

　　這些存世珍稀，年代久遠的善本古籍，印痕纍纍，書葉上正方、長方、圓、橢圓、葫蘆、聯珠或不規則形又呈現各式風格的印石，相互競美著，就像一幅幅縮小版的版畫。

　　一部古書，透過緋紅的印記，給人一股反璞歸眞的歷史氣息；一部古籍，如清代著名藏書家黃丕烈所蓋之印「百宋一廛」，訴說著此書價值連城，然此「價值」指著是金錢上的「價格」，而「連城」卻蘊含著歷史與文化上的「脈絡」，隱隱述說著每一部書在歷經各朝秘府遞藏流傳的軌跡。

第二節　清代名藏書家之宋版遺緒

　　宋代藏書家尤袤曾云：「饑讀之以當肉，寒讀之以當裘，孤寂而讀之以當友朋，幽憂而讀之以當金石琴瑟也〔註2〕。」藏書是讀書人最大的財富，而藏

〔註2〕　（宋）尤袤：《遂初堂書目・宋馬端臨文獻通考經籍考》（北京市：商務印書

書印則是藏書人及其藏書的忠實守衛者。

　　起初，藏書印就是藏者在愛書上的標記，標明歸屬。在遙遠的古代，由於印刷技術、資訊、交通等種種條件的限制，書籍的流通常常被限制在很小的範圍內，孤本秘笈顯得十分珍貴。讀書人要得到一部好書，往往煞費苦心，還得看機緣巧合。所以得書後，在心愛的書籍上鈐蓋藏書印，不僅可以證明書的歸屬和價值，也呈現了書籍流通的歷史過程。

　　漸漸地，藏書印的功用和內涵都遠遠超出標記符號和實用的範疇。同時，通過歷代文人的不斷探索，發現了易於奏刀的葉臘石，文人可以親自製印。於是，文人雅士們把種種構思及妙語融合在藏書印的方寸之間，鈐記落款，觀賞把玩，使其成為一種寄寓自己情趣、志向的形式，從中獲得無盡的審美愉悅和藝術享受。中國的文人們，把藏書印從一種做記號的工具發展到極致，不僅成為中國獨有的書齋雅玩之一，更是一門獨特的藝術〔註3〕。

　　清代私人藏書，數以萬千計，因眾多藏書家不遺餘力，日積月累，才使得清代藏書事業蔚為大觀。且清代藏書家博學又通音訓，不僅藏書甚豐，在校勘、考證工作上也大有建樹，為人稱頌。許多藏書家在世時，蒐訪異本，典衣購取，興建藏書樓以珍藏愛書，然身後子孫大多變賣其書，導致藏書又散至各地。在臺灣公藏宋版書中就有不少清代名藏書家所珍藏的宋版書，以下將清代名家收藏家藏書活動分為前、中、後三期，分述各期主要藏家及其收藏之宋版書現藏於臺灣何處。

一、清代前期名藏書家

　　此時期特指清初至雍正年間，這一批藏書家為明末遺民，他們認為明末社會只擅虛言、不務實際是導致明亡之因，故提倡多讀書、通音訓、經世致用，這樣博學實證的治學方法，進而促進了清代重藏書考訂、重典籍整理的風氣。

（一）錢謙益（1582～1664）

　　字受之，號牧齋，又號尚湖，晚號蒙叟，又稱東澗、東澗遺老、峨眉老衲、石渠舊史等，明末江蘇常熟人。博學有文才，其詩文在當時負盛名，又

館，2004），序，頁5。
〔註3〕藏書銘印於齊魯書社編：《藏書家》（濟南市：齊魯書社，1999年）中有專文介紹。

是著名的藏書家，曹溶《絳雲樓書目題辭》中這樣敘述錢謙益：「早歲科名，交遊滿天下，盡得劉鳳、錢允治，楊儀、趙用賢四家書；更不惜重資購古本，書本奔赴捆載無虛日，用是所積充軔，幾埒內府〔註4〕。」劉鳳四人為明代著名藏書家，錢謙益既得四人之藏書，又不惜再重資購買古書，可見其收藏之豐。

其中年建藏書樓「拂水山房」，鑿壁為架，積藏圖書。晚年又蓋絳雲樓，將藏書置於絳雲樓上，有大櫃七十三個，所藏多宋元古本，單單宋本就達萬卷，明代的文獻也很豐富。錢謙益寫《明史》時，便常以這些文獻作為依據，對於每本古籍，皆能指出其舊刻為何，新版為何，中間差別又為何，「驗之纖悉不爽〔註5〕」。但他藏書有兩大缺憾，一是非宋元古刻不收，不取近人刻本和抄本；二是好自矜滿，片楮不肯借出，終在順治七年（1650）夜裡一場大火將降雲樓化為灰燼，成為我國書史上一次無可彌補的災厄。

他的藏書章有「牧齋」、「蒙叟」、「東澗」、「東澗遺老」、「峨眉老衲」、「錢受之」、「牧翁」、「虞山」、「錢謙益印」、「牧翁蒙叟」、「牧齋藏書」、「虞山錢氏珍藏」、「史官」、「錢謙益受之章」、「絳雲樓」、「絳雲樓錢氏」、「籛後人謙益讀書記」、「鴻朗籛齡白頭蒙叟」、「如來真天子門生」、「惜玉憐香」等等。

雖然錢謙益大部分的宋版書皆在大火中喪失，然臺灣在國家圖書館中幸得錢謙益的宋版藏書一部：宋南康軍嘉定十年（1217）刊正編，十六年（1223）刊續編，元、明南監遞修本《儀禮經傳通解三十七卷續二十九卷七十七冊》中鈐有「錢印／謙益」白文方印和「牧翁／蒙叟」朱文方印兩印。

（二）徐乾學（1631～1694）

字原一，號建庵，江蘇昆山人。學問淵博，在清初編纂各類大型叢書、史志，如《明史》、《大清會典》、《一統志》，並奉詔採購遺書，為清廷蒐羅了大批珍貴古書，同時他自己也曾自季振宜處購得不少古書。黃宗羲在介紹徐氏藏書時曾說：

> 喪亂之後，藏書之家多不能守。異日之塵封未蝕，數百年之沈於瑤台中篋者一時俱出。於是大江南北大家之藏書盡歸先生，先生之門生故吏遍天下，隨其所至，莫不網羅墜簡，搜羅緹帙，而先生為之

〔註4〕 （清）曹溶：《靜惕堂宋元人集書目·絳雲樓書目題辭》（臺北市：成文出版社，民67），頁345。

〔註5〕 同上註。

海若。〔註6〕

　　爲了收藏大量的圖書，徐乾學築藏書樓「凡七楹，斲木爲櫥，貯書若千萬卷。」一日與其子登樓，謂「吾何以傳汝曹哉，所傳者惟是矣〔註7〕！」，因此名藏書樓爲「傳是樓」，人稱「藏書甲於天下〔註8〕」。徐乾學編有《傳是樓宋元本書目》，共收錄所藏宋元善本四百五十五部。徐歿後，藏書歸其子徐炯，炯歿，傳是樓藏書散出，大部分歸怡親王，一部份爲清廷「天祿琳琅閣」所收，一部份則流散於江南諸藏書家手中。

　　臺灣有三部鈐有「乾學」，「徐健菴」之印者：宋紹興四年（1134）孫祐蘇州刊本《吳郡圖經續記三卷三冊》及宋紹定二年（1229）李壽朋平江府刊本《吳郡志五十卷十六冊》藏於國家圖書館中；宋臨安府陳解元宅書籍鋪刊本《李群玉詩集三卷後集五卷二冊》則藏於傅斯年圖書館中。

（三）朱彝尊（1629～1709）

　　字錫鬯，號竹垞，浙江秀水人，本是書香世家，以布衣入選參加《明史》的撰修。年輕時即喜好藏書，曾遊歷南昌，購書五箱，在家鄉又以二十金購明代藏書家項元汴（1525～1590）〔註9〕「萬卷樓」的部分藏書，自稱「凡束脩之入，悉以買書〔註10〕」，可見其愛書甚篤。而其好友李延昰也將全部藏書贈予他。

　　他不僅買書，還常常抄書，進明史館編修時，就抄史館的書。至歸里後，在家築藏書樓「潛采堂」和「曝書亭」分別收藏其愛書。朱彝尊曾刻書印一枚，曰：「購此書，頗不易，願子孫，勿輕棄。」以期子孫能同他一般珍惜這批得來不易之書，可惜事與願違，其子孫後來仍因家境貧困，力不能支，終將藏書八萬卷逐漸變賣，使得朱彝尊之藏書散落四方，其中有三部便輾轉流入臺灣國家圖書館中：宋紹興十五年（1145）湖州報恩光孝禪寺刊本《冥樞會

〔註6〕　新文豐出版公司編輯部編：《叢書集成續編四‧明夷待訪錄注譯簡評‧傳是樓藏書記》（臺北市：新文豐，民80），附錄，頁717。

〔註7〕　同上註。

〔註8〕　（清）馮桂芬等：《蘇州府志》，卷九十五。參見《中國方志叢書》（臺北市：成文，民59），第四冊，頁2293。

〔註9〕　項元汴（1525～1590），明萬曆間嘉興人，字子京，號墨林山人，室名墨林山堂，精鑑賞，工繪事，富收藏。刊刻過《天籟閣帖》。參見瞿冕良：《中國古籍版刻辭典》（濟南：齊魯書社，2006），頁636。

〔註10〕　（清）朱彝尊：《曝書亭集（中）‧曝書亭著錄序》（臺北市：世界，民53），序二，卷三十五，頁441。

要三卷六冊》、南宋末年刊本《小學史斷二卷二冊》及宋嘉定間姑蘇鄭氏刊本《重校添註音辯唐柳先生文集四十五卷外集二卷二十四冊》，書中可見「彝／尊」字樣的白文方印，其中《重校添註音辯唐柳先生文集四十五卷外集二卷二十四冊》後葉附有清人錢天樹〔註11〕、李兆洛〔註12〕、程恩澤〔註13〕、蔣因培〔註14〕、張爾旦、趙宗建〔註15〕等當代名人的手書題記，使此書更顯珍貴。

（四）錢曾（1629～1707）

錢謙益的絳雲樓失火後，餘下的部分藏書歸爲其族曾孫錢曾所有。錢曾，字遵王，號也是翁，虞山人。自小受到薰陶，對藏書有特殊的愛好，他在《述古堂藏書目》自序中云：

> 余二十年來食不重味，衣不完采，捃當家資，悉藏典籍中，如蟲之負版，鼠之搬姜，甲乙部居，粗有條理……生平所嗜，宋槧本爲最
> 〔註16〕。

〔註11〕 錢天樹（1821～1850），清浙江平湖人，字仲嘉，號夢廬，室名味夢軒，喜藏書。參見瞿冕良：《中國古籍版刻辭典》（濟南：齊魯書社，2006），頁361。

〔註12〕 李兆洛（1769～1841），清江蘇武進人，字申耆，室名勤志館，嘉慶十年（1805）進士，，曾任風臺知縣，工詩古文，長於考證，由精輿地學，有《李氏五種》、《養一齋集》。參見瞿冕良：《中國古籍版刻辭典》（濟南：齊魯書社，2006），頁603。

〔註13〕 程恩澤（1785～1837），清安徽歙縣人，字雲芬，號春海，近代學者、詩人，嘉慶十六年（1811）進士。由翰林院編修曆官貴州學政、侍讀學士、內閣學士至戶部侍郎。程恩澤是漢學家，出其鄉淩廷堪之門，學問廣博，從經史到天文地理、金石書畫、醫算等，無不涉及。近人鄭珍、何紹基、莫友芝都是他的門生，受到他學風和詩風的影響很深。著《程侍郎遺集》10卷。參見中國人名大詞典編輯部編：《中國人名大詞典》（上海市：上海辭書出版社，1989），頁607。

〔註14〕 蔣因培（1768～1838），清江蘇常熟人，字伋生，國子監生。歷汶上、齊河知縣，所至抑胥吏爲非。在汶上時，會巡漕御史過境，縱家人褻供帳，因培慷慨陳言，撤供膳，得強項之名，後以言忤上官，遭查辦，獲釋歸，杜門不復出，放懷山水，寓意詩酒，有《鳥目山房詩錄》。參見張撝之、沈起煒、劉德重主編：《中國歷代人名大辭典》（上海市：上海古籍出版社，1999），頁2270。

〔註15〕 趙宗建（1825～1900），清季常熟人，字次侯，一字次公，號非昔居士，室名舊山樓，著有《舊山樓詩錄》。他藏書殊富，稍舊的書就珍惜的不輕易給他人看，曾撰寫過《舊山樓藏書記》，記錄所藏善本十六種，錢曾《也是園書目》中提到的《脈望館古今雜劇》二百三十餘種，後來就是從舊山樓裡流傳出來的。參見瞿冕良：《中國古籍版刻辭典》（濟南：齊魯書社，2006），頁99。

〔註16〕 （清）錢曾：《述古堂藏書目》（臺北市：新文豐，民74），頁112。

　　除了繼承祖輩父輩的藏書外，也與當時藏書家吳偉業〔註17〕、曹溶、毛
扆〔註18〕、季振宜等有名學者交往，常互相借校傳抄，於是藏書日漸增多。
現所存之錢謙益的藏書，大多為明代藏書家的舊藏本。臺灣國家圖書館的宋
建刊本《附釋音周禮註疏四十二卷二十四冊》、宋咸淳九年（1273）刊本配補
影宋抄本《百川學海存十八卷六冊》兩部及故宮博物館中的宋乾道三年（1167）
徐藏〔註19〕江陰刊本《宣和奉使高麗圖經四十卷三冊》，從藏書章來看，僅有
「虞山錢曾遵王藏書」朱文長方印及「錢目天」白文方印，皆無錢謙益收藏
印，應為錢曾後來所得。

　　錢曾還特別為其家藏中挑選了宋元舊刻及一部份舊抄，著錄成《讀書敏
求記》，其中一部宋建刊本《附釋音周禮註疏四十二卷二十四冊》後被考證為
元刊明代修補本。

（五）毛扆（1640～1713）

　　字斧季，常熟人，是明代著名藏書家毛晉之三子，他繼承家學遺風，嗜
好藏書，精心校刻並精通文字學，由於「汲古閣」藏有許多宋版書，所以毛
氏刻書很多是根據宋版刊印的，其刊刻之書，名聞天下，當時江浙一帶書商，
有一句諺語道：「三百六十行生意，不如鬻書於毛氏〔註20〕。」臺灣宋版書中，
高達十七部為毛氏汲古閣之藏書，其中故宮博物院有六部：宋刊本《童溪王
先生易傳存二卷一冊》、宋刻大字本《爾雅三卷三冊》、宋紹興間浙刻本《國
語補音三卷二冊》、宋刊巾箱本《新刊山堂先生章宮講考索十卷十冊》、宋紹
興間刊本《李學士新注孫尚書內簡尺牘十六卷存八冊》、宋紹興二十八年（1158）
明州修補舊刊本《文選存五十卷五十冊》。

〔註17〕吳偉業（1609～1672），明江蘇大倉人，字駿公，號梅村，崇禎四年進士，官
　　　　左庶子。弘光朝，任少詹事。入清順治時，官國子監祭酒，以母喪告假歸裡。
　　　　其詩多以反映現實為主，早期作品風華絢麗，明亡後多激楚蒼涼之音，尤擅
　　　　歌行，既委婉含蓄，又沈著痛快，主持文社，聲明甚重。有《梅村集》。《清
　　　　史稿》卷四百八十四有傳。參見張撝之、沈起煒、劉德重主編：《中國歷代人
　　　　名大辭典》（上海市：上海古籍出版社，1999），頁 1057。

〔註18〕毛扆（1640～1713），字斧季，江蘇常熟人，毛晉三子。耽校讎，精小學，有
　　　　名于時。編有汲古閣秘本書目。參見瞿冕良：《中國古籍版刻辭典》（濟南：
　　　　齊魯書社，2006），頁 68。

〔註19〕徐藏（？），南宋乾道間吳縣人，據顧頡剛考證《康熙吳縣志》，「徐藏」應作
　　　　「徐蕆」，字子禮。參見瞿冕良：《中國古籍版刻辭典》（濟南：齊魯書社，2006），
　　　　頁 489。

〔註20〕（清）李銘皖等：《蘇州府志》（臺北市：成文，民59），卷一百。

故宮博物院北平圖書館有二部：宋刊本《南塘先生四百六十一卷二冊》、宋刊本《格齋先生三松集一卷三冊》。

國家圖書館有九部：宋寶祐五年（1257）趙與懃湖州刊本《通鑑紀事本末四十二卷八十四冊》、南宋末期刊本《忠經篆註一卷一冊》、南宋末年積德堂刊本補配影鈔本《慈溪黃氏日抄分類存三十卷三十二冊》、宋端平元年（1234）九江郡齋刊明代鈔補本《自警編五卷十二冊》、宋嘉定六年（1213）章貢郡齋刊本《反離騷一卷一冊》、南宋末期刊本配補明初仿宋刊及鈔本《伊川擊壤集二十卷集外詩一卷六冊》、宋嘉定六年（1213）淮東倉司刊本《註東坡先生詩存十九卷二十冊》、宋寧宗時刊本《育德堂外制存五卷六冊》、宋紹興三十一年（1161）建陽崇化書坊陳八郎宅刻本《文選三十卷十六冊》。

毛晉為了所藏秘籍能代代相傳，特別刻了一枚朱文大方印：

> 趙文敏公書卷末云：『吾家業儒，辛勤置書，以遺子孫，其志何如。
> 後人不讀，將置於霽，頹其家聲，不如禽犢。若歸他室，當念斯言，
> 取非其有，無寧舍旃。』〔註21〕

趙文敏即趙松雪（孟頫），這五十六字是趙孟頫在家藏《梅屋詩槁》一書卷末所寫的跋，毛晉希望以此告誡後人要珍惜藏書，然其孫卻為了品茗，竟將祖傳的宋刻《四唐人集》當柴火煮茶，至於其他藏書也逐漸散去。

毛氏的藏書印有「毛晉私印」、「子晉」、「毛氏藏書」、「汲古閣世寶」、「開卷一樂」、「毛晉秘篋審定眞蹟」、「在在處處有神護持」、「筆研精良人生一樂」、「仲雍故國人家」、「弦割草堂」、「東吳毛氏圖書」、「子孫永寶」、「子孫世昌」、「汲古得修綆」、「毛辰」、「斧季」等，對較罕見的宋元刊本，則鈐上橢圓形的「宋本」、「元本」印章。

經毛晉之手的宋版書流傳至今，且鈐有「宋本」之書臺灣即有三部，以清初藏宋版書之家來看，毛氏藏書可謂保存流傳下來較多者。

（六）吳焯（1676～1733）

字子鼎，號繡穀，一作繡谷老人，清錢塘（今杭州）人（一說安徽歙縣人）。以家有古藤，花開時垂如瓔珞，遂名亭為「繡穀」。

吳焯好詩，常與當時名流雅集亭下，置灑高會，吟賞不絕。據《杭州府志‧文苑》：

〔註21〕劉兆祐：《認識古籍版刻與藏書家》（臺北市：臺灣書店，民86），頁201。

　　吳焯九歲能詩，毛奇齡執手稱畏友，康熙四十四年南巡獻賦，召試。
五十六年奏進所著書。所居瓶花齋聚書萬卷，蒔花種竹，足不越戶
外而車輒常滿。流連文酒，自抒所學，撰述十餘種。〔註22〕

可見其文采頗高，名聲遠播，隨和好客。

　　吳焯又喜聚書，家居薦橋街（今清泰街九曲巷口），有藏書樓，名「瓶花
齋」，「凡宋雕元槧與舊家善本，若饑渴之於飲食，求必猶而後已〔註23〕」，愛
書若渴，由此可見。

　　吳焯與同郡小山堂趙昱友好，每得一書，必彼此抄存，小山堂趙昱回憶
與吳焯的交往時曾說：「繡穀藏書頗矜惜，不輕借人，獨許余鈔，余所藏多繡
穀亭本。余偶得善冊，先生見之亦必取以勘定〔註24〕。」其所傳抄秘笈，版
心恆有「瓶花齋」字樣，為得者所寶。吳焯又精校勘，「手自丹黃，每購一書，
必兼數本，相互參比，如有考證心得，輒書諸卷首〔註25〕」，可見吳焯蒐書、
校書之謹慎。

　　吳焯還自編《薰習錄》，專記所藏圖書珍本目錄。當時學者洪亮吉在《北
江詩話》中將「瓶花齋」吳氏、「天一閣」范氏、「傳是樓」徐氏，同列為收
藏家。

　　吳焯雅好詩歌，兼精古文，名聞東南，著有《徑山遊草》、《南宋雜事詩》
（與厲鶚、趙昱合寫）、《藥園詩稿》、《玲瓏簾詞》、《陸清飛鴻集》等。焯有
二子，長子吳城，字敦複，號甌亭；次子玉墀，字蘭陵，號小穀，又號二雨。
皆好書。

　　「瓶花齋」舊藏有宋刻唐人許渾《丁卯集》，當時為人奪而去。失書二十
年後，吳城竟在北京城東書肆中無意間遇見此書，檢閱書冊，其父吳焯藏書
章仍在，不禁狂喜，旋以高價購下。回家後，邀當時名流歌詠以紀其事，吳
城又自作長律三首，其中有句云：「縱橫私印猶完好，故物歸來信宿緣〔註26〕。」

　　吳玉墀好書亦不讓父兄。乾隆中重開四庫館，時吳城已歿，玉墀進呈家
藏典籍三百零五種，其中《四庫》便收錄了五十二種，存目一百一十二種，

〔註22〕邵齊然主修：《杭州府志·文苑傳》（臺北市：東方文化供應社，民59），頁卷
　　　　一百四十五。
〔註23〕同上註。
〔註24〕參見瞿冕良：《中國古籍版刻辭典》（濟南：齊魯書社，2006），頁515～516。
〔註25〕同邵齊然主修：《杭州府志·文苑傳》，卷一百四十五註。
〔註26〕同上註。

為此玉墀得到乾隆的表彰，並賜內府初印本《佩文韻府》一部。進呈之書《說文篆韻譜》和呂祖謙《歷代制度詳說》發還時，還得到了乾隆的親筆題詩。這對當時藏書家來說，是十分光榮之事。玉墀又曾備輯其父根據家藏秘笈所撰文字而成《繡谷薰習錄》，吳焯為之跋。書稿原為八冊，後經、史、子三部六冊不知流入何方，集部二冊從瞿世瑛清吟閣劫餘散出後歸杭州丁氏八千卷樓，始《楚辭》，終元明諸集，計二百一十種，丁氏為之序；後民國吳昌綬又訪得經部易類一冊，並集部二冊，收入《松鄰叢書》。

吳焯父子雖皆珍藏書籍，然瓶花齋藏書最後仍散出，其多歸揚州馬氏（曰琯）小玲瓏山館、德清許氏（宗彥）鑑止水齋和同邑汪氏（誠）振綺堂。今在臺灣國家圖書館僅藏有一部鈐有「吳焯」白文長方印的宋景定間刊咸淳間增修本《新定續志十卷四冊》。

（七）愛新覺羅・允祥（約 1710～1780）

滿族人，康熙第十三子。陸心源跋《宋槧婺洲九經》曰：

> 怡賢藏書，始自怡賢親王之子弘曉。王為聖祖仁皇帝之子，其藏書
> 之所曰樂善堂，大樓九楹，積書皆滿。〔註27〕

怡賢親王貴為皇族，擁有權力和財力的雙重優越條件，所以收藏的圖書不僅數量多，質量也屬上等。據陸心源說，錢謙益絳雲樓失火之前，已有一些宋元精本流入毛晉、錢曾之手；毛、錢之書，又大半歸徐乾學和季振宜所得；徐、季之書又由江南藏書家、校勘家何焯介紹，歸於怡府。怡賢親王之子弘曉喜藏書，乾隆年間，開四庫館，徵集天下圖書時，弘曉並未進怡府藏書，因此怡府的收藏為天下罕見者甚多，彌足珍貴。至同治年間，才流散民間。

臺灣國家圖書館即藏有南宋末年建刊本《伊川先生點校附音周易二卷三冊》及宋紹熙間眉山程舍人宅刊本《東都事略一百三十卷二十四冊》兩部鈐有「怡府／世寶」朱文方印、「安樂堂／藏書記」朱文長方印等怡親王府之藏書。

二、清代中期名藏書家

清代中期乃指乾嘉時期。清代樸學到了乾嘉時代達到全盛時期，典籍文

〔註27〕（清）葉昌熾：《藏書記事詩》（臺北市：藝文，民55），卷四。轉引自《百部叢書集成》之七十九〈靈鶴堂叢書〉。

獻的考據碩果纍纍，遍及文字、音韻、訓詁、目錄、版本、校勘、辨偽、輯佚諸多方面，如此大量的工作，需要學者們豐富的藏書與學識，這也是清代藏書蓬勃發展的原因之一。而乾隆間編纂《四庫全書》，一方面促使天下藏書的收集，另一方面也開放給一些士人學者們閱覽，使得文人傳抄不少珍籍秘本留世：

> 翰林願許讀中秘書，即大臣官員中有嗜古勤學者，並許告之所司，赴閣觀覽。等不得攜取出外，致者損失。其如何酌定章程，並著具奏以聞。〔註28〕

後又在楊州、鎮江、杭州三地建文匯、文宗、文瀾三閣儲藏《四庫全書》，俾江浙士子，得以就近觀摩謄錄。又諭：

> 該省士子有願讀中秘書者，許其呈明，到閣鈔閱。俾茹古者嗜生平未見之書，互為鈔錄，傳之久人，使石渠天祿之藏，無不家炫戶曉，益昭右文稽古、嘉惠士子盛事。〔註29〕

因此促使眾多圖書流通，增廣學子見聞。

（一）孫星衍（1753～1818）

字伯淵，號季述，江蘇陽湖人。乾隆五十二年（1787 年）進士，授翰林院編修，充三通館校理，歷官山東督糧道，深究經史文字音訓之學，旁及諸子百家，又工篆隸，精校勘，以學術淵博稱，袁枚稱他為「天下奇才」，阮元曾聘他為詁精經舍教習及主講鍾山書院。其性嗜聚書，金石文字拓本古鼎書畫，無不考其源委。家有藏書樓「廉石居」、「平津館」，貯書極富，以校勘精審見稱。後因病歸籍，在江浙一帶講學、著述及藏書。

阮元在《山東糧道孫君傳》中說他：「勤於著述，性好聚書，聞人家藏有善本，借鈔無虛日〔註30〕。」可見其愛書之篤。他與當時有名的藏書家黃丕列、鮑廷博、顧之逵等來往甚密，互有鈔借，另外又獨自蒐集了數萬卷藏書。他的藏書後來流散，大部分歸長沙袁芳瑛〔註31〕所有，臺灣國家圖書館有兩

〔註28〕（清）永瑢、（清）紀昀等撰《武英殿本四庫全書總目提要·乾隆四十一年六月初一諭》（臺北市：臺灣商務，1983），卷首一，頁1～7。

〔註29〕（清）永瑢、（清）紀昀等撰《四庫全書總目·乾隆五十五年六月初一諭》（臺北市：藝文），卷首，頁16。

〔註30〕（清）錢儀吉等纂輯：《清朝碑傳全集（二）·嘉慶朝監司·孫星衍》（臺北市：大化書局，民73），卷八十七，頁1097。

〔註31〕袁芳瑛，字漱六，湖南湘潭人。道光年間考中進士後，於翰林院任職。一生

部鈐有「星衍／私印」白文方印的宋版書：宋咸淳二年（1266）刊本《類編朱氏集驗醫方十五卷八冊》及宋孝宗、光宗間婺州永康清渭陳宅刊本《精騎存三卷三冊》。

（二）周春（1729～1815）

浙江海寧人，字芚兮，號松靄，別號內樂村農，晚號黍谷居士。乾隆十八年（1753）進士，曾官岑溪縣令，一生潛心著述，四部七略無不瀏覽，著有《松靄遺書》等。他的藏書處一為「松聲山房」，一為「疊花館」，藏書頗多。其中有一部日人松貞文元所撰《泰古梅園墨譜》，中土罕見，甚為珍貴。周春讀書處叫「著書齋」，四周圖書環列，周氏在其中讀書寫作，前後三十年，終年不拂除，凝塵滿屋，可見其用功之勤奮與專一。

一次，鮑廷博提起一部湯漢注的宋刊本《陶詩》，因不知湯漢是何人，故將書送給好友張燕昌，周春知湯漢為南宋大學者，其註解十分精審，故以當時非常著名墨工葉元卿所製的一塊重達一斤的大圓墨向張燕昌交換《陶詩》。得《陶詩》後，與家中舊藏的宋刻《禮書》合放，書室遂更名為「禮陶齋」。

然後來家道中落，兩部書終售出，如今在臺灣無緣見此二部，但卻可在國家圖書館中的南宋末年建安刊本《尚書表註二卷二冊》書前護葉，見到周春的手書題記云：「乾隆五十七年（1792）購得此書」；鈔補之序文後半葉有顧湄手書題記，署「丙寅（乾隆十一年，1746）三月望日」，云於癸亥（乾隆八年，1743）夏五在毘陵得之。」

其藏書章有：「周春」、「松靄」、「周春松靄」、「芚兮」、「黍谷周春」、「松聲山房」、「內樂村農」、「自謂是羲皇上人」、「子孫世昌」、「松靄藏書」、「海寧周氏家藏」、「著書齋」、「周春字芚兮號松靄」等。

（三）翁方綱（1733～1818）

字正三，一字忠敘，號覃溪，又號蘇齋、寶蘇，清順天大興人。其讀書室叫「蘇齋」，「蘇」指的是蘇東坡，希望能竊附前賢之意。後在乾隆三十三年（1768）購得蘇東坡所寫的《嵩陽帖》；乾隆三十八年（1773）又得到宋代施元之、顧禧同註的《蘇東坡先生詩》，於是更覺得自己與蘇軾有緣，故把藏

工書善文，酷好收藏書籍，為晚清著名藏書家。晚清著名學者李盛鐸稱袁氏藏書之盛為「二百年所未有」，可見其藏書之多。參見瞿冕良：《中國古籍版刻辭典》（濟南：齊魯書社，2006），頁360。

書處更名為「寶蘇齋」〔註32〕。

這部《蘇東坡先生詩》，出刊於南宋嘉定間，但流傳很少，許多愛蘇詩者，常遍尋不著，直到清初，此書才又出現，但已殘破不堪。翁方剛將此書視同珍寶，一連在此書上寫了三十二則題記，當時著名的人物也都來借觀，所以在此書中，鈐滿了各式印章，寫著各種的題記和觀款，此部書即是現存於臺灣國家圖書館中的宋嘉定六年（1213）淮東倉司刊本《註東坡先生詩存十九卷二十冊》〔註33〕。

其他翁氏舊藏，臺灣也有，如南宋中期建安魏仲立宅刊本《唐書存一百九十三卷六十七冊》和宋寶祐元年（1253）刊本《五燈會元二十卷二十冊》；傅斯年圖書館中也有一部翁氏舊藏之書：宋刊元修本《漢書一百二十卷二十冊》。

其藏書章有「蘇齋墨緣」、「秘閣校理」、「恩加二品重讌瓊林」、「內閣學士內閣侍讀學士翰林侍讀學士」、「翁方綱」、「翁方綱印」、「覃谿」、「覃谿真賞」、「蘇齋」。

（四）黃丕烈（1763～1825）

字紹武，一字承之，號蕘圃，又號復翁、佞宋主人、秋清居士、知非子、抱手主人、求古居士等，蘇州人，平生喜藏書，藏書處日「士禮居」。

黃丕烈藏書有三大特點，一是苦苦追求，凡遇善本異書，必窮追不捨，那怕借債典當，也要到手，這些情況，他在《士禮居藏書題跋記》〔註34〕中多有記載。二是愛書成癖，如有所得，常約友吟詩繪圖，每年歲末，還舉辦「祭書」活動。三是收藏精良，他獨嗜宋版，三十歲始得第一部宋本書，後經多年搜求，所得宋版書達百餘種，故稱其藏書處為「百宋一廛」，又自號佞宋主人。其收藏在清代中期可說是首屈一指，清王頌蔚曾評論道：「三百年來，凡大江南北，以藏書名者，亡慮數十人，而既精且豐，必以黃氏士禮居為巨擘〔註35〕。」

他的藏書不僅在版本上堪稱精品，內容也很豐富，且收藏大量的唐宋人

〔註32〕有關翁方剛書室更名一事，可參見劉兆祐：《認識古籍版刻與藏書家》（臺北市：臺灣書局，民86），頁234。

〔註33〕鄭騫：《宋刊施顧註蘇東坡詩提要》一書中，詳述此書之遞藏經過。

〔註34〕國家圖書館編：《國家圖書館藏古籍題跋叢刊·士禮居藏書題跋記》（北京市：北京圖書館出版社，民91），第六冊。

〔註35〕（清）葉昌熾：《藏書紀事詩》（臺北市：藝文，民55），序目，頁3。

文集。這樣豐且精的藏書，如今流入臺灣至少有十餘部之多，其中不乏唐宋文人集。

臺灣以國家圖書館藏本較多，如宋紹興間衢州州學刊明嘉靖萬曆間南監修補本《三國志存二十卷三冊》、宋慶元五年（1199）曾三異校刊本《五代史記七十四卷二十四冊》、宋景定間刊咸淳間增修本《新定續志十卷四冊》、宋紹興四年（1134）孫祐蘇州刊本《吳郡圖經續記三卷冊》、南宋晚年建刊本《東南進取輿地通鑑存三十卷六冊》、宋嘉定三年（1210）刊寶慶至咸淳間增補本《中興館閣錄存九卷續錄十卷十冊》、南宋末年刊本《小學史斷二卷二冊》、宋末建刻本《新編宣和遺事二卷四冊》、南宋末期刊本配補明初仿宋刊及鈔本《伊川擊壤集二十卷集外詩一卷六冊》、南宋末年刊配補元刊本《西山先生真文忠公文章正宗存六卷又目錄一卷八冊》、宋乾道間刊巾箱本《聖宋文選全集三十二卷十六冊》、宋乾道間刊補配本《聖宋文選全集三十二卷十二冊》等等。

這些書中大多有黃丕烈手書題記或是序跋，如宋乾道間刊補配本《聖宋文選全集三十二卷十二冊》，其卷末有清黃丕烈手書跋四篇，其首跋署「嘉慶歲在己未（四年，1799）秋孟中元日收得越二日跋于讀未見書齋。黃丕烈」；次跋署「戊辰（嘉慶十三年，1808）冬季小寒後六日，復翁識」；旁有十五年（1810）二月七日首跋四行；四為十九年（1814）閏二月二日手跋，署「復翁記」。次有黃氏跋文一篇，署「嘉慶八年春三月望後二日蕘翁黃丕烈識于百宋一廛」。最後有繆荃孫〔註36〕跋一篇，署「歲在旃蒙單閼（乙卯，即民國四年，1915）餞春日」。一部書中手跋達五次之多，可見黃氏對此部書之重視。

另故宮博物院有一部宋紹熙間建安余仁仲萬卷堂刊本《春秋公羊經傳解詁十二卷六冊》。而傅斯年圖書館有兩部：宋臨安府陳解元宅書籍鋪刊本《李群玉詩集三卷後集五卷二冊》、宋書棚刊本《碧雲集三卷二冊》。

黃丕烈除了收藏，還進行校勘、刻書的活動。其校刻精善，被稱為「清朝宋版」。他的藏書多得自前輩名家，如毛氏汲古閣、錢氏絳雲樓、錢曾述古堂等，後藏書在道光年間散出，大多歸汪士鐘所有，故在現存這些宋版書中，可見到清朝早期至晚期許多重要藏書家的藏書章及手書題記。如《伊川擊壤

〔註36〕繆荃孫（1844～1919），近代江蘇江陰人，字炎之、筱珊，號藝風，光緒二年（1876）進士，曾纂《順天府志》、《湖北通志》，任《清史稿》總纂，並修《儒林》等五傳，歷主南菁、鐘山、濼源、經心等書院講席。生平精究文字，渴嗜金石，是近代著名的藏書家和校勘學家，創辦過江南圖書館、京師圖書館。參見瞿冕良：《中國古籍版刻辭典》（濟南：齊魯書社，2006），頁28。

集二十卷集外詩一卷六冊》中就可見到黃丕烈、孫原湘〔註 37〕、胡靜之、錢
天樹、邵淵耀〔註 38〕等各手書題跋。

其藏書章有：「蕘圃」、「蕘夫」、「己丑病瘳」、「復翁」、「蕘圃卅年精力所
聚」、「百宋一廛」。

（五）陳鱣（1753～1817）

字仲魚，號簡莊，浙江海寧人，嘉慶三年（1798）舉人。鱣性嗜典籍，
尤其精經學和訓詁之學，曾與當時著名學者錢大昕，翁方綱，段玉裁研討文
字，並據珍藏之秘本，互相置疑問難為樂。阮元《定香亭筆談》稱他：「於經
史百家靡不綜覽」、「浙西諸生中經學最深者也〔註 39〕」。

《海寧州志稿·儒林傳》說他：「性好藏書，遇宋元槧本必以善價購之，
與吳門黃丕烈、同邑吳騫互相抄傳〔註 40〕。」在浙江眾多藏書家中，陳鱣與
同邑的吳騫、蘇州的黃丕烈交誼最深。吳騫家有宋刊《臨安志》三種〔註 41〕，
遂以「臨安志百卷人家」自稱，其實陳鱣家亦藏有此三志，而且吳騫得《淳
佑臨安志》六卷還是從陳鱣處抄錄的，故後來吳騫給陳鱣的唱和詩中有「與
君鼎足藏三志〔註 42〕」句，而當時鼎足的另一家還有杭州的孫氏壽松堂。

陳鱣作《經籍跋文》，吳騫於嘉慶十八年（1813）以八十一歲高齡為之作
序，云：

> 余與簡莊年少皆酷嗜書籍，購置不遺餘力。凡經史子集，得善本皆

〔註 37〕孫原湘（1670～1829），清詩人，字子瀟，晚號心青。江蘇常熟人。幼隨其父
　　　　孫鎬任居奉天（今遼寧）、山西，所歷名山大川皆發之歌詠，年輕時已名噪京
　　　　都。嘉慶十年（1805）進士，為翰林院庶起士、武英殿協修官。告假歸，得
　　　　疾，遂不出。參見《中國歷代人名大辭典》（上海市：上海古籍出版社，1999），
　　　　頁 791。
〔註 38〕邵淵耀（？），清江蘇常熟人，字充有，號環林，嗜學，工詩古文。參見瞿冕
　　　　良：《中國古籍版刻辭典》（濟南：齊魯書社，2006），頁 343。
〔註 39〕關於阮元所述，轉引自瞿冕良：《中國古籍版刻辭典》（濟南：齊魯書社，2006），
　　　　頁 11。
〔註 40〕（清）許傳霈等原纂，朱錫恩等續纂：《海寧州志稿·儒林傳》（臺北市：海
　　　　寧旅臺同鄉會，民 57），卷二十九。
〔註 41〕《臨安志》是南宋時期杭州的地方志，共有三種，以年號標明如下：乾道《臨
　　　　安志》，周淙主編，成書於乾道五年（1169 年），僅存十五卷，陳鱣獲有 3 卷；
　　　　淳祐《臨安志》，施愕主編，成書於淳祐年間（1241～1251 年），原書已佚失，
　　　　而陳鱣獲有 6 卷。咸淳《臨安志》，潛悅友編，成書於咸淳年間（1265～1274
　　　　年），今本略殘，陳鱣獲有 91 卷。
〔註 42〕（清）陳鱣：《經籍跋文》（臺北市：藝文印書館，民 55），序。

相互傳觀，或手自校勘相質，蓋數十年如一日……簡莊精敏果銳，
強於記誦，而能專意於經學，又克廣攬窮搜。今觀所撰諸經跋文，
鉤深索隱，凡古本之為後之妄人亂，莫不審其原來次第，而字之更
改淆混者，一一校正，令人復得見本來面目，不其偉耳。〔註43〕

此文可見兩人交情至深，吳騫更娓娓道出對於陳鱣審校古本的讚賞。

鱣與黃丕烈之交稍晚。管庭芬《經籍跋文書後》說：

陳鱣晚客吳門，聞黃蕘圃百宋意廛九經三傳各藏異本，於是欣然定
交。互攜宋鈔元刻，往復易校，疏其異間，精審確鑒，其功于考定
石經無以異。暮年歸隱紫薇講舍，手自鈔撮成書，凡十有九篇，署
曰《經籍跋文》。〔註44〕

兩人愛好相同，縱使相交甚晚，依然交誼情深。

為了訪求珍本，陳，黃二人有時也不免成為競爭對手。據陳鱣《經籍跋
文》記載，嘉慶十一年（1806）十月，吳縣著名書賈五柳居得到汲古閣影宋
寫本《周易集解》，索購十金，陳鱣有意買下，黃丕烈也派人來買，但陳鱣不
願將書讓予黃，黃竟因此臥病數日。陳鱣「欲其速愈也，因讓之，乃竟如其
值賣之，病果起，遂以香楠制櫝而藏。是冬除夕祭書，此書其首列〔註45〕。」
黃氏晚年貧困，這部書最後還是以三十金得代價讓歸陳鱣。

陳鱣晚年於海寧硤川紫薇山構樓「向山閣」，藏書十萬卷且以十三經著
名，多宋元刻本和清代罕見之書，可惜無書目流傳。陳鱣去世之後不數載，
所藏之書即作雲散，其中部分歸同邑馬瀛之漢晉齋書室，部分落入湖州書賈
之手。

他有一枚藏書印，印文曰：「得此書，費辛苦，後之人，其鑒我。」臺灣
故宮博物院所藏之宋刊本巾箱本《婺本點校重言重意互註尚書十三卷六冊》
卷首即有此章，彌足珍貴。傅斯年博物館則另有一部宋刊本《周易本義經二
卷傳十卷附圖一卷筮儀一卷五贊一卷四冊》也是其舊藏。

（六）顧廣圻（1766～1835）

字千里，號澗蘋（也作澗萍、鑒平），又號無悶子、一雲散人，江蘇元和
人。不僅喜歡藏書，更勤於校書。齋名思適，就是從刑子才的「不校校之」

〔註43〕（清）陳鱣：《經籍跋文》（臺北市：藝文印書館，民55），序。
〔註44〕同上註，書後。
〔註45〕同上註。

意引伸而來

> 當其坐齋中，陳書隱幾，居停氏之所藏，同志之所借，以及敝篋之
> 所有，參戶鉤稽，以致其思，思其孰爲不校之娛，孰爲誤於校也。
> 思而有所不得，困於心，衡於慮，皇皇焉如索其所失而杳乎無賭，
> 人恆笑其不自適，而非不適也，乃求其所以適也。思而得之，心爲
> 之加開，目爲之加朗，豁然如啓幽室而日月之，舉氏之適，誠莫有
> 適於此也。〔註46〕

顧廣圻由於精校勘，所以晚年時被孫星衍、張敦仁〔註47〕、胡克家〔註48〕、黃丕烈等人延聘爲他們校書。顧廣圻卒後，他的好友李兆洛爲他寫墓志銘時，稱讚他：「凡立言者，藉君不朽。書有時朽，先生不朽〔註49〕。」光緒間的葉昌熾，用一首詩來綜括其一生：「不校校書比校勤，凡塵楓葉掃繽紛；誤書細看原無誤，安得陳編盡屬君〔註50〕。」日本學者神田喜一郎也譽他爲「清代校勘第一人〔註51〕」，可見藏書家的貢獻不止於保存文物而已。

現可在國家圖書館所藏宋景定間刊咸淳間增修本《新定續志十卷四冊》中的序文後有顧廣圻識語三行，署「嘉慶庚申五月十有七日澗薲居士記」，可見此部曾經他手，其價值更勝一般。

其藏書章有「一雲散人」、「陳黃門侍郎三十五代孫」等。

（七）汪士鐘（約1786～？）

字閬源，長州人。好藏書，其父汪文琛以益美聯社布號而饒於貲。士鐘本人仕途情況無足夠文獻可徵，但從其所用「民部尚書郎」印及與阮元的交往，又潘祖蔭《藝芸書舍宋元本書目跋》稱汪士鐘爲觀察，稱汪士鐘之子爲

〔註46〕 （清）顧廣圻：《續修四庫全書・思適齋集・思適寓齋圖自記》（上海市：上海古籍，2002），卷五，頁43。

〔註47〕 張敦仁（1754～1834），字古餘，乾隆間進士，「六一堂」爲其室名。參見瞿冕良：《中國古籍版刻辭典》（濟南：齊魯書社，2006），頁71。

〔註48〕 胡克家（1757～1816），字果泉，鄱陽人。刻印過很多書，爲後世所稱道的是《資治通鑑音注》和《文選注》《李善注》二種。前者是顧廣圻校的影刻元本；後者是委託顧廣圻、彭兆蓀據南宋淳熙間池陽郡齋本影印的。紙墨精瑩，不失原書精神。參見瞿冕良：《中國古籍版刻辭典》（濟南：齊魯書社，2006）頁412。

〔註49〕 瞿冕良：《中國古籍版刻辭典》（濟南：齊魯書社，2006），頁428。

〔註50〕 參見劉兆祐：《認識古籍版刻與藏書家》（臺北市：臺灣書局，民86），頁250～251。

〔註51〕 同上註。

比部等旁證來看，汪士鍾當有過功名，至少不是尋常的商賈。

顧廣圻在汪氏的《藝芸書舍書目》作序曰：

> 汪君閬源，藏書甚豐……專一在茲，仰取俯拾，兼收並蓄，揮斥多
> 金，曾靡厭倦。以故郡中傳流，有名秘籍，搜求略遍，遠地聞風，
> 挾冊趨門，朝夕相繼，如是累稔，遂獲目中所列宋若干種，元若干種，
> 既精且博，稀有大觀。海內好古敏求之士，未能或之先也。〔註52〕

汪士鍾年輕時即好讀書，曾遍讀其父所藏四部之書，以爲均尋常習見之本，乃蓄志搜羅宋元舊刻及《四庫》未收之書。汪家本饒於財，於是收書不惜厚價，僅一、二年，藏書即有了相當的規模。他的藏書多來自蘇州四大藏書家：黃丕烈、周錫瓚〔註53〕、袁廷檮〔註54〕、顧之逵的藏書，這些藏書大都經過校勘名家黃丕烈、顧廣圻的評定，因此絕無僞刻，一時爲海內稱冠。

汪士鍾尤喜黃丕烈舊藏，凡有黃氏跋語之書，雖一行數字，必重價收之，以致吳中書賈凡得有黃丕烈藏印的舊刻舊抄，哪怕只有殘零的一、二卷，索價必倍，甚至連黃丕烈的破殘簽題，毀損的跋語，也能買到好價錢。汪士鍾堂上有一楹聯：「種樹類求佳子弟，擁書權拜小諸侯〔註55〕。」癡書之情，由此可見。

汪士鍾曾取所藏宋元之本編寫《藝芸書舍宋元本書目》，顧千里爲之序，稱：「海內好古敏求之士，未能或之先也〔註56〕。」汪氏又喜刻書，所摹刻宋本《孝經義疏》、《儀禮單疏》、《劉氏時說》、《郡齋讀書志》諸書，雖對精審，舉世珍若求璧。

咸豐年間，汪氏書散出，其中多爲常熟瞿氏所得，餘歸海源閣楊氏。

汪氏藏書流傳於臺不少，共有十餘部，其中有四部也爲黃丕烈之舊藏。故宮博物院有宋紹熙間建安余仁仲萬卷堂刊本《春秋公羊經傳解詁十二卷六

〔註52〕（清）汪士鍾：《藝芸書舍宋元本書目》（北京市：商務印書館，2004），序，頁1。

〔註53〕周錫瓚（？～1819），清吳縣人，字仲連，號漪塘，又號香嚴居士，喜藏書，精鑒別，爲當時巨擘，可與黃丕烈相匹。參見瞿冕良：《中國古籍版刻辭典》（濟南：齊魯書社，2006），頁389。

〔註54〕袁廷檮（1764～1810），清吳縣人，字又愷，號壽階，居楓橋五硯樓，續書萬卷，皆宋槧元刻，秘笈精鈔。名其室爲蕙山房、貞節堂。參見瞿冕良：《中國古籍版刻辭典》（濟南：齊魯書社，2006），頁131。

〔註55〕同《藝芸書舍宋元本書目》註。

〔註56〕同上註。

冊》及宋理宗寶慶元年（1225）廣東漕司刊本《新刊校定集注杜詩三十六卷二十四冊》。國家圖書館有南宋末年建安刊本《尚書表註二卷二冊》、宋建安余仁仲萬卷堂刊配補另三種宋刊本《春秋經傳集解存二十六卷十二冊》、南宋中期建安魏仲立宅刊本《唐書存一百九十三卷六十七冊》、南宋鄂州覆北宋刊龍爪本《資治通鑑存二百五十六卷一百二十八冊》、南宋初刊宋元遞修本《資治通鑑目錄三十卷十二冊》、宋建刊巾箱本《增入名儒講義皇宋中興兩朝聖政存四十卷四十二冊》、宋建刊巾箱本《增入名儒講義皇宋中興兩朝聖政存四十卷四十二冊》、宋景定間刊咸淳間增修本《新定續志十卷四冊》、南宋晚年建刊本《東南進取輿地通鑑存三十卷六冊》、南宋坊刊本《新雕白氏六帖事類添注出經存二十八卷十五冊》、宋嘉定六年（1213）章貢郡齋刊本《反離騷一卷一冊》、南宋末年刊本《後村居士集存一卷一冊》宋淳熙八年（1181）尤延之貴池刊本《文選六十卷六十冊》聖宋文選全集三十二卷十二冊《聖宋文選全集三十二卷十二冊》。傅斯年圖書館有宋刊本《周易本義經二卷傳十卷附圖一卷筮儀一卷五贊一卷四冊》。

三、清代後期名藏書家

清代後期指道光至清末一段，雖然期間遭遇內憂外患的破壞與侵襲，私家收藏散而復聚的頻率比之秘府書藏來的高，於是漸漸朝向近代圖書館的演變。

（一）郁松年（約1816～1886）

字萬林，號泰峰，上海人。《上海縣志》卷二十一說他：「好讀書，購藏書數十萬卷，手自校讎〔註57〕。」但直到道光二十五年（1845）四十六歲時才考取貢生。然而，郁氏憑藉自己的經濟實力，廣收海內秘冊，凡宋人典籍，有未刻或刻而版廢者，不惜重貲，以羅置架，時藝芸書舍、小讀書堆、五硯樓等名家之藏，盡歸郁氏所有。松年遂在其老宅建宜稼堂，聚書數十萬卷，一時名聞大江南北。

郁松年潛心校讎，又熟心於刻書，道光二十一年（1841），擇家藏中世所罕見之元明舊本，刻成《宜稼堂叢書》十二種二百五十五卷。不幸，郁松年生活於社會動盪之時，故其藏書，只是曇花一現而已。咸豐三年（1853）上

〔註57〕　（清）應寶時修，（清）俞樾纂：《上海縣志》（臺北市：成文，民64），卷二十一。

海小刀會起義，郁家大宅被佔用，小刀會故意強取郁家藏書引火，迫使郁松年出錢保障其藏書的安全；此後咸豐十年（1660），李鴻章來上海，有意無事光臨宜稼堂，郁松年遂「自願」將李鴻章所稱讚的好書一一奉送李氏；最有意思的是同志三年（1864）丁日昌接替應寶時調停，丁日昌才將李氏部分藏書歸還郁氏。〔註58〕

他收藏的精華多購自汪士鐘藝芸書舍，故在國家圖書館鈐有「汪印／士鐘」白文方印的宋建刊巾箱本《增入名儒講義皇宋中興兩朝聖政存四十卷四十二冊》及南宋晚年建刊本《東南進取輿地通鑑存三十卷六冊》兩部，同樣也有汪士鐘藏書印於上。

（二）楊紹和（1832～1875）

字勰卿，號彥和，山東聊城人，同治四年（1865）進士，清古籍、書畫、金石收藏家、目錄學家。為道咸同光間全國四大藏書家之一楊以增（1787～1856）次子，海源閣第二代主人，編過《楹書隅錄》，記載家藏海源閣珍本兩百六十七種。幼時入鄉學讀書，七歲時，因善詩賦而深得其父好友林則徐的賞識，收為弟子。後從包世臣學經學，從梅曾亮學古文。咸豐二年（1852）中舉人，歷官內閣中書、戶部候補郎中，以軍功擢候補道，軍機處記名，被選任陝西道。同治四年（1865）中進士，授翰林院編修，擢詹事府右春坊，右贊善，右中允，同經局洗馬，又擢任翰林院侍讀，賞三品銜，升侍講學士，充日講起居注，官文淵閣校理。光緒元年（1875）升通議大夫。

楊紹和秉承家學，終生留心古籍、金石、書畫，搜羅典籍不遺餘力。自幼隨父宦游大江南北，收得宋元槧本頗多。楊紹和《楹書隅錄》自序曰：「先端勤公平生無它嗜，一專於書，所收數十萬卷，庋海源閣藏之〔註59〕。」官居北京期間，適值怡府樂善堂藏書散出，朱子清、潘伯寅、翁叔平諸藏書家，頗多善本。楊紹和此舉使海源閣成為清末北方首屆一指的大藏書樓，不僅數量增多，而且質量提高，成為與常熟瞿氏鐵琴銅劍樓並峙南北的清末兩大藏書樓之一。

楊紹和及其父子三代收藏的書畫、碑帖、硯石、印章、銅器等文物極為

〔註58〕一說郁氏善本大部分為丁日昌豪奪去，又有部分歸陸心源，還有莫友芝等友人借去未歸還者。可參考范鳳書：《中國私家藏書史》（鄭州市：大象出版社，2001年）。

〔註59〕（清）楊紹和：《楹書隅錄》（臺北市：廣文，民56），自序，頁509。

可觀，其中有端硯二百餘方、宋人山水、扇面畫及長卷，商、周銅器，歷代名瓷等。

　　楊紹和在目錄學方面也頗有造詣。他在對海源閣藏書進行整理後，於同治八年（1869）寫出了《楹書偶錄初編》五卷，又於同治十年（1871）撰《楹書偶錄續編》四卷，對所錄之書考核異同，檢校得失，詳記各書的名家題跋，間附己意，並記其行式、印章及收藏經過等，使海內人士得以瞭解海源閣藏書之概況。時人謂：「楊氏以藏書為世業，宋槧元抄集諸家之大成，故藏書之富，鑒別之審，海內推先生第一〔註60〕。」1875 年卒於官。

　　楊紹和另有專貯宋本的「宋存室」。臺灣故宮博物院及國家圖書館所藏有的宋紹興間刊本《李學士新注孫尚書內簡尺牘十六卷存八冊》及宋嘉定間姑蘇鄭氏刊本《重校添註音辯唐柳先生文集四十五卷外集二卷二十四冊》皆鈐有「楊紹和讀過」白文方印、「宋存書室」白文方印、「海源閣」朱文長方印和「海源殘閣」朱文方印。

　　海源閣在清末遭捻軍起義、民國軍閥和土匪侵襲，宋元本受損達到一半〔註61〕，其孫陽敬夫移居天津，亦將部分宋元本攜往天津，後來陸續出售歸北京圖書館、天津圖書館、周叔弢、潘明訓、陳澄中等，臺灣所藏應為戰亂散出之本。

（三）瞿鏞（1794～1875）

　　字子雍，常熟人，歲貢生，瞿家的藏書始自其父瞿紹基（1772～1836），黃廷鑑《恬裕齋藏書記》：

> 故學博萌堂先生……有齋曰恬裕，其藏書之所也。君以明精選授廣
> 文，一試職即歸隱，讀書樂道，廣購四部，旁搜金石，歷十年，積
> 書十萬餘卷，……城中稽瑞、愛日兩家，竟事儲藏，先後廢散，君
> 復臨其宋元善本為世珍者，拔十之五，增置插架，由是恬裕藏書，
> 遂甲吳中。〔註62〕

　　當時常熟著名的兩個藏書家：陳揆〔註63〕的稽瑞樓和張金吾的愛日精廬

〔註60〕瞿冕良：《中國古籍版刻辭典》（濟南：齊魯書社，2006），頁 131。

〔註61〕同（清）楊紹和：《楹書隅錄》註，〈宋本毛詩跋〉，卷一，頁 48。

〔註62〕謝正光：〈寂寞的鐵琴銅劍樓——記藏書家瞿鳳起先生的晚年〉，《國文天地》第 6 第 9 期，民 80 年 2 月，頁 69～75。

〔註63〕陳揆（1780～1825），字子准，好古籍，精校勘，藏書甚豐，因得唐劉賡《稽瑞》一卷，為歷代藏書家所未見，遂以「稽瑞」名其室。參見瞿冕良：《中國

之書籍散出，有一部份由瞿紹基購得。瞿鏞繼承父業，收購黃丕烈士禮居、汪士鐘藝芸書舍散出善本積至十餘萬卷，擴充了鐵琴銅劍樓的圖書，成為道咸間全國四大藏書家之一，與聊城楊氏海源閣有「南瞿北楊」之稱。他對版本鑒別尤為辨析精當，所編撰的《鐵琴銅劍樓藏書目錄》聲譽很高。其子啓甲（1873～1940）也繼承祖志，並在家鄉創辦「常熟公共圖書館」同時使自己的藏書公開給旁人參閱。日寇侵華時，其曾孫鳳起（1907～1987）等為了能好好保存古籍，將所存部分捐獻給北京圖書館。

　　一般藏書家多數不輕易把藏書供人閱讀，不過瞿氏數代，不僅將藏書供人閱讀，還招待食宿，像黃廷鑑、翁同龢、葉德輝、張元濟、傅曾湘、胡適及日本學者島田翰〔註 64〕等名人，皆曾到鐵琴銅劍樓看過書，這種大公無私的精神，令人敬仰。

　　因為瞿氏歷代護書有力，雖經戰亂依然將大部分藏書流傳下來，其收藏多存於北京圖書館中。臺灣故宮博物院的宋刊本巾箱本《婺本點校重言重意互註尚書十三卷六冊》、宋紹熙間建安余仁仲萬卷堂刊本《春秋公羊經傳解詁十二卷六冊》、宋紹熙間建安余仁仲萬卷堂刊本《春秋穀梁傳存六卷二冊》、宋理宗寶慶元年（1225）廣東漕司刊本《新刊校定集注杜詩三十六卷二十四冊》等和國家圖書館的宋紹興間刊明南監修補本《國語補音三卷三冊》中，也可見到瞿氏三代的藏書章：「虞山瞿紹基藏書之印」、「鐵琴銅劍樓」「瞿印淵」、「瞿印秉沂」、「瞿潤印」、「瞿印秉清」、「瞿印啓耗」、「瞿印啓甲」等等，顯現難得歷代傳承的佳話。

　　瞿氏藏書章有「恬裕齋鏡之氏珍藏」、「紹基秘笈」、「虞山瞿紹基藏書之印」、「鐵琴銅劍樓」、「鐵琴銅劍樓收藏書畫記」、「瞿氏藏金石記」、「古里瞿氏」、「古里瞿氏記」、「菰里瞿鏞」、「子雍金石」、「瞿潤印」、「瞿秉淵印」、「瞿秉沂印」、「瞿秉清印」、「瞿秉沖印」、「瞿啓文印」、「瞿啓科印」、「瞿啓甲印」、「瞿啓甲」、「良士」、「良士珍藏」、「良士昭福」。

（四）潘祖蔭（1830～1890）

　　字伯寅，號鄭庵，吳縣人。潘祖蔭涉獵百家，尤通經史，清學者繆荃孫

古籍版刻辭典》（濟南：齊魯書社，2006），頁 339。

〔註64〕 島田翰，日本人，著有《古文圖書考》為中國及日本印刷史研究奠定基礎，為二十世紀初的日本漢學，有創導作用。參見錢存訓著，劉拓、汪劉次昕譯：《造紙及印刷·中國之科學與文明》（臺北市：臺灣商務，1995），頁 28～29。

是他的學生。其好藏書，姑母是汪士鐘的兒媳，曾協助汪編《藝芸書舍宋元數目》，所見宋元善本甚多，藏書樓曰：「滂喜齋」、「八求精舍」。

臺灣故宮博物院有幾部鈐有「伯寅經眼」之印，如宋度宗咸淳年間鎮江府學刊元明遞修本《說苑二十卷十冊》、宋咸淳三年阿育王山住持大觀刊本《潭州雲蓋山會和尚語錄一卷》、宋咸淳三年（1267）明州府阿育王山廣利禪寺刊本《寶峯雲庵眞淨禪師語錄三卷三冊》、宋淳熙八年（1181）尤袤貴池刊理宗間遞修本《文選六十卷三十二冊》等，而這些書同時也是由沈仲濤先生所捐贈的。

（五）莫友芝（1811～1872）

字子偲，別號邵亭、紫泉，晚年又號眲叟，少喜聚書，精小學訓詁，旁及金石目錄家言，治詩尤精，又工眞行篆隸書〔註65〕，與鄭珍〔註66〕齊名。世居江南上元。曾多次進京考試，凡進京皆會到琉璃廠蒐購圖書。

琉璃廠乃北京一街市名，在正陽門西南，原名海王村，元明兩代曾於此設琉璃窯及廠，故名。後來出現書坊業，清乾隆間開設四庫館，營業者更多，古籍、書畫、古玩充斥期間，吸引文人墨客雲集其地，「琉璃廠書肆」遂聲名大噪。百餘年來，形成文化市區，不僅爲古籍聚散出入場所，不少書肆亦多自行刻印社會需用書籍以出售，如善成堂、聚珍堂、通學齋、邃雅齋等〔註67〕。莫友芝也在此認識了不少學者好友，其中一位好友鄭珍有〈病中絕句二首〉之一詩形容：「莫五璃廠回，又回璃廠路；似看銜書鼠，寂寂來復去〔註68〕。」道出莫友芝流連書肆之貌。莫氏更把所經眼的善本，寫成《宋元舊本經眼錄》和《邵亭知見傳本書目》，有此二書可看出他所見之書頗豐。其藏書傳至其子莫繩孫，便不斷散出。

他的藏書章有「莫友芝」、「子偲」、「莫印子偲」、「莫友芝圖書印」、「邵亭長」、「莫氏秘笈之印」、「獨山莫氏銅井文防藏書印」、「則心弟五」、「獨山

〔註65〕著有《宋元舊本書經眼錄》等書。參見瞿冕良：《中國古籍版刻辭典》（濟南：齊魯書社，2006），頁635。

〔註66〕鄭珍（1806～1864），清貴州遵義人，字子尹，晚號柴翁，曾任荔波訓導，精通文字音韻學。參見瞿冕良：《中國古籍版刻辭典》（濟南：齊魯書社，2006），頁395。

〔註67〕關於琉璃廠書肆，可參考孫殿起：《販書偶記》（上海市：上海書店，1991），卷八。

〔註68〕（清）鄭珍：《巢經巢集》（臺北市：中華書局，民54），卷四。

莫氏藏書」。

國家圖書館藏的南宋初刊宋元遞修本《資治通鑑目錄三十卷十二冊》及宋建刊本《新刊名臣碑傳琬琰之集存五十六卷十一冊》，書上便鈐有「子偲」朱文長方印及莫友芝的首書題記。

（六）張蓉鏡（1821～1850）

字芙川，蘇州昭文縣人。其祖父張應曾，藏書頗豐，其父張燮（1753～1808），自奉甚檢，但買起書來卻不計所費，當時人將他與黃丕烈稱爲「兩書淫」。張蓉鏡最特殊的習慣是常在空白書葉上用鮮血寫「佛」或「南無阿彌陀佛」〔註69〕，以祈求圖書不受災厄。

藏於國家圖書館中鈐有「蓉／鏡」白文方印的宋版書中，無論是南宋末年刊本《小學史斷二卷二冊》，或南宋末期刊本《忠經纂註一卷一冊》，或宋刊大字本配補清昭文張氏雙芙閣影鈔清陳世傑仿宋刊本《錢氏小兒藥證直訣三卷三冊》，或宋紹興十五年（1145）湖州報恩光孝禪寺刊本《冥樞會要三卷六冊》，或南宋末期刊本配補明初仿宋刊及鈔本《伊川擊壤集二十卷集外詩一卷六冊》，或宋紹興二十一年（1151）兩浙西路轉運司王珏刊宋元明初遞修本《臨川先生文集一百卷四十冊》，或宋紹熙間建刊本《隋書存二卷二冊》，或宋紹熙間建刊本《隋書存一卷一冊刊本》，皆無血字，僅在一部明嘉靖十五年（1536）抄本《對客燕談》中，有血寫一「佛」字〔註70〕，十分珍貴。

其藏書章有張燮「虞氏張氏」、「琴川張氏」、「清河伯子」、「蘿藦亭長」、「張氏圖籍」。「芙川鑑賞」、「曾藏張蓉鏡家」、「芙川張蓉鏡心賞」、「蓉鏡心賞」、「虞山張榮靜鑒藏」、「琴川張蓉鏡鑑賞眞蹟」、「虞山張蓉鏡鑑定宋刻善本」、「蓉鏡珍藏」、「小嫏嬛福地」、「小嫏嬛清秘張氏收藏」、「在處有神物護持」、「雙芙閣」。

（七）陸心源（1834～1894）

字剛甫（也作剛父、剛夫），一字潛園，號存齋，晚號潛園老人，浙江歸

〔註69〕國家圖書館之明嘉靖丙申（十五年，536）姚咨傳鈔秦艾齋摘錄本《對客燕談》中有血寫「佛」字。而於《鐵琴銅劍樓藏書目錄卷二十》載宋刊本《伊川擊壤集》中有血寫「南無阿彌陀佛」，臺灣所藏之宋刊本《伊川擊壤集》中則未見。

〔註70〕關於張蓉鏡血寫「佛」字一事，參考劉兆祐：《認識古籍版刻與藏書家》（臺北市：臺灣書局，民86），頁276。

安人，咸豐九年（1859）舉人，光緒間官至福建鹽運使。任官其間，尤其重視文化事業，所致興義學，鼓勵讀書，修復「安定」、「愛山」等書院，陸心源頗有家產，無其他嗜好，獨好藏書，先後購得上海藏書家郁松年「宜稼堂」與周星貽的藏書。郁松年的藏書得自汪士鐘、黃丕烈、錢謙益等著名藏書家，有不少罕見秘籍。

陸氏經過十餘年的購買，藏書達十五萬卷，為清代後期全國四大藏書家之一，其中有兩百部的宋版書，所以書齋就取名為「皕宋樓」。陸心源與瞿氏家族一樣，皆把藏書供給世人閱讀，可惜的是，陸心源去世後，家道中落，其子陸樹藩有意賣書，當時日本正為大量古籍被楊守敬買走而後悔不已，於是遠赴中國，將陸氏所藏四千一百四十六部，舶載東去，不僅成為日本靜嘉堂文庫的鎮庫之寶，更將日本所藏原缺史部、集部，得以完整。

陸心源的書賣到日本後，日本著名的漢學家島田翰寫了一篇〈皕宋樓藏書源流考〉，文末得意的說道：

> 昔遵義黎蒓齋駐節我邦，與宜都楊君惺吾購求古本，一時為之都市一空。數窮必復，陸氏之書，雖缺四庫附存本、道藏及明季野乘，不無遺憾，而予知今之所獲，倍蓰於昔日所失也，然則此舉也，雖曰於國有光可矣！〔註71〕

近代藏書家董康在〈刻皕宋樓藏書源流考題識〉中說：

> 陸氏藏書志所收，俱江浙諸名家舊本，古芬未墜，異域言歸，反不如臺城之炬，絳雲之爐，魂魄猶長守故鄉也，為太息者累日。〔註72〕

道出當時知識分子的感傷。

如今在臺灣國家圖書館中僅藏一部鈐有「皕宋書藏」朱文長方印的北宋末南宋初間公牘紙印本《李賀歌詩編四卷集外詩一卷二冊》。

其藏書章有「陸心源印」、「陸印心源」、「心源長壽」、「吳興陸氏皕宋樓珍藏印」、「歸安陸心源字剛父印」、「存齋讀過」、「十萬卷樓」、「守先閣」、「存齋又稱潛園」、「存齋大利」、「皕宋樓」、「光緒戊子湖州陸心源捐宋國子監之書匱藏南學」、「書淫」、「嶺南東道兵備使者」。

（八）楊守敬（1839～1915）

字惺吾，一作星吾，湖北宜都人，晚號鄰蘇老人，同治元年（1862）舉

〔註71〕參見劉兆祐：《認識古籍版刻與藏書家》（臺北市：臺灣書局，民86），頁291。
〔註72〕參見劉兆祐：《認識古籍版刻與藏書家》（臺北市：臺灣書局，民86），頁292。

人。光緒六年至十年間（1880～1884），何如璋出任第一位日本公使，楊守敬為其秘書，由於歐陽修〈日本刀歌〉一詩的啓示，產生在日本蒐羅「佚書」的念頭，當時正是日本明治維新時期，一般人不重視中國的古書，楊守敬每天一有空就到書肆閒逛，一見到中國舊版書即購買，不到一年，就以賤價購得了三萬多卷我國流落在日本的善本古籍，並擇取其中國內久佚者，與諸家譜錄參互考訂，凡有異同，及罕見者，皆甄錄於《日本訪書志》中，其中宋元刻本就有六十四種。楊守敬為了搜得更多的古書，與一位日本醫生森立之〔註73〕交遊甚好。森立之，字立夫，是一位好古之士，曾撰《經籍訪古志》，楊守敬即根據此書的記載，順利購得大量中國古籍。若遇到不肯把家藏古籍變賣者，楊守敬就用古今石刻文字交換，因此頗有收穫。

　　光緒十年（1884），楊氏歸國，將書藏於「觀海堂」。他的後人將書售於政府，現在大部分的藏書存放在臺灣故宮博物院中：宋建安劉叔剛刊元明遞修本《附釋音毛詩注疏存八卷五冊》、宋建陽刊元明修補十行本《附釋音周禮註疏存三十六卷七冊》、宋紹興間衢州刊元明修補本《三國志六十五卷二十八冊》、宋刊元明遞修本《周書五十卷十二冊》、宋紹熙間建陽書坊刊巾箱本《東萊先生標註三國志詳節二十卷三冊》、宋咸淳三年（1267）建安祝氏刊本《新編方輿勝覽七十卷二十冊》、宋建安環溪書院刊本《新刊仁齋傷寒類書活人總括七卷二冊》、宋淳祐五年（1245）刊本《備急灸法一卷騎竹馬灸法一卷竹閣經驗備急藥方一卷一冊》、宋建安環溪書院刊本《醫學真經察脈總括一卷一冊》宋刊影鈔配本《嚴氏濟生方十卷五冊》、宋建安環溪書院刊本《新刊仁齋直指方論二十六卷六冊》、宋建安環溪書院刊本《新刊仁齋直指小兒方論五卷二冊》、宋末建陽書坊刊本《新編翰苑新書存三十八卷七冊》、宋建安余仁仲萬卷堂刊本《類編秘府圖書畫一元龜存五卷一冊》。另包含北平圖書館的宋刊本《安吉州思溪法寶資福禪寺大藏經目錄二卷二冊》。

　　而在國家圖書館也有不少部書：宋建刊元明修補本《附釋音春秋左傳註疏存三十卷六冊》、宋建刊明正德十六年（1521）遞修本《附釋音春秋左傳註疏六十卷二十四冊》、南宋初刊宋修十二行本《五代史記七十四卷十八冊》、

〔註73〕　森立之（1807～1885），是江戶後期日本傑出的醫學家、文獻學家與考據學家，主要著作尚存《素問考注》、《神農本草經考注》等等。參見郭秀梅：〈江戶考證醫學初考——森立之的生平和著作〉，《新史學》14 卷 4 期（民 92.12），頁121～156。

宋建刻本《唐宋孔白六帖存四十二卷二十冊》、南宋末年建刊本《新編婚禮備用月老新書二十四卷八冊》、宋寶祐元年（1253）刊本《五燈會元二十卷二十冊》、宋紹興末饒州董氏集古堂刊本《重廣眉山三蘇先生文集存三卷一冊》。

書中多鈐有「星吾海外訪得秘笈」、「星吾在東瀛訪得秘笈」、「宜都楊氏藏書記」、「飛青閣藏書印」、「激素飛青閣藏書記」等章，因這批書曾流於海外，故也能叢書中看到如「島田氏雙柱園藏書記」、「薩摩國鹿兒島郡寺田盛業藏書記」等日人的藏書章。

（九）繆荃孫（1844～1919）

字炎之，一字筱珊，也作小珊，晚年居所曰「藝風堂」，因此自號「藝風老人」。曾為許多官僚、大藏書家校勘、整理古籍。過眼琳琅，抄校考訂，日益博通。他也喜好藏書，常瀏覽琉璃廠書肆，典衣購取，購得翰文齋書肆中的一批宋元精本，也曾至國外搜求。當丁炳要出售其書時，唯恐被日本收購，故以七萬元購得丁氏藏書。後又在內閣大庫檢出部分南宋古籍。這些大部分所藏皆充實了繆氏所創辦的江南圖書館。

其藏書章有「繆」、「荃孫」、「藝風堂」、「藝風審定」、「巷芬室」、「藝風珍密」、「雲自在龕」、「雲輪閣」、「繆印荃孫」、「小珊三十年精力所聚」、「曾經藝風勘讀」、「荃孫手斠」、「藝風堂藏書」、「江陰 繆荃孫字炎之印」、「江陰繆氏藝風堂精鈔善本」。

臺灣在國家圖書館可見到這些藏書章：宋嘉泰間陳芾刊本《樂書正誤一卷一冊》、南宋初期刊明初以前修本配補明弘治嘉靖間修本《宋書一百卷五十四冊》、南宋初刊宋修十二行本《五代史記七十四卷十八冊》、宋咸淳三年（1267）刊本《新大成醫方十卷四冊》、宋紹興二十一年（1151）兩浙西路轉運司王珏刊宋元明初遞修本《臨川先生文集一百卷四十冊》（首冊開卷扉葉粘有繆荃孫、張鈞衡（石銘）之手札。）、宋乾道間刊補配本《聖宋文選全集三十二卷十二冊》。

（十）葉德輝（1864～1927）

字煥彬，一字漁水，號郋園，一號直山，自屬朱亭山民、麗廔主人。湖南長沙人。其藏書室叫「觀古堂」，藏書部分是先人所遺，多數是他數十年所陸續搜求而來，如到琉璃廠的書肆；向著名藏書家昆山顧氏、元和惠氏、嘉定錢氏購得部分；又從長沙袁芳瑛的「臥雪廬」，購得珍貴的宋元版書。他所

編刊的《觀古堂書目叢刻》，爲士人所重視的工具書，在學術界有一定的貢獻。

其藏書章爲「德輝」、「煥彬」、「奐份」、「煥份」、「郋園」、「麗廔」、「奐份審定」、「德輝私印」、「葉印德輝」、「麗廔珍藏」。在國家圖書館中的南宋末年建刊本《新編婚禮備用月老新書二十四卷八冊》、南宋末年刊配補元刊本《西山先生眞文忠公文章正宗存六卷又目錄一卷八冊》可見。

（十一）沈德壽

字藥庵，慈溪人。晚清浙江著名藏書家，自幼愛好古人書畫及歷朝諸家尺牘，遇有所獲，必詳其姓氏，識其眞僞。采拾二十年，屬目者數千件之多。其在《抱經樓藏書志》自述道：「我那敢自吹珍藏，是爲了存前人之眞跡，貽後人借鑒而已。〔註74〕」到光緒十年（1884），他開始兼收故家藏書，相繼十六年不遑他事，惟書是求。遇有不成卷帙及亡其版者，出資精鈔。生活上雖僅溫飽，但每見異書，傾囊必購。不解者遇而笑之〔註75〕，他卻認爲自己平素志願於此，願薄富貴而厚於書。至民國年間，他又從上海書商購回約一萬卷「二老閣」散失之藏書，至此藏書達三萬五千餘卷，後仿湖州陸氏心源「皕宋樓」藏書志例編撰《抱經樓藏書志》六十四卷。

臺灣國家圖書館有其舊藏的宋嘉泰四年（1204）刊明南監修補本《麗澤論說集錄十卷八冊》、宋開慶元年（1259）湯漢等福州刊本元明修補本《西山先生眞文忠公讀書記甲集三十七卷三十二冊》、宋開慶元年（1259）湯漢等福州刊本《眞西山讀書記存乙集上大學衍義四十三卷三十冊》等。

除上述之外，當然還有不少清代藏書家的遺緒，如晚清張鈞衡（1872～1927）〔註76〕、張乃熊父子的適園藏書，在臺灣多存於臺灣國家圖書館中。或如宋紹熙間（1190～1194）眉山程舍人宅刊本《東都事略》卷末有張乃熊的手書題記；南宋初刊宋元遞修本《資治通鑑目錄》有莫友芝的手書題記等等。其中也有不少清代名家的手跋及觀款，如在毛扆和張蓉鏡先後藏有的南宋末刊本《忠經篆註》卷首扉頁中，有道光十五年（1835）李兆洛〔註77〕手跋，

〔註74〕（清）沈德壽：《抱經樓藏書志》（民國十三年（1924）慈谿沈氏排印本）。
〔註75〕吳辰伯：《江浙藏書家史略》（臺北市：文史哲，民71），頁33。
〔註76〕張鈞衡（1872～1927），近代吳興烏程人，字石銘，號適園主人，富藏書，輯刻印過《適園叢書》十二集七十二種，《擇是居叢書》十三種四十一卷。參見瞿冕良：《中國古籍版刻辭典》（濟南：齊魯書社，2006），頁303。
〔註77〕李兆洛（1769～1841），清江蘇陽湖人，字申耆，晚號養一老人，嘉慶進士，工詩古文，尤長輿地之學，罷官後主講江陰暨陽書院近二十年，著有《養一

序前有一行道光六年（1826）孫原湘觀款，序後有嘉慶五年（1800）錢大昕〔註78〕觀款、道光十年（1830）楊希銓〔註79〕觀款。在王安國序後則有道光十年（1830）方若蘅，張革跋及有道光十一年（1831）邵淵耀〔註80〕，辛卯蔣因培觀款。封底內葉有錢天樹、王宗誠手跋。在眾多清代名人的遺緒下，爲此部書增添更多的光環與故事。

　　總觀清朝主要的藏書家及名人，從清初朱彝尊、至清中期黃丕烈、最後到清末的南瞿北楊，臺灣公藏宋版書皆經過其洗禮，宋版書的活動儼然成爲清代私家藏書文化的縮影，清代名家保存文化典籍的辛勞，反映出清代學者在繼承、整理文獻方面超越了前人的貢獻。

　　中國秘府藏書，總是經歷聚而有散，散而又聚的反覆旅程，民間的藏書也不例外，其書籍變動更甚於前。雖然部分重要藏書家如盧文弨、鮑廷博、阮元、丁丙等人，在臺灣未見其所藏宋本，然以上凡十餘位，不是清代名人，就是大藏書家；雖然臺灣公藏宋版書的藏量與當時名家所收藏之數萬卷相比留存不多，但總是能見其冰山之一隅。於是在探究古籍版本的同時，也能一窺當年藏書家的心路歷程、流動過程與傳承關係。

　　　　　齋文集》、《歷代輿地沿革圖》等。參見《中國歷代人名大辭典》（上海市：上海古籍出版社，1999），頁246。

〔註78〕錢大昕（1728～1804）清江南嘉定人，字曉徵，號辛楣，又號竹汀，室名潛研堂，乾隆十九年（1754）進士，累仕少詹事，督學廣東。歷主鐘山、婁冬、紫陽書院，精研群籍，於經史文義、音韻訓詁、典章制度、氏族地理、金石、畫像、篆隸、天文曆算，無不曉通，著有《潛研堂全集》等。參見瞿冕良：《中國古籍版刻辭典》（濟南：齊魯書社，2006），頁640。

〔註79〕楊希銓，字硯芬，景仁仲子。登嘉慶十六年進士，入翰林。分校鄉會，試典河南四川試，累遷陜西廣東京畿道監察御史，權禮科刑科給事中，初爲四川潼川知府。丁父憂服，闕補廣東惠州知府，署肇慶府。惠潮嘉道，以母憂歸，遂不復出。初至惠郡時，連平州土匪突入境，希銓設法散其脅從，會協鎮擒首逆謝青頭，餘黨悉盡。肇慶羚羊峽水勢如建瓴，希銓建橋二十四，通縴挽之路二萬五千餘丈，行旅稱便。惠州有黃塘、鐵場，兩鄉爭博羅石陂水利，奸徒揭僞示，煽惑鄉愚，釀成械鬥。希銓檢舊案印文，勘破其僞，不煩兵而爭息。其權惠潮嘉道也。汀河水發，大埔、豐順、海陽被衝成災，希銓履勘倡捐，民居不日修復。龍川民李國棟誣控人命，久漠決，親讞三晝夜，盡得其情，所至盡職，不爲赫赫名。諫垣條議皆自焚其草，曰：吾非沽譽也。歸田後。以文字自娛，著有《莪畦詩文稿》六卷。參見（清）鄭鍾祥等修、龐鴻文等纂：《重修常昭合志》（臺北：成文出版社，民63年6），頁1729～1730。

〔註80〕邵淵耀，清嘉慶間江蘇常熟人，字充有，號環林，嗜學，工詩古文。瞿冕良：《中國古籍版刻辭典》（濟南：齊魯書社，2006），頁343。

　　由此可見，臺灣公藏宋版書不僅是歷朝歷代秘府之秘藉，也是清代有名學者的閨中寶物。在這種藏書文化的授受源流中，一是可分辨奇書異本的真偽，二是可以根據古代藏書家來評定書籍價值（其價值述於第五章），由此便不難發現臺灣所藏的重要所在了。

第三節　宋代各種刊本齊全

　　宋代的刻書事業，伴隨著經濟發展而興盛起來，促使機關及個人皆參與刻書出版活動，官刻私雕同時並舉。對於宋代官私出版系統，諸家學者有不同的劃分。如魏隱儒《中國古籍印刷史》〔註81〕中將宋代刻書分爲官刻本、家刻本、坊刻本三類。「官刻本」指的是政府各機關刻印之書；「家刻本」指的是士大夫們的私家刻本，又稱「家塾本」；「坊刻本」指的是一般書商刻印的書。這是比較常見的劃分法。其他不一樣的分類法，如李致忠認爲：「宋代刻書機構，按期投資及經營的性質，大體可分爲官刻、私刻和民間刻三大系統〔註82〕。」其中「私刻」包括書棚、書坊、書肆、書籍舖等刻書；「民間刻」指的是像寺院、道觀、祠堂等依靠民間力量集資刻書。肖東發《中國圖書出版印刷史論》〔註83〕則將歷代刻書劃分爲六大系統：寺院刻書、民間坊刻、中央政府刻書、地方政府刻書、私家刻書、官司兼具的書院刻書。屈萬里及昌彼得合著的《圖書版本學要略》〔註84〕將宋代刻書分爲北宋內府本、北宋地方官刊本、北方私家刊本及訪刊本、南宋監本、南宋地方官刊本、南宋私家刊本及坊刊本。

　　總括來看，大致可分爲兩大系統：官府刻書及民間刻書。官府刻書包括國子監及司、庫、州、軍、府、縣等；民間刻書包括私宅刻書、書坊刻書以及寺院、道觀等民間機構的刻書。

　　但這之中另有一問題，即宋代文人在出任地方官員時，主持刊刻的圖書究竟屬官刻還是私刻本，歷來都有模糊不清的狀況。按以上諸家著錄中來看，

〔註81〕魏隱儒：《中國古籍印刷史》（北京：印刷工業出版，1988），頁10。
〔註82〕印刷工業出版社編：《中國印刷史料選輯》之三《歷代刻書概況》（北京：印刷工業出版社，1991），頁50。
〔註83〕肖東發：《中國圖書出版印刷史論》（北京：北京大學出版社，2001），頁31。
〔註84〕屈萬里、昌彼得：《圖書版本學要略》（臺北市：中華文化出版事業委員會，民42），頁33。

有的按照官府機構名稱著錄，有的按照主持刻書官員名稱著錄，自然以前者歸入官刻本，後者則歸入私刻本。如陸游於淳熙十四年（1187）在嚴州知府任中，主持自己的著作《新刊劍南詩稿》，一般著錄「嚴州郡齋本」，屬於官刻本，而其子陸子遹在任溧陽縣令期間，主持在溧陽學官（即縣學）刊刻父親的著作《渭南文集》，因此本避諱家諱「游」字，多被認為是私刻本。由此可見，在區別文人學士任地方官期間所刻書的性質方面，恐怕還需要經過具體的分析，不能一概而論。

　　因本節乃要闡述臺灣公藏宋版書囊括各種刊本的狀況，仍大致以第二章所用的「官刻」及「私刻」作分類，並就刻書狀況作一概述：

一、官刻

（一）中央官刻

　　各朝國子監所刻印書籍統稱「監本」，為官刻本的一種，也是官刻本的代表。國子監亦稱國子學，簡稱國學，是宋代的教育機關和最高學府。晉武帝咸寧二年（276）始設，與太學並立。南北朝時，或設國子學，或設太學，或兩者同設。北齊改名國子寺。隋煬帝時改名國子監。此後的唐、五代、宋、明、清沿用。元代雖設國子學、蒙古國子學、回回國子學，但亦別稱國子監。

　　國子監刻書始於五代後唐明宗長興三年（932）宰相馮道李愚請令判國子監事田敏校定「九經」。宋代國子監刻書規模和刻印範圍比五代時要大得多。景德二年（1005），距建國僅四十餘年，經、傳、正義皆經過校勘，刻版印行，所集書版十餘萬塊。到北宋末年，正史亦由國子監全部校刻行世。

　　五代的國子監本早已不見蹤影，今存極少的北宋內府監本散存海內外，其中有數種被認為可能是國子監刊印的遺物〔註85〕，而可以完全確定為北宋所刊印的書籍，存世的只有太宗後所雕版的藏經殘本。

　　今存於臺灣傅斯年圖書館中的《史記一百三十卷四十冊》，應為北宋末年重新校刻的正史，據大部分文獻記載均著錄為「北宋景祐監本補配南宋黃善夫本及元饒州路儒學本」，且此部中，無論是民國九年（1920）曹元忠題跋，

〔註85〕有關散存海內外被認為可能是國子監本者，參見宿白：〈現存釋典以外的北宋刊印書籍的考察〉，《唐宋時期的雕版印刷》，（北京：文物，1999），頁63～70。

或是民國三十年（1941）郭虁雲題記、沈曾植〔註86〕題跋及傅增湘手書題記，也都認爲此書爲北宋景祐監本，然阿部隆一依據南宋藏經中的刻工作比較，認爲此部應爲南宋初刊南宋前期修本〔註 87〕。縱使此部書有所爭議，卻仍是存於臺灣最早的宋代監本。

靖康之難後，汴京被劫，國子監書板俱遭焚燬。若要一窺北宋監本的原貌，就只能憑藉南宋翻刻本了，如國家圖書館的南宋初期覆北宋國子監刊元及明初遞修本《史記存一百二十六卷三十冊》、故宮所藏的南宋國子監刊大字本《爾雅三卷三冊》及宋嘉定間國子監刊本《增修互註禮部韻略五卷十六冊》等，就是據北宋刻本所翻雕的。

另外有四部皆是紹興間刊本，如故宮北平圖書館藏的《漢書》及《後漢書》各兩部。李新傳云：

> 監本書籍，紹興末年所刊，國初艱難以來，固未暇及。九年九月，張彥實待制爲尚書郎，始請下諸道州學，取舊監本書籍，鏤板頒行，從之。然所取多殘闕，故胄監刊六經無禮記，正史無漢書。二十一年五月，輔臣復以爲言。上謂秦益公曰：「監中其他闕書，亦令次第鏤板。雖重有賞，不惜也。由是經籍復全。〔註88〕

據此，北宋監本於紹興時均曾重刻，再對證今日所傳世的單疏本群經及正史，都是紹興時監本，可確認此說法無疑。

監本以精校精審爲風格，以重要的經史圖書爲範圍，紙墨精良，刀法精緻。宋監本多爲浙本。監本又分爲北宋監本、南宋監本。

南北宋國子監所刻書並非都是由國子監所雕，亦有國子監校勘後下杭州、成都鏤版爲書者。如《七經正義》、《史記》、《漢書》、《資治通鑑》諸書，都由杭州鏤版，這部分於下一小節「地方官刻」中闡述。

〔註86〕 沈曾植（1850～1922），晚清浙江嘉興人，字子培，號乙盦，晚號寐叟，進士，居刑部時專研古今律令書。1898 年張之洞聘其爲兩湖書院講席，旋入京，調外交部，負日考察學務。1908 年，在皖代理巡撫，興實業，辦選紙廠。1917 年參與張勳復辟，被任爲「學都尚書」，復辟失敗後，閒居上海。著有《漢律輯補》。參見徐友春主編：《民國人物大辭典》（石家莊市：河北人民出版社，1991），頁 433。

〔註87〕 （日）阿部隆一：《增訂版中國訪書誌》（東京：汲古書院，1983），頁 625～629。

〔註88〕 （宋）李心傳：《建炎以來朝野雜記》（臺北縣永和鎮：文海，民56），卷四，頁 182～183。

（二）地方官刊本

　　南宋時期，因內府物力艱難，中央政府的刻書已衰微，所謂的國子監本大部分是令各州郡刊刻的，故宮博物院的《漢書一百二十卷四十冊》即爲南宋福唐郡庠覆刊景祐年間國子監刊本即爲此類。南宋時期，各地方官府的刻書迅速發達起來，其中包括各級各類機構，如各州、軍、府、縣政府、各路使司、公使庫、官學等等，多校刊審慎，刻印精美。

　　南宋時期參與刻書的地方官府機構名目繁多，僅以現存宋版書中所題，就有郡齊、縣齋、郡學、郡庠、府學、州學、軍學、縣學、縣庠、學官、學舍、轉運司、安撫使司、茶鹽司、漕台、漕治、漕司、倉司、計臺、公使庫、茶鹽司公使庫等多種名目。臺灣所藏宋版書依此名目作總計，約有八十四種爲地方所刊刻：

地方官府機構	書數
臨安府	1
福州路提舉史季溫	7
兩浙東路	1
兩浙西路轉運司王珏	2
兩浙東路茶鹽司	3
撫州公使庫	1
宋淳熙間撫州公使庫刊配補乾道江陰軍學本	1
廣東漕司	1
淮東倉司	1
嚴州	2
婺州	1
明州	1
池州	1
衢州	3
黃州	2
吳郡	1
鄂州	1
趙與懃湖州	9
李壽朋平江府刊（吳郡守）	1

壽州郡守李埴	1
贛州州學	6
鄱陽郡齋	5
眞德秀溫陵郡齋	3
洪仮宣州郡齋	1
章貢郡齋	1
同安郡齋	1
新安郡齋	3
九江郡齋	3
江南宛陵郡齋	5
吳郡學舍	1
嚴州郡庠	1
福唐郡庠	6
臨江郡庠	1
鎮江府學	1

　　由此表可見，最多的是郡齋刊本。郡齋即郡守（宋代府州仍保留郡名，郡守即府州一級長官）起居之所，陸游曾云：「近世士大夫，所致喜刻書板〔註89〕」，因朝廷重視地方官學的設立，當宋代士人在各地任官時，既有財力保障，又有充裕的校刊人員，州府的官學刻書產量相當豐盛，縱使歷經數代更替，也有不少的刻本傳世，這大概也與府州一級機構數量遠遠大於路級機構有關。又根據宿白的研究，南宋初期，臨安府是集中刻工最多也是歷時最久的地點，今臺灣東海大學所存藏的《西漢文類存十六卷八冊》即爲臨安府所刊刻，唯研究臨安府刻書的重要材料之一。至於縣齋、縣學屬三級官署，財力較弱，今存本較少，臺灣在故宮博物院卻藏有一部，即趙時棣〔註90〕大庚縣齋心經一卷《心經一卷附政經一卷一冊》，相當寶貴。

　　宋代諸道及諸州皆設公使庫，以供應往來官員膳宿費用，允許其經營收利，故宋代公使庫富資財，因而也進行刻書，其行格疏朗、開版宏闊、紙潔墨瑩，尤其是故宮博物院所存藏之兩浙東路所刻的《論語註疏解經存十卷一

〔註89〕張秀民：《中國印刷史》（上海：上海人民出版社，1989），頁55～59。
〔註90〕趙時棣，南宋淳祐間人，字宗華，任大庚令時刻印過其師眞德秀《心經》。參見瞿冕良：《中國古籍版刻辭典》（濟南：齊魯書社，2006），頁421。

冊》，其爲義疏合於經注之始，文學研究者無不趨之若鶩。

臺灣所藏宋版書中，由官府刊刻者，從南宋路一級官署的刻書，至中間州府軍一二級官署的刻書，到最低一級，存本較少的縣級單位刻書皆有，司、庫、軍、郡、府、縣，從上至下，一脈連貫，涵蓋範圍廣，是研究宋代官刻史最珍貴的佐證資料。

二、私刻

蘇軾在《李氏山房藏書記》云：「近歲市人轉向摹刻諸子百家之書，日傳萬紙，學者之於書，多且易至如此〔註 91〕。」說明當時京師開封民間雕刻印賣書籍的眞實記錄。南宋時，私家及坊肆刻書之風大盛，有的精校愼刻，以嘉惠學林；有的雕以粳木，印以劣紙，以圖賤價易售。以下依據種類及刻書地分別敘述私家刻書的臺灣公藏宋版書：

（一）寺觀

佛教對中國而言是外來的宗教，自兩漢之際傳入後，便與中國傳統文化有所衝突、有所吸收、也有所融合。特別是作爲中國文化主體的儒士，一直都以「綱常倫理」和「夷夏之辨」來責難佛教，韓愈便是一例。到了宋代，雖然仍有石介、李覯、歐陽修等人的排佛，但佛教在中國已歷經千年，根深蒂固難以動搖，許多士大夫如張商英、劉謐等都主張護法並調和儒釋道三教〔註 92〕。因此宋儒除了研習傳統的經史子集外，頗多涉獵佛教經典，茹素參禪，甚至參與佛教經典的編寫，如翰林學士楊億的《景德傳燈錄》；也有的投入佛典的刻印工作，如密州觀察使王永從失財鐫刻整部的《圓覺藏》；有的則校刻單行本，如夏竦刊印的《妙法蓮華經》。

民間也有刊刻佛經者，然佛經冊數非常大，紙墨價高，非一般人所能刊刻的，因此大部分私刻皆是由寺廟或集合眾人所刊刻，在臺灣公藏宋版書中佛道經典即有六十二部，幾乎都是由寺廟所刊刻，如北宋末期福州東禪等覺院刊大藏經本《羅摩伽經存二卷二冊》等；集資所刊刻者，如宋紹興間集貲刊本《翻譯名義集存一卷一冊》等。這些經典規模宏大，影響深遠。

〔註 91〕（宋）蘇軾：《蘇軾文集・李氏山房藏書記》（長沙市：岳麓書社，2000.08），第二冊，卷十一，頁 359。

〔註 92〕胡進杉：〈記院藏存世最早的木活字版圖書——西夏文《大方廣佛華嚴經》〉，《故宮文物月刊》301 期（2008.04），頁 36～45。

其中較重要的是藏於故宮博物院的宋皇祐三年（1051）刊本《妙法蓮華經》。在佛經中，《妙法蓮華經》是很重要的一部，因其流通以來，「自漢至唐六百餘祀，受持盛者，無出此經〔註93〕。」其次在宋代，要成爲僧侶有三個途徑，其中之一是經過國家考試及格，發給度牒，方爲正式的僧侶，而據《佛祖統紀》的記載，北宋考的就是《妙法蓮華經》，可見本經的重要與需求之殷。本部字體爲「歐體」字，大約半吋，鏤刻精審，筆畫如書，墨色純厚，版是大方疏朗，全經無一補版，刷印於宋代名紙「金粟山藏經紙〔註94〕」上，保存良好，爲北宋刻本中不可多得的佳作。每冊還以檜木作爲封底，封面中央刻有金字「大乘妙法蓮華經卷第幾」等字。它原藏於清朝鍾粹宮，曾著錄於《秘殿朱林續編》，外附錦盒，函面中央以藍線鑲隸書「宋本妙法蓮華經，臣彭元端恭進」十三字，表明是彭元端所進呈入宮的，書中鈐有「乾隆御覽之寶」、「祕殿珠林」、「祕殿新編」、「珠林重定」、「嘉慶御覽之寶」、「宣統御覽之寶」、「乾精宮鑑藏寶」、「乾隆鑑賞」等內府收藏章。

（二）私宅家塾坊肆刻本

私宅刻書指的是官僚、富紳、文人學士等私人出資刊刻圖書。他們或校刻經典文籍，或將自己和前輩著作刊刻行世，這類刻書大多以發揚學術、傳播文化爲目的，並不以授賣營利爲目標。坊刻本指的是坊肆書舖刊刻圖籍，這類書主要以售賣獲利爲目的。關於私宅刻書與書坊刻書的區別問題，諸家著作中有許多不同的看法，主要集中在私宅刻書方面，如張秀民在《中國印刷史》中列舉中眾多建寧地區書坊後指出：「其中以私家宅塾名者，當亦爲書

〔註93〕 胡進杉：〈夏竦遺珍 北宋佳槧（上）——記院藏宋皇祐三年刊本《妙法蓮華經》〉，《人生雜誌》283 期（2007.03），頁 114～117。

〔註94〕 宋代名紙。金粟山在浙江省海鹽縣西南，山下有金粟寺，寺中藏有北宋品質優良的大藏經紙，紙上有朱印「金粟山藏經紙」。明代董穀《續澉水志》（1557）說：「大悲閣內貯大藏經兩函，萬餘卷也。其字卷卷相同，殆類一手所書，其紙幅幅有小紅印曰『金粟山藏經紙』。間有元豐年號（1078～1086），五百年前物也。其紙內外皆蠟，無紋理。」以後，人們多喜用它裝潢珍貴書畫作爲引首。從工藝上看，宋的金粟箋是唐代硬黃紙的延續。經檢驗，證明其原料爲桑皮紙，有的爲麻紙。這種經紙，爲歙州生產，具有濃淡斑紋，又名「金粟箋」。屠隆《箋譜》：「徽州歙縣地名龍須者，紙出其間，瑩白可愛，有黃白經箋，可揭開用之。」即指這種經紙。《金粟箋說》引潘澤民《金粟寺記》：「寺先有宋藏數千軸，皆硬黃複繭，後人剝取爲裝賺用，零落不存，世所傳金粟山藏經紙是也。或雲唐藏矣。」參見高占祥等主編《中國文化大百科全書》（長春市：長春出版社，1994），頁 380。

坊〔註95〕。」由於有關刻書者的資訊很少，在私宅刻書與書坊刻書的判別方面，恐怕難以一概而論，除了少量書中有明確記載外，有些可以由版刻風格、校勘質量等方面加以推測，有的恐怕只能存疑了。故在此節不以私宅或書坊作介紹，而依據目錄中著錄的版本名來分別敘述：

1、黃善夫、劉元起家塾刻本

黃善夫與劉元起都是南宋中葉建陽地區有名的出版家，他們之間還有合作關係。其中又以黃善夫最知名。他們的事蹟史無記載，但任何版本學與印刷史的書籍，在講到宋代建刻本的時候，都會大書特書黃善夫所刻的《史記》、《後漢書》及劉元起的兩《漢書》，並把它們當作宋代建陽刻本的傑出代表。

今在臺灣傅斯年圖書館有北宋景祐監本補配南宋黃善夫本、元饒州路儒學本《史記》及國家圖書館有宋慶元間建安劉元起刊本《後漢書》。《福建古代刻書》中曾云：「黃本《史記》、《後漢書注》與劉元起《漢書注》，很可能同出一家寫刻工人之手，只不過是由劉、黃兩家分別出資而已〔註96〕。」端看臺灣所藏黃善夫配補部分與劉元起刊本相比，其版式、字體、刀法等，確實均有其類似之處。

劉元起於《後漢書》目錄末有「建安劉元起刊於家塾之敬室」牌記，並有慶元四年（1198）劉元起識語云：

> 後漢之書，向者板行牴語尤多。批閱之際，不無遺恨。本位近得京蜀
>
> 善本，參考謄寫，的無舛誤刻梓以傳。天下學士，伏幸詳鑒。〔註97〕

杜澤遜在〈論南宋黃善夫本《史記》及涵芬樓影印本〉中，根據自己的比勘，指出：「黃善夫本《史記》校勘之草率，卻是異乎尋常的〔註98〕。」「閩市惡本的稱呼，不但適宜於黃刻兩《漢書》，同時也適宜於黃刻之《史記》〔註99〕。」

尾崎康也指出：「建安黃善夫、劉元起於家塾之敬室刊刻的三史，因字體獨特，刊印精美而頗為珍貴，但其正文誤字不少，並不是好的讀本〔註100〕。」

〔註95〕　張秀民：《中國印刷史》（上海：上海人民出版社，1989），頁51。

〔註96〕　魏隱儒：《中國古籍印刷史》（北京：印刷工業出版，1988），頁32。

〔註97〕　（日）尾崎康：《正史宋元版研究》（東京都：汲古書院，1989）。參見阿部隆一：《中國訪書志》（日本東京：汲古書院，昭和58年），頁434。

〔註98〕　杜澤遜：《中國典籍與文化論叢・論南宋黃善夫本〈史記〉及涵芬樓影印本》第三輯（北京：中華書局，1995），頁304。

〔註99〕　同上註，頁306。

〔註100〕　（日）尾崎康著，陳捷譯：〈北京大學圖書館藏宋元版史部正史類解題〉，《中國典籍與文化論叢》第一輯，（中華書局，1993），頁337。

當時著名的出版者，卻錯誤百出，雖劉元起於識語說明已得善本與之校對，仍無法將原貌呈現，然其刊刻精美、字體獨特，在在顯現用心之處，可見校勘之功力，非僅有善本即可，校勘者之學識、經驗與謹慎，更爲重要。

阿部隆一也推測說：「三史的校定出版是之敬室同人數人合作之事業，主持者當爲黃善夫。《漢書》看成之後，或黃善夫去世，或有其他變故，於是副主席劉元起成爲代表。他刪削去黃善夫的跋文，改刻劉元起的刊記。推測這次改刻在慶元二年以後，到《後漢書》的刊年慶元四年之間〔註101〕。」

無論阿部隆一的推測是否屬實，兩者的書版實際是相同的。又雖然臺灣所藏之黃劉刻本不若日本、中國大陸齊全，但仍可由此見到典型的建刻本字體，尤其是《史記》爲最早的三家注合刻本，後代多有翻刻，影響深遠。

2、余仁仲刻本

私刻中的建安余氏乃自宋至清初建陽地區的刻書世家，是我國古代經營時間最長、名聲最著的民間書坊，六百多年裡，以南宋余仁仲萬卷堂、元余志安勤有堂、明余象斗三台館最爲著名，而余仁仲爲其中最早也是最有名的一位。

《九經三傳沿革例》中，岳浚列舉了他搜羅的經書版本二十多種，包括監本、蜀本、撫州本、婺州本以及越州本等等，並特別提到「建安余氏本」：「世所傳《九經》，自監、蜀、京、杭而下，有建安余氏、興國于氏二本，皆分句讀，稱爲善本〔註102〕。」其中「建安余氏」就是南宋建陽地區的出版家、萬卷堂的主人余仁仲。

臺灣公藏南宋建安余仁仲萬卷堂刊本中即有此「九經三傳」中的三部，其中《春秋經傳集解存二十六卷十二冊》及《春秋穀梁傳存六卷二冊》已無全本存世，僅留有此二部殘本。《春秋公羊經傳解詁》十二卷存世有兩部，一藏臺灣故宮博物院，另一藏北京國家圖書館中，然臺灣的《春秋公羊經傳解詁》有黃丕烈跋，於卷十二末有版記曰：「余仁仲刊於家塾，癸丑（1193）仲秋重校」，北京圖書館此頁則闕，又讓此部更顯珍貴。

另臺灣還藏有一部規模浩大，由余仁仲所刊刻的《類編秘府圖書畫一元

〔註101〕（日）阿部隆一：《阿部隆一遺稿集》（東京：汲古書院，1993.01），第一卷宋元版〈宋代の慶元版《漢書》──松本圖書館所藏〉，頁514～515。

〔註102〕元岳浚：《九經三傳沿革例》（台北：廣文，民57），頁13。過去多認爲是岳珂所做，經專家考證爲元初岳浚所作。

龜》，此部爲楊守敬於日本所購得，現今各殘本仍藏於日本較多。

3、陳氏書棚本

陳宅書舖是南宋臨安最富盛名的書坊，設肆於棚北大街睦親坊，坊主陳起好學多藝，頗有詩名。刊書以唐人小傳和時人詩集爲主，版式畫一，半葉十行，行十八字，白口，左右雙邊，字面方板，跡近歐體，精麗工整，傳世者甚眾，素爲明清藏家寶愛，史稱「書棚本」。

清曹廷棟《宋百家詩存》，於《藝居小稿・陳起小傳》云：「陳起，字宗之，錢塘人。寧宗時鄉貢第一，時稱陳解元〔註103〕。」此後丁丙《武林坊巷志》據引，廣爲人知。元方回《瀛奎律髓》卷四十二〈寄贈類〉錄南宋詩人劉克莊〈贈陳起〉詩云：

> 陳侯生長繁華地，卻似藝居自沐薰，煉句豈非林處士，鬻書莫是穆
> 參軍。雨檐兀坐忘春去，雪屋清淡至夜分。何日我閒君閉肆，扁舟
> 同泛北山云。

方回在詩下注云：「此所謂賣書陳彥才，亦曰陳道人。予及識此老，屢造其肆〔註104〕。」

陳起刻書，早起以刻唐人小集爲主，臺灣公藏中，陳氏刊本也多是唐人詩集，如《韋蘇州集存一卷一冊》、《唐僧弘秀集十卷一冊》、《張司業詩集存二卷一冊》、《李群玉詩集三卷後集五卷二冊》、《常建詩集二卷一冊》等等。

陳起雖爲書商，卻有名士氣度，常邀詩人來藝居樓書坊中談詩論藝，編輯詩稿。家中藏書隨人借看，書房所刻書籍時寄贈閱。又加上刊行唐詩，而結交了許多浪跡江湖的詩友，於是漸漸開始收集他們的詩作，並擴大到名公貴人的小集，遂以《江湖集》之名，陸續刊行。

丁丙《善本書室藏書志》卷三十八著錄《群賢小集》海寧周春藏舊抄本，八十八卷六十四家，並於提要中道出來源：

> 錢塘吳志上允得嘉得宋槧本，珍秘倍至，同人稍稍傳寫，王漁洋得二
> 十八家，吳尺鳧匯爲六十四家，馬秋玉得六十家，卷各不同。〔註105〕

雍正三年（1725），吳焯爲所得六十四家校勘寫序，序曰：

〔註103〕　（清）曹庭棟：《宋百家詩・藝居小稿陳起小傳》（清乾隆六年（1741）二六書堂曹氏刊本）。

〔註104〕　（元）方回選評；李慶甲集評校點：《瀛奎律髓彙評》（上海市：上海古籍出版社出版，2005.04），卷四十二。

〔註105〕　（清）丁丙：《善本書室藏書志》（臺北市：廣文書局，民56），卷三十八。

陳解元書肆所刻《江湖群賢小集》，曹棟亭（寅）所藏宋印，後歸郎溫勤。今見於家石倉書舍，僅有其半，並無序目可考，版樣亦參差不齊。〔註106〕

清嘉慶六年（1801）石門顧修讀畫齋重刊《南宋群賢小集》，具抄本整理，得七十二家，另收入原來陳起輯本《增廣聖宋高僧詩選》和《中興群工公吟稿戊集》。鮑廷博在顧集跋文中，續說吳序中所及陳起原刻以後的命運：

温勤死，家人欲以書殉葬，吳允嘉以百餘金換得之。吳氏歿，爲属鶵攜歸楊州馬氏小玲瓏山館。乾隆壬辰束，余於吳門錢君景開書肆見之驚喜，予以百金不肯售；許借校讎，才及三分之一，匆索去，以售汪君雪礑。不數年，雪礑克死金閶，平生所藏書畫，盡化爲烟，而是書遂不可踪跡矣〔註107〕。

由上可知，陳起所收之小集，歷經多人之手，原稿已數年未見。然 1947 年，長沙書賈李某偶得原刻《群賢小集》，著錄爲麻沙刷印，間有竹紙，函告好友北京琉璃廠邃雅齋坊主劉英豪，劉英豪以爲是 1921 年上海古書流通處據明汲古閣景宋抄本的影印本而沒有在意。後經輾轉，書由蘇州來青閣書店陽壽祺以十兩黃金之價收購。不久又售予當時中央圖書館館長蔣復璁。

今臺灣國家圖書館所藏之《南宋群賢小集九十五卷三十二冊》即爲陳起原刻之《江湖集》，然本書非一時所刊，乃陸續印行者，故其版匡大小與行款規格未盡一致，但大多左右雙邊，十行十八字，白口，單黑魚尾。至〈學吟一集〉則爲八行十六字。又至王同祖之〈學師初藁〉爲八行十六字，注文小字雙行，線黑口，雙黑魚尾。

南宋陳宅書棚本，歷經八百年風雨轉轉，名流大家遞藏而流傳，已成稀世鴻寶，即便影印覆刻者，亦身價百倍。宋末社會動盪，陳宅書舖當毀於其時，故方回有「肆毀人亡」之嘆〔註108〕。歷經兩代苦心經營的書肆，毀於一旦，令人痛心，但其所刻書籍卻在後世產生巨大影響，傳播文化之美名，每見於學者藏家的著作，臺灣有這樣的珍本存藏，怎能不有「問桐陰門巷，燕

〔註106〕（清）吳焯：《繡谷亭薰習錄三卷》，中華書局編輯部編：《宋元明清書目題跋叢刊》（北京市：中華書局，2006），第十七冊。

〔註107〕任繼愈主編：《中國版本文化叢書·坊刻本》（南京市：江蘇古籍出版社，2002），頁 136。

〔註108〕方回批注趙師秀〈贈麥書陳秀才詩〉，載於《瀛奎律髓彙評》（上海市：上海古籍出版社，2005 年 4 月），卷四十二，頁 1503。

曾相識，吟壺天小，不覺翠篷雲隔〔註109〕。」之感。

三、三大雕版印刷中心

宋代刻書地點遍及全國，其中最著名的刻書地區有三：

（一）浙刻本

以杭州爲中心的江浙地區，即所謂的浙刻本。臨安在北宋時期就是全國的刻書中心，宋氏南渡後，中原地區，尤其是京師開封的雕版良工，紛紛隨書坊遷移進入臨安，而中原的書宦大族、文人士子亦結伴南下，雲集新都。隨著工匠隊伍的壯大和書籍需求者的增加，爲雕版印刷業的進一步發展創造了良好的條件。

臨安的書坊就在這樣的條件下得到迅速發展。南宋臨安書坊迄今有名可考者，據王國維《兩浙古刊本考》以及近代其他藏書家著錄考證，約有九名。其中最有名的即是前述的陳宅書舖，另外一位則是以刊行筆記小說爲主的臨安府太廟前尹家書籍舖，臺灣故宮博物院藏有一本其所雕刊出版的《歷代名醫蒙求二卷二冊》序文末有「臨安府太廟前尹家書籍舖刊行」木記。總計臺灣約有五部左右的浙刻本。

書名	版本	藏地	書數
龍龕手鑑四卷六冊	宋孝宗時浙刊本	故宮	1
古史六十卷二十四冊	宋浙刊明印本	故宮	1
昌黎先生集存十卷一冊	宋淳熙間浙刊巾箱本	故宮	1
國語補音三卷二冊	宋紹興間浙刻本	故宮	2
劉賓客文集三十卷外集十卷十二冊			

（二）蜀刻本

以成都眉山爲中心的四川地區，即所謂的蜀刻本。北宋初期，刻書業以四川地區爲最盛，這是沿襲唐五代的風氣。到了北宋末期，刻書中心則逐漸轉移到杭州。

四川自古以來，一直被譽爲天府之國，社會安定，經濟繁榮，具備種種刻書條件，從唐代始，歷經五代、兩宋，刻書事業一直十分興盛，所刻書籍，

〔註109〕（宋）吳文英《夢窗詞集·丹風吟·賦陳宗之藝居樓》（臺北市：廣文書局，民60），丙藁，頁177。

不管字體、紙張墨色、刻工或校勘方面，均頗具特色。可惜南宋末年（1279），元兵入侵，大肆焚掠，成都眉山及四川其他地區，經濟文化遭到空前的浩劫，書籍、雕版大都毀於戰火，四川刻書從此一蹶不振，因此傳世的蜀刻本遠較浙刻本及建刻本為少，相對地，蜀刻本也就更值得珍惜了。中國大陸約有二十部，日本宮內省書陵部及靜嘉堂文庫有五部，臺灣則有十餘部。

蜀本行格疏朗，刻印精美的特色揚名天下。南宋時期，蜀刻中心逐漸由成都轉向眉山地區，眉山書坊所刻《冊府元龜》、《太平御覽》、三蘇先生文集以及唐人文集，皆赫赫有名。除了《太平御覽》外，《冊府元龜》及《蘇文定公文集》臺灣各有 3 部，而唐人文集則有《權載之文集》、《歐陽行周文集》等。另外還有眉山程舍人宅刊本《東都事略》及《論語筆解》等十餘部。

（三）建刊本

以建陽建安為中心的福建地區，即為建刊本。南宋浙、閩坊刻最為風行，我國古代兩大書林世家臨安陳氏、建陽余氏即皆出此地。在南宋至元末二百多年中，無論從歷代書目著錄、傳世數量，還是內容品種的豐富與否，閩中坊刻本都稍勝一籌。葉德輝曾云：「宋刻書之盛，首推閩本，而閩中尤以建安為最，建安尤以余氏為最〔註110〕。」

建安即建陽的古郡名。南宋以來，書坊名號前冠以建安或建寧者，多是建陽書坊。南宋祝穆有「建陽麻沙坊、崇化兩坊產書，號為圖書之府〔註111〕。」這座圖書之府，刊刻書籍眾多，流傳下來更不少，臺灣藏書中就有百餘部之多，如宋武夷詹光祖月崖書堂〔註112〕刊本（《資治通鑑綱目五十九卷六十冊》）、南宋中期建安魏仲立宅刊本（《唐書存一百九十三卷六十七冊》）、宋慶元間建安魏縣尉宅刊配補元建刊明閩修補十行本（《附釋文尚書注疏二十卷十六冊》）等等。

也許書坊所刊行的多是大眾通俗讀物，其中不少為後人傳頌的詩篇文章，未必盡出名人之手，但卻能夠在傳播文化、培育文學交流、提高雕版印刷技術等方面做出重大的貢獻。

〔註110〕葉德輝：《書林清話》（北京：冠中，1999），頁 42。

〔註111〕同上註，頁 158。

〔註112〕南宋景定間福建崇安人詹光祖的書坊名。光祖字良嗣，號月崖，任武夷山中紫陽書院山長。瞿冕良：《中國古籍版刻辭典》（濟南：齊魯書社，2006），頁 70。

臺灣公藏宋版書中的私刻本，遍及宋代私刻本的各種領域，爲已默默逝去八世紀的書坊、書肆、家塾及私塾之刻書人，留下濃墨重彩的一葉。

第四節　經史子集各部具備

宋代刻書的內容豐富多樣，儒家經典當然是統治者不遺餘力加以提倡的。北宋時期，國子監主持校訂頒行了《五經正義》、《七經正義》及諸經注本，成爲科舉考試、士子學習所遵循的定本。南宋時期，各地方官府以及私人、書舖都熱衷於刊刻經典，並且發展出了便於研讀的注疏合刻本、適於普及的附釋音本、纂圖互注、重言重意本、以及點校句讀本等等。小學書作爲閱讀經典的工具書，也在重要刊刻之列。

史部書中，正史的校訂與刊刻尤受重視，其中《史記》、《漢書》、《後漢書》三書的刊刻頻率最高。此外，《資治通鑑》及有關《通鑑》類史書也很受歡迎。

子部書方面，佛教典籍的刊刻最爲突出，尤其是幾部《大藏經》的刊刻，規模宏大。其他關乎民生實用之書，如醫書、農書、算書等等也相當受重視。類書則以《太平御覽》、《冊府元龜》等爲人所重。

集部方面，不僅搜集整理並刊刻唐人詩文集，保存了唐代文人的著作，也刊刻宋代文人的詩文集，使得宋朝文人的著作得以廣泛流傳。

又古籍傳世，自西漢劉向父子校理之後，時經兩千餘年，始有全面性再度整理，即是清代纂修之四庫全書，雖然仍有部分書籍及其編目有待商榷，然經近代胡玉縉撰《四庫全書總目提要補正六十卷》，補正四庫提要書籍共三千三百餘種；余嘉錫撰《四庫提要辯證》，辯證四庫提要書籍共四百九十種，此兩書出，蔚爲中國目錄史上之巨著，不僅將四庫提要之缺失降到最低，更奠定海內外整理古籍群書時，定以四部作爲分類標準，故本調查研究也依據四部做爲宋版群書分類準則。

宋代刻書中的豐富內容，難以盡數，但卻能從臺灣所藏宋版書籍略見一隅。本節將臺灣公藏宋版書以四部分類，以期能展現出臺灣公藏宋版書內容涵蓋之廣薄，並選取數個實例，以反映出臺灣公藏宋版書在經史子集各部所具備的特點。

一、經部

分類別	臺灣公藏宋版書於其類別之書數
易類	8
書類	7
詩類	6
禮類	20
春秋類	21
孝經	0
五經總義	1
樂類	5
四書類	10
小學類	11

　　《四庫提要》於〈經部總序〉云：「……自宋末以逮明初，其學見異不遷，及其弊也黨。……自明正德嘉靖以後，其學各抒心得，及其弊也肆。……國初諸家，其學徵實不誣，及其弊也瑣。要其歸宿，則不過漢學宋學兩家〔註113〕。」《四庫提要》以漢宋之經學爲優，漢書流傳下來之書，或石刻，或些許帛書，故今能有所依據者，僅宋版書而已。臺灣公藏宋版書總計經部之書共有八十九部，除孝經類闕之外，其餘類別皆有，並包含單疏及珍貴的合疏本。

　　宋代雕版印刷業繁榮興旺，在中國思想基礎——儒家經典的刊刻方面，自然極爲重視。兩宋時代，有所謂五經、九經、十三經等儒家經典的多次刊刻，內容亦有單經本、經注本、單疏本、注疏合刻本、附釋音本、纂圖本、重言重意本等不同，其中有中央政府國子監所刻，也有地方政府及私人書坊的刻本。

　　五代國子監刊刻的《九經》印板，至宋仍由宋朝國子監收藏，可供宋代印刷使用，而唐孔穎達等人爲群經所做的疏義，始終未有刊板，於是北宋太宗、眞宗時開始刊刻《五經正義》及《七經正義》，由朝廷選官校定，國子監頒刻發行，成爲世所遵行的定本。這些北宋刻本今天都已不傳，有的可以根據南宋的覆刻本，或單經、或經注、或單疏、或合經注疏，以窺見北宋監本之大致面貌，但仍有不少難知其詳。

〔註113〕　（清）永瑢、（清）紀昀等撰《武英殿本四庫全書總目提要‧經部總序》（臺北市：臺灣商務，1983），卷一，頁 1～53。

　　故得一宋刻監本足以珍逾拱璧了，可在臺灣故宮博物院不僅藏有一部南宋國子監刊大字本《爾雅三卷三冊》，還有一部宋嘉定間國子監刊本《增修互註禮部韻略五卷十六冊》，此兩部不僅寰宇孤本，更是五代刻經書遺規的重要證物，身價極高。

　　北宋時期的刊刻活動，或為國子監自刻，或為國子監下杭州或成都所鏤版。到了南宋時期，一方面國子監財力薄弱，書板多下諸州郡鏤版；另一分面，私刻、坊刻興盛，所以儒家經典的刊刻，有監本、各州郡刻本、私宅刻本和坊刻本，另外也有注疏合刻本、附釋音本、重言重意本等多種形式的版本。儒家經典的廣泛刊行及其形式的多樣化，大大有利於經典的傳播及普及。

　　今存兩浙東路茶鹽司刻本《禮記正義》中，有光宗紹熙三年（1192）黃唐〔註114〕跋云：

> 六經義疏，自京監蜀本，皆省正文及注。又篇章散亂，覽者病焉。本司舊刊《易》、《書》、《周禮》，正經注疏，萃見一書，便於披繹，他經獨闕。紹熙辛亥仲冬，唐備員司庾，遂取《毛詩》、《禮記》疏義，如前三經編匯，精加讎正，用鋟諸木，庶廣前人之所未備。乃若《春秋》一經，顧力未暇，姑以貽同志云。壬子秋八月，三山黃唐謹識。〔註115〕

　　據黃唐此跋，兩浙東路茶鹽司先刻行了易、書及周禮的注疏合刻本，而臺灣便藏有一部且存卷完整，此本未受宋儒影響，保留了唐以前人釋經的原貌，且是第一批經注疏合刻本，用麻紙印造，紙墨精良，行格疏朗（半葉八行，行十四到二十一字），世稱越州本，又稱八行注疏本，傳世孤罕，版本價值和文物價值都很高，可見其珍貴。

　　宋人黃震咸淳九年（1273）《修撫州六經跋》云：

> 六經官板，舊淮江西撫州、興國軍稱善本。己未虜騎偷渡，興國板已毀於火，獨撫州板尚存。咸淳七年某叨恩假守，取而讀之，漫滅已甚，因用國子監本參對整之。凡換新板再刊者一百一十二，計字

〔註114〕黃唐（？），南宋福州人，字雍甫，紹熙間在兩浙東路茶鹽司刻印《毛詩正義》及《禮記正義》，合浙東漕司先刊之《易》、《書》、《周禮》，成《五經正義》，皆正經正疏萃見一書，又加以校讎，版本價值很高，稱為三山黃唐本。參見瞿冕良：《中國古籍版刻辭典》，（濟南：齊魯書社，2006），頁534。

〔註115〕唐賈公彥等撰：《景印宋浙東茶鹽司本周禮注疏五十卷》（臺北市：國立故宮博物院，民65），卷十六。

五萬六千一十八；因舊板整刊者九百六十二，計字一十一萬五千七
百五十二。舊本雖善，中更修繕，任事者不盡心，字反因之而多訛，
今爲正其訛七百六十九字。又舊板惟六經三傳，今用監本添刊《論
語》、《孟子》、《孝經》，以足《九經》之數。〔註116〕

　　據此跋可知，撫州先曾刻六經三傳，再由黃震主持刻印另外三經。臺灣
便藏有兩部撫州公使庫刻本：《禮記存八卷二冊》以及《春秋經傳集解存二十
七卷二十五冊》，皆爲舊板，乃其珍貴之處。

二、史部

分類別	臺灣公藏宋版書於其類別之書數
紀傳類通代之屬	2
紀傳類先秦兩漢之屬（先秦）	1
紀傳類先秦兩漢之屬（西漢）	5
紀傳類先秦兩漢之屬（東漢）	9
紀傳類三國六朝之屬（三國）	3
紀傳類三國六朝之屬（晉）	6
紀傳類三國六朝之屬（南朝）	16
紀傳類三國六朝之屬（北朝）	10
紀傳類隋唐五代之屬（隋）	2
紀傳類隋唐五代之屬（唐）	1
紀傳類隋唐五代之屬（五代）	3
紀傳類宋遼金元之屬（宋）	1
紀傳類彙編之屬	2
編年類通代之屬	12
編年類斷代之屬（宋）	1
紀事本末類通代之屬	12
雜史類先秦兩漢之屬（先秦）	5
傳記類總錄之屬	5
傳記類題名錄之屬	1
史鈔類	4

〔註116〕宋黃震撰：《慈溪黃氏日抄分類》，元後至元 3 年（1337）慈溪黃氏刊本，卷
　　　　十九。

地理類總志	3
地理類都會郡縣之屬（宋）	3
地理類外紀之屬	2
輿圖類軍事之屬	1
職官類官制之屬	1
政書類通制之屬	3
政書類法令奏議之屬（奏議）	12
書目類	1
史評類史論之屬	7

　　總計史部之書共有一百三十四部，其自先秦至宋之正史，前後始末，一覽了然，兼以別史、雜史、政書及史評，經緯明晰。前後包涵了數千年的史事資料，類別多樣完備。

　　宋代開國之初的太宗淳化五年（994），朝廷就選官分校《史記》及兩《漢書》，並下杭州刊刻。這是兩《漢書》第一次經過官方校定並通過雕版印刷發行的版本。此後，在北宋時期，這個版本經過多次校定，並有翻刻。到了南宋時期，隨著雕版印刷事業的迅速發展，這兩部史書又得到官方和民間的多次刊刻。

　　今存的《史記》及兩《漢書》最早的版本都是北宋末南宋初期所刊的本子，及過去學者所認為的景祐監本。景祐監本的行款左右雙邊有界，十行十九字，注小字雙行，行二十五字到二十八字內外不等，白口，此本因書末有景祐時余靖的上言，長期以來被認為是景祐時期的國子監本，然而《中國訪書志》從各南宋初期刻本中的刻工與之比對，發現刻工多有相通之處〔註117〕（於前一節已敘述），故斷定為北宋末南宋初期所刊的本子，這也是臺灣所存藏最早的《史記》版本。

　　臺灣公藏宋版《史記》及兩《漢書》共有十六部，茲列表如下：

序號	書名（卷數、冊數）	版本
1	史記一百三十卷四十冊	南宋初刊南宋前期修補配南宋黃善夫本及元饒州路儒學本
2	史記存一百二十六卷三十冊	南宋初期覆北宋國子監刊元及明初遞修本
3	漢書存十七卷八冊	宋紹興間國子監刊本

〔註117〕　（日）阿部隆一：《中國訪書志》（東京：汲古書院，昭和58），頁625～628。

4	漢書存九卷四冊	宋紹興間國子監刊本
5	漢書存一卷一冊	宋紹興至乾道間刊宋元遞修本
6	漢書一百二十卷四十冊	宋福唐郡庠覆景祐監刊元明遞修補本
7	漢書一百二十卷二十冊	宋寧宗、理宗間刊福唐郡庠元明遞修本
8	後漢書存六十二卷二十三冊	宋紹興間國子監刊元明修補本
9	後漢書存二十三卷九冊	宋紹興間國子監刊元明修補本
10	後漢書存五十五卷十二冊	宋刊元大德元統及明初遞修補十行本
11	後漢書存十八卷二冊	南宋初刊三種配補南宋福唐郡庠刊元大德元統遞修本
12	後漢書存一卷一冊	宋慶元間建安劉元起刊本
13	後漢書一百二十卷	宋福唐郡庠刊元明遞修本
14	後漢書一百二十卷四十冊	宋福唐郡庠刊元明遞修本
15	後漢書一百三十卷二十冊	宋刊元修本
16	後漢書志三十卷八冊	宋福唐郡庠刊元大德九年（1305）至明正德間遞修本

　　黃善夫〔註118〕是南宋中葉建陽地區有名的出版家，在談論到宋代建刻本時，都一定會特別提到黃善夫所刻的《史記》及《後漢書》，並且把它們作為宋代建陽刻本中的善本，然而傳本稀少，臺灣公藏中也僅有一部（於前一節已敘述）。此本將《史記》的三家注合為一書，為後世刻本所範，影響深遠。其他則多為南宋時刊本。

　　根據文獻記載和現存版本，可以看出宋代對於重要史書的刊刻，是經過多次校勘，以求字正；不僅朝廷非常重視，地方和民間的刊刻產量也非常豐富，充分反映的時代的需求。除了《史記》及兩《漢書》之外，《三國志》、南北朝七史、《資治通鑑》等，也有多次刊刻，臺灣公藏宋版書中，關於史書的藏本就有近八十部之多。

〔註118〕黃善夫（1195～1200），南宋建安人，字宗仁。刻印過劉宋裴駰等《史記集解索隱正義》130卷、唐顏師古《漢書注》100卷、唐李賢《後漢書注》120卷（皆半葉10行，行18字）、唐韓愈《新刊五百家注音辨昌黎先生文集》40卷，蘇軾《王狀元集百家注分類東坡先生詩》25卷附《東坡紀年表》1卷（13行22～23字）。參見瞿冕良：《中國古籍版刻辭典》（濟南：齊魯書社，2006），頁537。

三、子部

分類別	臺灣公藏宋版書於其類別之書數
儒家類	29
兵家類	1
醫家類	12
雜家類雜學之屬	2
雜家類雜考之屬	1
雜家類雜纂之屬	5
類書類	12
小說家	5
釋家類	59
道家類	3
叢書彙編類	1

在中國文化的洪流裡，「經」是主流，「子」是支流，這些支流各有自己的源頭，卻又與主流時而相激，時而相容。臺灣公藏宋版書中，以「儒家類」及「釋家類」居多，除因時代需求，刊印較多之因素外，應與歷朝收藏者較重視也有關連。總計子部之書共有一百三十部。

北宋太宗、眞宗年間，大興文教，置館修書，連續編纂了《太平御覽》一千卷、《太平廣記》五百卷、《文苑英華》一千卷、《冊府元龜》一千卷。這四部書以其規模宏大，資料豐富著稱，不僅成爲宋代文化的表徵，也是宋代雕版印刷事業繁榮發展的標誌。然而《太平御覽》今僅存三部，分別藏於日本的宮內廳書陵、東福寺及靜嘉堂文庫。《太平廣記》則已無存本。《文苑英華》因宮中大火，而付之一炬，直到南宋嘉泰間，周必大以私人之力校刻此書，《文苑英華》始有刻本傳世。然此部書屬集部，另於下小節闡述。

《冊府元龜》編成不久後，即付刻梓，但北宋的刻本並沒有流傳下來，按照周必大的記載，宋嘉泰（1201）以前，福建、四川兩地已有《冊府元龜》刻本，今僅存兩種，一題爲《新刊監本冊府元龜》，有宋內府璽印，藏於北京國家圖書館；一爲南宋中葉眉山地區坊刻本，即蜀刊小字本，有一部藏於日本靜嘉堂文庫，臺灣則藏有三部。

在子部中最華麗的就屬佛經的經典，當初由大陸運送至臺的佛經與原來宮中所藏相去甚遠，總計子部書共有一百三十部，其中佛經就佔了五十九部。

種類冊數固然有限，但各式刊本往往而在，且大都校勘精嚴，雕鑴古雅，具有無限的價值。如宋刊磧砂藏本《開元釋教目錄存二卷二冊》，宋刊思溪藏經本《大集譬喻王經二卷二冊》、《大乘本生心地觀經八卷八冊》，北宋福州東禪寺刊崇寧萬壽藏經本《菩薩瓔珞本業經二卷二冊》，宋刊蘇寫本、宋刊小字梵夾本、宋刊歐體大字本等多種版本的《妙法蓮華經》。

四、集部

分類別	臺灣公藏宋版書於其類別之書數
楚辭類	1
別集類	76
總集類通代之屬	16
總集類	4
總集類斷代之屬唐	1
總集類斷代之屬宋	10
總集類族性之屬	2
總集類唱酬之屬	1
詩文評之屬	1
詞曲類詞之屬別集	2

集部聚合了各種學術、各種文體，有些類似「文學」的狹義概念，臺灣公藏宋版書中集部之書共有一百一十四部，其中以別集七十六部為最，幾乎涵蓋了一半的數目。別集是個別作家與其作品的總集，臺灣公藏宋版書又以唐宋文人別集為多，且保存不少罕見的作品傳世。

周必大在《文苑英華》的序中說：「今二書閩、蜀已刊，惟《文苑英華》士大夫絕無而僅有。」說明當時流傳之少。周必大《文苑英華》之刻在嘉泰元年至四年（1201～1204）間，此本目前所知僅存三部，一藏於北京國家圖書館；一在民國八十四年（1955）於拍賣會上被國外藏書家所購得；一部則存藏於中央研究院傅斯年圖書館中，此部存卷二百七十一至卷二百八十等十卷，行款為十三行二十二至二十三字，左右雙邊，白口，單黑魚尾，避諱字有慎、廓、敦等字。刻工有胡彥、彥、胡昌、吳茂、喻淑、丁□、振、曾、文、進、俊、賓、寶。藏書章有「內殿文璽」、「御府圖書」、「緝熙殿書集印」、「晉府書畫之印」、「敬德堂章」。卷末有「景定元年十月廿五日裝背臣王潤照

管訖」墨印，書末附葉黏有傅增湘民國二十八年（1939）手書題記一紙「宋刊文苑英華，自二百七十一卷起至二百八十卷止，凡十卷，共一百葉，取隆慶刻本對校，凡補正一千一百八十一字，頃荷澤民兄假閱，因記此歸之沅淑志，乙卯冬至日」。

除宋版的《文苑英華》之外，集部中的宋理宗寶慶元年（1225）廣東漕司刊本《新刊校定集注杜詩三十六卷二十四冊》、宋淳熙元年（1068）臨安錦谿張監稅宅刊本《昌黎先生集四十卷外集十卷附錄一卷六冊》、宋咸淳間刊本《新編諸儒批點古今文章正印前集十八卷後集十八卷續集二十卷別集二十卷十六冊》等，也都是今世僅存的孤本。

如前節所述，現今保存下來的蜀刻本不多，其中較重要的即是宋王楙的《野客叢書》曾提到：「唐六十家詩集〔註119〕」一名，陳振孫的《直齋書錄解題》在著錄《王右丞集》時曾說：「建昌本與蜀本次序皆不同，大抵蜀刻《唐六十家集》多異於他處本〔註120〕。」據此，可說明南宋確實有一套《唐六十家集》。

現存的十二行本蜀刻唐集，各本均蓋有元代「翰林國史院官書」以及「劉印體仁」、「潁州劉考功藏書印」等章，無疑是劉體仁舊藏之書。劉體仁，字公㦷，清順治十二年（1655）進士，曾任官吏、刑二部郎中，有研究者認爲，劉體仁所藏宋蜀刻唐集，原是清宮之物，他藉看書之機，將書攜出，據爲己有〔註121〕。查看《文淵閣書目》卷十，確有兩套殘本《唐六十家》的簡單記載。《文淵閣書目》所錄之書，均「自永樂十九年南京取回來」，多是宋、元二朝遺留的舊本，經劉體仁所藏之宋蜀刻唐集，有不少流傳下來，大部分留藏在中國大陸的國家圖書館中，臺灣國家圖書館則藏有《權載之文集》和《歐陽行周文集》兩部。

集部中另外還有一本重要的宋版書——宋寧宗間（1195～1224）浙江刊本《南軒先生文集》，南軒爲宋張栻的號，其字敬夫，四川廣漢人，宋朱熹祭其文嘗稱其「家傳忠孝，學造精微。」乃一代文宗鉅儒。他的一生行誼，多

〔註119〕（宋）王楙：《野客叢書·唐人言牡丹》（臺北市：臺灣學生書局，民60），卷五，頁144。
〔註120〕陳振孫：《直齋書錄解題·王右丞集》（臺北市：新文豐，民74），卷十六，頁237～281。
〔註121〕金陵生：〈清初詩人劉體仁卒年考辨〉，《文學遺產》第1期，1997年1月，頁108。

可作爲後世楷則。此部傳世有二本，一爲宋陳振孫《直齋書錄解題》著錄的三十卷本；一爲宋趙希弁《郡齋讀書志》附志記載的四十四卷本。前者於明代陳第世善堂及清初錢謙益絳雲樓兩家藏書目錄曾載錄外，後世未見再有收藏。四十四卷本爲朱熹所編定，自元代以後，遞經翻刻，流傳極廣，但宋代原刊，僅見於清初季滄葦家藏，其他書目則未見著錄。

季氏所藏，今不知是否存在人間，但就所能見的書目來看，臺灣故宮博物院所藏此部，應是天壤間僅存杕書宋槧孤本。此部《南軒先生文集》，已是殘帙，共二十八卷，從前傅增湘曾持之校勘康熙間無錫華氏所刊的《南軒文集》，舉出其異同說：

> 補卷五四山園登山五律一首，卷十一敬齋記一首，卷十道州濂溪祠堂記脫文二十四行，卷三十答陳平甫書中條答五則，其文字詳略，視世行本迥異者爲潭州嶽麓書院記、經世紀年序、孟子講義序、胡子知言序各篇，其餘奪文訛字，殆不可計〔註122〕。

此宋刊本與存世他本差異如此之多，但古籍散亡，宋本難求，此書雖爲殘帙，仍是彌足珍貴。

從數字統計上作一整理，雖不能如同考證各代藝文志般，能「辨章學術，考鏡源流」，然卻可一目了然現存宋版書的大致內容與藏量，並可追蹤失佚書籍的情況，又如姚明達所云：「目錄學成爲最通俗之常識，人人得而用之，百科學術庶有孚乎！」，簡單的目錄表格既實用又能爲大眾所掌握，加以利用現代網路科技，文獻存藏資源的共享，便更有成效。

文化是人類社會活動的反映與再現，文獻是文化的精華與載體，文獻又是目錄工具的前提條件，當閱讀集部下的宋人文集時，不自覺會在文化、文獻及目錄關係中交流與融合。臺灣公藏的宋版圖書可貴之處在於印刷精良謹愼，足以校勘後代各種版本，且許多圖書目前流傳極爲稀少，已成孤本秘笈，又經史子集四部具備，在文化資源及提供學術研究上，均具相當價值，尤其是在古籍日漸散亡的今天，這批宋版書在文化的傳承上，更深富意義。

〔註122〕傅增湘：《藏園群書題記》（臺北市：廣文，民56）續集四，頁962～963。

第五章　臺灣公藏宋版書的學術價值

　　宋代雕版事業的興盛，讓大量的古籍流傳不墜，使得知識得以普遍推廣，也使人文思想蓬勃興起，更影響後代學術的開展，宋版書實居功頗多。因此對宋版書的研究，實不應只拘泥於版式、紙墨、字體、裝幀、校勘、鑒別等等，更應以宏觀的角度從社會、人文、工藝、科技等方面著手。個人的思想形諸於文獻，由文獻的閱讀討論，構成一個時代的學術，然後再形諸於文獻，如此循環漸往復，以架構出一個知識體系。文獻，成為我們據以認定知識的主要來源。本文僅在推介臺灣公藏宋版書，無法高度表現宋代整體的圖書出版，又因數量眾多，無法一一論述，故舉大論，綜合臺灣公藏宋版書之學術價值，略作解析。

第一節　見證宋代出版事業昌盛的情況

　　宋代文明的高度展現，雕版印刷術實有推波助瀾之功，其出版業盛行的實際情況在前文已略述過，大致可從三方面來看，一為朝廷的重視與地方官的提倡；二為刻書地點的普及，從北宋國子監至南宋十五路等，幾乎沒有一路不刻書，而浙、閩、蜀三地所刻尤多；三為刻本內容豐富，品類齊全，印造精美，為後世所不能及。

　　宋代版刻的鼎盛、雕刊的精湛、鉛槧的用心，雖常見書林稱讚，更有待實物見證。滋將臺灣公藏單位所藏宋版書地區明析列表如下：

	官刻		私刻		合計
	數量	機構	數量	地點、坊名、寺名	
浙江	41	國子監、溫陵郡齋、浙東路茶鹽司、兩浙東路茶鹽司、兩浙西路轉運司、江陰郡學、衢州州學	41	胡州、慈谿、婺州、嘉興、衢州、江陰、嚴州、明州、臨安府太廟前尹加書籍舖、臨安府陳宅書籍舖、積德堂、明州法雲律院、明州阿育王廣利禪寺、杭州龍興寺、秀州惠雲院、湖州報恩光孝禪寺、錦溪張監稅宅、茗川宋氏	82
福建	28	泉州府學、建安書院、福州路提舉、建安縣尉、福唐郡庠、同安郡齋	61	建安、福州、泉州、建安余仁仲萬卷堂、建陽書坊、武夷月桂堂、麻沙劉通判宅、建安劉叔剛一經堂、建安王朋甫、建安魏仲立宅、福州東禪等覺院、福州開元禪寺、建陽崇化書坊陳八郎宅	89
江西	21	九江郡齋、鄱陽郡齋、贛州州學、撫州公使庫、臨江軍縣、大庾縣齋、南康軍、章貢郡齋	5	袁州、周必大吉州、饒州董氏集古堂	26
安徽	9	江南宛陵郡齋、壽州郡守、新安郡齋、宣州郡齋	4	貴池、徽州、呂喬年、尤延之貴池	13
江蘇	7	淮東倉司、蘇州孫祐、李壽朋平江府、吳越王錢俶、吳郡學舍、鎮江府學、高郵軍學	4	常州、吳郡、姑蘇鄭氏	11
四川			12	眉山、廣都、眉山程舍人宅、安仁趙諫議宅	12
湖北			5	鄂州、黃州	5
湖南		沈圻永州	1	茶陵	1
廣東	1	廣東漕司			1
合計	107		133		240
備註	版本項但題宋刊本者不列入計算				

　　臺灣公藏宋版書達四百多部，雖北宋時期所刊薄弱，然南宋諸刻，以時間言，代代兼備；以官刻言，自監司庫州軍，至縣學書齋，幾乎都有；以地域言，除浙、蜀、閩三大宋代雕版印刷中心外，又有安徽、江蘇、江西、兩

湖、廣東等地方官刻本及私刻本，足以充分反映有宋一代印刷業的發達和分佈情形，並可作爲現存文獻記載中「宋代刻書地點普及全國、官刻、私刻並盛」之例證。

　　再從內容涵蓋面言，臺灣公藏宋版書可應證宋代書籍出版領域得到前所未有的開拓：如宋紹熙間眉山程舍人宅刊本《東都事略》，證實史學著作突破了傳統的紀傳體體裁，出現私人修史之書；如《百川學海》、《文苑英華》、《冊府元龜》及各版佛經，不僅展現綜合性叢書和類書風格，更可以想見當初在雕版事業上，民間所投入的人力、物力有多麼驚人了。

　　再從纂圖之書言，如臺灣所藏之《纂圖互註周易》、《纂圖互注毛詩》、《纂圖互註荀子》、《纂圖互註揚子法言》、《纂圖附釋文重言互註老子道德經》及各種佛經，其書法家與名刻工的配合、黑白對比的技法、插圖與版面構圖的變化、版畫內容造型等等，呈現宋版書刊刻的多種面貌及出版技術之發達，更是學術界、藝術界的重要參考資源。

　　如果說版本學是研究圖書製成和發展演變的過程，並藉之以探求一代文化發展狀況的途徑，那麼，臺灣公藏宋版書確實具有不凡的版本學意義。

第二節　提供校勘學的豐沛資源

　　胡適云：

> 校勘之學起於文件傳寫的不易避免錯誤。文件越古，傳寫的次數越多，錯誤的機會也越多。校勘學的任務是要改正這些傳寫的錯誤，恢復一個文件的本來面貌，或使他和原本相差甚微。〔註1〕

　　世代遷移，文獻典籍在流傳中，往往因散佚、錯亂等各種原因而產生了不同的版本，加上歷時久遠，不免有語言文字到編次上的誤解，這些誤解與差別又往往可以決定讀者從書中獲得的知識是否正確，於是對於前代文獻的校勘、詮釋、考辨等方面的整理自然而然的產生。校勘學最主要的作用就是爲人們讀書治學提供符合或接近原稿的書面資料。

　　學界爲求原著，無不珍視精校、精刻之本。宋本受後人重視原因不僅書品、紙張、行款、字體別樹一幟，由於它刊印時間早，比較接近書的原貌，

〔註1〕　胡適：《胡適文存・說儒・校堪學方法論》（臺北市：遠東圖書公司，民68），
　　　　　第四冊，頁135～136。

而宋代刊刻書籍時，最看重的就是「校勘」，宋人刻書最不苟且，往往多參校眾本，力求無所差訛，然後付梓印行，這樣經過專家反覆校勘，才付雕版，其刊印精美，足爲後世刻書的模範。加上流傳下來的宋版書又爲傳世之祖本，以致於凡是宋刊本，都成爲後世眼中的善本，極富校勘考訂之價值。

如故宮所藏之《梅亭先生四六標準》是宋李劉此著之最早刊本，也是一部僅存之孤本。後來有元刊本、明萬曆新安黃氏刊本、清乾隆間陳氏刊本等版本，清四庫全書本則係依據明萬曆本著錄。這些遞傳之本，不只在分目上與故宮所藏之宋刊本有所差異，文字內容訛誤之處更多，其詳細情形昌彼得先生於《蟬菴羣書題識》和吳哲夫先生於《故宮宋本圖錄》時已有述及，此不再贅述。此孤本大至槧於南宋，其寫刻之佳，具屬初印，誠爲今存宋版中不可多覯者。

又如宋理宗景定元年（1260）建安刊本《音點大字荀子句解》，雖然是閩本，不如熙寧本《荀子》之受重視，但具卷末所附冒廣生之手跋，得知清道光間王念孫曾以之校勘他本，並將所得，載於其《讀書雜志》中。冒氏曾評王氏所校云：「懷祖（念孫）時年八十有五，不能細勘。」冒氏乃親爲詳勘，竭六日之力，校得五百零八字，並撰成《札記》，又略舉此本較他本勝處揭於跋文中，且綜述此帙說：「此雖當時帖括之書，多刪荀子原文，未爲善本，而其勝處，已直一字千金，無怪學人之佞宋也。」學人所以佞宋，實因每部宋版書皆具有至高之校讎學價值。〔註 2〕此部爲一普通之閩刻宋版書，尚有如此豐厚之校勘資源，則臺灣其他諸宋本，所具之學術潛力，可以推想而得知了。

蔣復璁先生曾云：

> 如宋版《冊府元龜》、《三松集》，是罕見孤本。如宋元本的正史，因爲大都是原刻初印進呈的，是難得一見的珍本。尤其是眉山七史，可謂並世無雙。這七部史書是南宋紹興年間井憲孟作四川漕運時所雕版的，版後歸國子監。這一套書版以後歷代印刷，一直使用近四百年，到明萬曆年間南京國子監重刻後才廢棄不用。因爲應用太久，元明以後書板多有缺脱斷殘的，而今世流傳的本子也大都是經過明代修補印刷的，所以僞誤滋生。北平圖書館所藏內閣大庫舊存的尚

〔註 2〕 參見吳哲夫：〈故宮宋版書藏的傳世意義〉，《千禧年宋代文物大展》（台北：故宮博物院，2000），頁 349。

是宋元間書版未損時所印，故在校勘上極具價值。〔註3〕

宋建安余仁仲萬卷堂刊本《類編秘府圖書畫一元龜》，所引用的資料都是趙宋以前的圖書，對於考校古書及輯佚工作，甚具價值。

而蜀刻《南華眞經》，經王叔岷據《續古逸叢書》影宋刊本，詳加比勘，撰爲校記，謂卷七以下大都與北宋本合，傅氏亦謂：「是書雖刊於南渡，而其源仍出北宋善本〔註4〕。」此部蜀刻源於古本，則其在校勘上的價值自不待言。

再引張元濟先生於《校史隨筆》中據宋版《南齊書》校勘之例，更可見宋版之重要性：

> 《南齊書・州郡志》上，南徐州南平昌郡安丘縣下，有新樂、東武、高密三縣。又越州齊寧郡開成縣下，有延海、新邑、建初三縣，明監本、汲古本均有之，而殿本均佚。又末行齊隆郡，殿本注先屬交州，中改爲關州，永泰元年改爲齊隆，還屬關州。然當時卻無「關州」，宋刊本無兩「關」字，惟原文漫漶不可辨，今刊印三朝本同，汲古本各空一格，明監本則各注「關」字，殿本遂誤將「闕」爲「關」。〔註5〕
>
> 另殿本《紀》第一：「秉弟遐坐通嫡母殷氏養女，殷舌中血出，眾疑行毒害。」三朝本、汲古本均作「殷言中血出」，言字不可通，明監本改爲舌字。然其人生存，僅僅舌中血出，哪裡足以說明毒害，臺灣宋刊本乃作「殷亡，口中血出」，原板「亡口」二字略小，墨印稍溢，遂相混合，由「亡口」而誤爲「言」，再由「言」變爲「舌」，越離越遠〔註6〕。

另外還有時間跨度大的修補本，如宋刻元修本、宋刻元明遞修本等等，宋刻元版葉與元明補刻葉的字體、刀工常常有明顯的不同，版式有時也會有差異，字面清晰度、邊欄行格是否完整、書版新舊，一望而知。縱使修版時間相隔不遠，難以判斷，但其流傳下來的點點滴滴，仍是學者及後人校勘版本的重要證據。又臺灣公藏宋版書因所存版本多、範圍廣又有孤本，其刻工、版式、行款、牌記及藏書印等項資料豐且實，再與歷代名家所編的書目書志

〔註3〕蔣復璁：〈運歸國立北平圖書館存美善本概述〉，《珍帚文集》（台北：商務印書館院，民74），卷二下，頁897。

〔註4〕參見潘美月：〈宋蜀刻南華眞經〉，《故宮文物月刊》，民74.06，頁73～75。

〔註5〕張元濟：《校史隨筆・地名脫誤》（臺北市：臺灣商務，民54），頁36。

〔註6〕同上註，〈舌帕出〉。

相印證，對於一書的版本考訂，將具有相當高的可靠性了。

宋版書如此可貴，以美術來看，可欣賞其刊雕之精；以古物角度來看，它被作為一種珍貴歷史文物而予以重視與保存的；但若以實事求是之精神而從事學術研究之治學者，怎能不更寶之重之呢！

第三節　保存刻工、牌記等珍貴資料

一、牌記

歷代刻本多在序目後及卷末鐫刻牌記或刻書題記，這是鑑定版本的主要依據之一，也是書坊用來標明刻書的處所和時間的，有時亦用它來說明版本的品質及雕刻校勘的始末。牌記沒有一定的形式，有直書單行、雙行或多行，也有單墨圍、雙墨圍，亦有亞形或橢圓形，可以說品類多種。茲將所有臺灣公藏宋版之牌記整理如下表：

（一）坊號牌記

坊刻本在千年發展的風雨歷程中，一路上留下許多屬於自己的鮮明標誌，充分展現自己獨特的歷史風貌。書坊刻書，是為獲取營利，首先必須建立品牌，然後考慮所刻書是否適應市場，最後是千方百計降低成本。於是，書籍成為商品，為加速增加銷售數字，書中即有「行銷廣告」的出現，最早在唐代《陀羅尼經》中卷首印有「成都縣龍池坊近卞家印賣咒本」一行，其目的在讓翻書人知道刻書賣書之地。標示商號廣告文字通常內容簡單，在臺灣公藏宋版書中載有：

書名（卷數、冊數）	版本	牌記
大易粹言存五十四卷十二冊	宋建安劉叔剛刊本	總序後有「建安劉叔剛宅刻梓」雙邊木記
附釋音毛詩註疏二十卷二十四冊	宋建安劉叔剛刊本	方形牌記「劉氏文府」、鐘型牌記「叔剛」、鼎形牌記「桂軒」、方形牌記「一經堂」
附釋音毛詩注疏存八卷五冊	宋建安劉叔剛刊元明遞修本	序後有「劉氏文府」、「叔剛」、「桂軒」、「弌經堂」四木記。
東萊先生音註唐鑑存六卷一冊	南宋末年建刊本	卷四尾題前記「恩州郡安刊」

歷代名醫蒙求二卷二冊	宋嘉定十三年（1220）臨安府太廟前尹家書籍舖刊本	序文末有「臨安府太廟前尹家書籍舖刊行」木記。
精騎存三卷三冊	宋孝宗、光宗間婺州永康清渭陳宅刊本	卷首目錄後有一四周雙邊之雙行牌記，題曰：「婺州永康清渭陳宅刊行」
音註河上公老子道德經二卷一冊	宋麻沙劉通判宅刊本	序文後空三行有「麻沙劉通判宅刻梓於仰高堂」雙行木記。
唐李推官披沙集六卷二冊	宋書棚刊本	「臨安府棚北大街陳宅書籍舖印行」
唐僧弘秀集十卷一冊	宋寶祐六年（1258）臨安陳解元書籍舖刊本	卷首序後三行有「臨安府棚北大街睦親坊南陳解元宅書籍舖刊行」
南宋群賢小集九十五卷三十二冊	宋嘉定至景定間（1208～1264）臨安府陳解元宅書籍舖遞刊本	菊澗小及卷末有「臨安府棚北大街陳宅書及舖印行」之單行無匡牌記；而「山居存藁」序文後及「雲臥詩集」卷末亦有「臨安府棚北大街睦親坊南陳解元（宅）書籍舖刊行」之單行無匡牌記。「白石道人詩集」序文後有「臨安府棚北大街陳宅書籍舖刊行」之雙行無匡牌記。其它牌記皆此類。
春秋穀梁傳存六卷二冊	宋紹熙間建安余仁仲萬卷堂刊本	余氏萬卷堂藏書記
資治通鑑存二百五十六卷一百二十八冊	南宋鄂州覆北宋刊龍爪本	卷六十八尾題後有墨圍牌記題「鄂州孟太師府三安撫，位刊梓于鵠山書院」
增修陸狀元集百家注資治通鑑詳節存四十一卷五冊	宋末元初建刊元明修補本	末刊「新又新」三字鐘式木記，「桂堂」二字鼎式木記；姓氏後「有□□□氏萬卷堂」八字木記
文場資用分門近思錄二十卷四冊	南宋末年建安曾氏刊本	序後有四周雙邊牌記，題「建安□（此字漫漶不可識）氏刊於家塾」
慶元府雪竇名覺大師祖英集二卷一冊	宋釋自如集貲刊本	末記有「四明洪舉刊」一行。
春秋經傳集解存二十九卷附春秋名號歸一圖二卷諸侯興廢等二卷十六冊	宋潭府劉氏家塾刊配補宋建刊纂圖互註本	春秋序終後有一牌記題「潭府劉氏家塾希世之寶」，文占三行
新刊淮南鴻烈解二十一卷八冊	南宋茶陵譚氏刊本	目錄後有墨印木記三方。依次為一小方印，字不可識。一為大方印刻「松山譚氏」四字，最後為一香鑪形木記，陰刻白文「書鄉」二字。

大般若波羅蜜多經存一卷一冊	宋刊本	卷尾有「葛昌印造」木記。「明州奉化縣忠義鄉瑞雲山參政太師王公祠堂大藏經永充四眾看轉莊嚴報地，紹興壬午五月朔男左朝請郎福建路安撫司參議官賜緋魚袋王伯序題，勸緣住持清涼禪院傳法賜紫慧海大師清憲」
一切如來心秘密全身舍利寶篋印陀羅尼經一卷一卷	宋開寶八年（975）吳越王錢俶刊本	卷端為一刊記「天下兵馬大元帥吳越國王錢俶造此經八萬四千卷捨入西關塼塔永充供養乙亥八月日紀」
冥樞會要三卷六冊	宋紹興十五年（1145）湖州報恩光孝禪寺刊本	有刊記二行「湖洲報恩光孝禪寺住持嗣祖比丘道樞重開，時紹興十五年歲次乙丑端午日謹題」
安吉州思溪法寶資福禪寺大藏經目錄二卷二冊	宋刊本	「元祿九年丙子二月重修雲雲山城州天安寺法金剛院置」
文苑英華存十卷一冊	宋刊本	卷末有「景定元年十月廿五日裝背臣王潤照管訖」墨印
西漢文類存十六卷八冊	宋紹興十年（1140）臨安府刊本	「紹興十年四月日臨安府彫印」、「當正南宋時紙舖號也」

　　以上文字內容僅向讀者傳達出版時、地、人的訊息，且多出現在著名、老店中，形式和文字形體的變化，常常是不同書坊的標記，甚至同一書坊也會使用不同的標記，深具宣示版權及品牌的意味。

（二）告白文字

　　告白文字多半放在扉頁、序後或卷末空白處，字體粗大醒目，又飾以各種花編欄框，吸引讀者。告白屬於印本中的題記文字，或稱為題識、跋尾，刻書者會就刻書的某些問題，如有關底本、校勘、獨具的特點加以說明，用以宣傳己書，臺灣公藏宋版書中之告白文字載如下：

1、說明字體、版式者

書名（卷數、冊數）	版本	牌記
附釋文尚書注疏二十卷十六冊	宋慶元間建安魏縣尉宅刊配補元建刊明閩修補十行本	卷一尾題隔行有「魏縣尉宅校正無誤，大字善本」木記一行。

2、宣傳校勘審慎者

書名（卷數、冊數）	版本	牌記
伊川先生點校附音周易二卷三冊	南宋末年建刊本	卷末有跨四行四周雙邊木記：「今將伊川先生點校古本，逐卦附入，陸德明釋音寫作，大字刊行，刻畫精緻並無差誤，收書賢士伏幸詳鑑」
尚書十三卷七冊	宋乾道、淳熙間建安王朋甫刊本	文後有一五行長方牌記，文曰：「五經，書肆屢經刊行矣，然魚魯混淆，鮮有能校之者。今得狀元陳公諱應行精加點校，參入音釋彫開，於後學深有便矣！士夫詳察。建安錢塘王朋甫咨。」
三國志六十五卷二十八冊	宋紹興間衢州刊元明修補本	吳書十九尾題之後有「右修職郎衢州錄事參軍蔡迪校正兼鏤版」、「右迪功郎衢州州學教授陸俊民校正」木記。
慈溪黃氏日抄分類存三十卷三十二冊	南宋末年積德堂刊本補配影鈔本	卷首目錄末葉中央有「紹定二年（1229）菊月積德堂校正刊」之雙行牌記
外臺祕要方存二卷二冊	宋紹興間兩浙東路茶鹽司刊本	尾題「朝奉郎提舉藥局兼太醫令醫學博士臣裴宗元校正」、「右從事郎充兩浙東路提舉茶鹽司幹辦公事趙子孟校勘」、「右迪功郎充兩浙東路提舉茶鹽司幹辦公事張宸校勘」
新刊校定集注杜詩三十六卷二十四冊	宋理宗寶慶元年（1225）廣東漕司刊本	有「寶慶乙酉廣東漕司鋟版」木記一行，其末並有「進士陳大信」「潮州州學辛安中」「承議郎前道判韶州軍州事劉鎔同校勘」「朝議大夫廣東南路轉運判官曾噩」凡四行
文選三十卷十六冊	宋紹興三十一年（1161）建陽崇化書坊陳八郎宅刻本	卷首文末隔一行有四周雙邊佔六行諮聞：「凡物久則弊，弊則新，文選之行尚矣，轉相摹刻，不知幾家，字經三寫，誤謬滋多，所謂久則弊也，琪謹將監本與古本參校考正，的無舛錯，其亦弊則新與，收書君子請將見行板本比對便可概建，紹興辛巳龜山江琪咨聞」。格兩行又有雙邊二行牌記：「建陽崇化書坊陳八郎宅善本」

3、敘述得書不易，望後人珍重者

書名（卷數、冊數）	版本	牌記
麑本點校重言重意互註尚書十三卷六冊	宋刊本巾箱本	首卷題名隔一行有「得此書費辛苦，後之人其監我」之印
春秋經傳集解存二十六卷十二冊	宋建安余仁仲萬卷堂刊配補另三種宋刊本	卷七尾題後蓮花墨筆提識「端平乙未六月振宗用別本校對」，後二行墨文長方形藏書印題「先祖樗菴父稽古收置經書甚勤苦，傳誦應期千萬年，如此方爲敬吾祖，江陰拙逸徐良器題」文占三行，卷八尾題後有余仁仲刊于家塾，卷九余氏刊于萬卷堂牌記。卷十六尾題後刻余仁仲比校訖。卷十七及卷十八牌記同卷七。
唐書存一百九十三卷六十七冊	南宋中期建安魏仲立宅刊本	目錄上末葉有雙邊牌記，題「建安魏仲立宅刊行，收書賢士伏幸詳鑒」
童蒙訓三卷二冊	宋紹定二年（1229）壽州郡守李埴重刊本	「紹定己丑郡守眉山李埴得此本於詳刑使者東萊呂公祖烈音鋟木于玉山堂以惠後學」
圈點龍川水心二先生文粹前集二十卷後集二十一卷十二冊	宋嘉定間刊本	目錄標題旁至卷一間，有一跨六行、四周雙邊牌記，文曰：「二先生精練雄偉，工文家所快覩，是編又出名公選校，壹是萃作，篇家圈點，辭意明粲。本齋得之，不欲私閟，綉梓公傳，與天下識者共讀，伏幸驚鑒。」

4、說明補刊、重刊者

書名（卷數、冊數）	版本	牌記
春秋公羊經傳解詁十二卷六冊	宋紹熙間建安余仁仲萬卷堂刊本	卷十二末版記曰：「余仁仲刊於家塾，癸丑仲秋重校」
後漢書一百二十卷四十冊	宋福唐郡庠刊元明遞修本	其中卷四十八列傳第三十八尾題下有「大德九年補刊」墨圍木記。
范文正公文集二十卷別集四卷十冊附尺牘三卷、年譜一卷、年譜補遺一卷、別附褒賢集、言行拾遺、鄱陽遺事錄等十二冊	宋乾道三年（1167）鄱陽郡齋刊嘉定五年（1212）重修本	蘇軾序文後有一牌記，題「天曆戊辰改元褒賢世家重刻于家塾歲寒堂」

5、宣示版權者

書名（卷數、冊數）	版本	牌記
東都事略一百三十卷二十四冊	宋紹熙間眉山程舍人宅刊本	目錄尾題後有雙邊木記「眉山程舍人宅刊行，已申上司不許覆板」

6、表示內容的完整性者

書名（卷數、冊數）	版本	牌記
西山先生真文忠公讀書記二十二卷十二冊	宋建安刊本	目錄標題後有一四周雙邊之長方形木記云「是書以六經論孟之言為主，荀、揚諸子有可取者亦附焉。諸老先生之說為釋經而發者，附本章之注，其非解經或雖解經而意稍異者，別條於後。凡經解以一家止解為主，餘說次焉」凡七十字

7、告知為贈品者

書名（卷數、冊數）	版本	牌記
醫說十卷十冊	宋刊本配補明嘉靖本	「隆興辛未中元日奉贈鳳橋兄叔易」

8、表明刊印源始者

書名（卷數、冊數）	版本	牌記
五經同卷一冊 佛說孫多耶致經一卷 佛說父母恩難報經一卷 佛說新歲經一卷 佛說群牛譬經一卷 佛說九橫經一卷	宋刊磧砂藏本淳祐元年（1241）本	「平江府崑山縣漳潭里居住奉佛弟子安人趙氏善真謹，誠心捨錢恭入本府磧砂延聖院起造大藏經坊，仍別施淨財刊造，父母恩難報，經壹卷療疛病，經壹卷所集功德，上報四恩，下資三有，仍保自身常安樂，臨命終時，身心正念，其生安養，淳祐元年二月□日幹緣僧慧靜可暉善成可閑法澄法昇志圓謹題」

9、強調據善本刊雕者

書名（卷數、冊數）	版本	牌記
黃氏補千家集注杜工部詩史存十二卷八冊	宋嘉定十五年（1222）建安坊刊本	總目後有雙邊木記：「書肆所刊詩集甚多，而工部詩史尚欠本堂，因得公庫善本，詳加校正，歲在辛巳之春，命工繡梓文成，乃壬午之菊節因書以記歲月云」

　　大部分牌記形式都差不多，其中以附釋音毛詩註疏二十卷二十四冊《宋建安劉叔剛刊本》的鐘型牌記「叔剛」較爲特別，但例子不多見。至於牌記的位置，也不甚一致，最常見的是在書前序文、總目、凡例後空白的地方，但在這批宋版書中，有些會放在尾題之後，或是在刻工名魚尾處的地方。從這些不規則散見於書中的情況下，可知在審辨一書牌記時，不得不從書前到書尾，仔細瀏覽一番了。

　　這些牌記內容繁多，貢獻不小，不僅可以考知刊刻處所，如「臨安府棚北大街陳宅書籍鋪刊行」；或藉以判定刊刻時間，如「紹興十年四月日臨安府彫印」；或藉以見一書的版式，如「魏縣尉宅校正無誤大字善本」；或藉以略知書本內容，如「是書以六經論孟之言爲主，荀、揚諸子有可取者亦附焉。諸老先生之說爲釋經而發者，附本章之注，其非解經或雖解經而意稍異者，別條於後。凡經解以一家止解爲主，餘說次焉」；或可知據何雕刻，如「今將伊川先生點校古本，逐卦附入，陸德明釋音寫作，大字刊行，刻畫精緻，並無差誤，收書賢士伏幸詳鑑」；或以明瞭出貲及刻書者姓名而知其爲官刻或私刻，如「建安劉叔剛宅刻梓」；或藉以說明書的校勘情況，如「凡物久則弊，弊則新，文選之行尚矣！轉相摹刻，不知幾家，字經三寫，誤謬滋多，所謂久則弊也，琪謹將監本與古本參校考正，的無舛錯，其亦幣則新與，收書君子請將見行板本比對，便可概建，紹興辛巳龜山江琪咨聞。」等。對於考據學、版本學等，提供許多珍貴且豐沛的資源。

二、刻工

　　許多宋版本在版心下端鑴有刻工姓名，這對鑑定版本很有幫助，不同的書，若其刻工相同，它們的刻版年代基本一致。因此若甲書有明確的刊刻年代與刻書地點，又鑴有一批刻工姓名，乙書雖無其他憑據，但刻工與甲書相同，在無特殊情況下，乙書與甲書的刊刻年代應相去不遠。前文所提到阿部隆一考證《史記》年代之方法，即此。

　　再以《廣韻》爲例，歷來學者知其爲宋版，但卻不知刻地爲何，按《寶禮堂宋本書錄》，著有婺州唐宅所刻《周禮鄭注十二卷》，其書避諱至愼字止，《廣韻》亦同；而刻工沈亨、余竑兩人，《廣韻》亦有之，由此可證明，《廣韻》應爲婺州所刻﹝註7﹞。雖然刻工會有流動，但若年代相近，刻書地亦相對一致。

﹝註7﹞ 參見屈萬里、昌彼得：《圖書版本學要略》，（台北市：華岡，民67），頁78。

　　根據刻工，還可以推測補版範圍。例如，一書既有宋代刻工，又有元代刻工，那就是宋刻元補本。若還發現明代刻工，則為宋刻元明遞修本了。

　　從以上可知刻工對於審定版本的時地及修補情形為重要之線索。在整理《臺灣公藏宋元版書》時，即以此方法，將一些殘本或殘卷的刻工補齊。阿部隆一先生於《中國訪書志》中，也多以此方法，將中日兩地的宋版書作對照，以判定書的真偽年代及刻地。

　　又在整理中發現，刻工簽名方式很特別，常常同一名字，或只寫姓、或只寫名、或只寫中間名、又或姓名同時著錄，甚至於名字後面還會加上「刊」、「刁」、「甫」等字，以表示「某某刻」。更有些刻工會自己造字，如同現在名人簽名般，以顯示自己獨特性，如「夸」、「就」、「阼」、「娷」、「埶」、「塚」、「尤」、「恵」、「珊」、「牵」、「卒」、「妤」、「囝」、「呑」、「皁」、「驪」、「性」、「夫」、「恭」、「鄜」、「玐」、「炓」、「乞」、「𠔃」等等。「𠔃」乃其刻工名為「力」，因排名第八，故刻成上為「八」，下為「力」的字。又如「牵」、「就」等，則是取自己名字的各半，組成一字。故考校刻工時，不能僅以一、二個名字就驟下定論。

　　歷年來，不少學者已整理出宋元以來的刻工表，像日本學者長澤規矩編有《宋元刻工表初稿》；上海古籍書店王肇文先生編有《古籍宋元刊工姓名索引》；天津圖書館的李國慶先生編有《明代刻工姓名索引》等等。臺灣公藏宋版書的存卷中藏有數百位刻工名，假以時日，若能將國內外各處的刻工表與臺灣所藏宋版書中的刻工相對應，整理出一份《宋元明刻工表》，定可成為鑒別版本最重要的資源。

三、工價、藏書章、序跋題記的文獻資料

　　宋朝官刻書往往記明印造一書的紙墨原料工價，及定價出售的帳目清單，為後代刊本所無，當時有所謂的賃版錢，即指雕版的折舊費。其書上也多會註明紙價、用紙張數、梭墨麩蠟工錢等。

　　臺灣公藏宋版書《大易粹言》，為舒州太守泉州曾種參考七十五種書寫成，為字四十五萬，由僚屬為其刊行，著錄中將工墨等錢總計為二貫七百文，但書中卻記載著「售價八貫文足」，可見宋版印書可得兩三倍以上的利潤，並以此可補助書院或其他公用。至於書坊為了保密，故沒有記載其印造成本與利潤帳目。

　　宋代藏書章由於鎸刻相當考究，將圖書文獻點綴的美輪美奐。就文獻史

料價值來看，首先能從藏書章得知一本書的遞藏情形，如國家圖書館中的《反離騷》，其書中鈐有「張氏／收藏」朱文方印、「莐圃／收藏」朱文長方印、「子青／鑒藏」朱文長方印、「歸安章／綏銜字／紫伯印」白文方印、「章翼詵／堂法書／名畫記」朱文方印、「麛見／亭讀／一過」朱文方印、「國立中央圖／書館收藏」朱文長方印、「歸安陸／樹聲叔／桐父印」白文方印、「擇是居」朱文橢圓印、「張印／鈞衡」白文長方印、「石銘／秘笈」朱文長方印、「甲」朱文方印、「宋本」朱文橢圓印、「烏程張／氏適園／藏書印」朱文方印、「歸安陸／樹聲藏／書之記」朱文方印、「汪」「文琛」朱圓白方連珠印、「毛」「晉」朱文連珠方印、「汲古／主人」朱文方印、「陸氏子孫／其永保之」白文長方印、「吳興張氏適園收藏圖書」朱文長方印、「張」朱文方印、「石銘／珍藏／印」朱文方印、「士鐘」白文方印、「闓／源父」朱文方印、「卓峯／名士」白文方印、「王子懋／圖書」白文方印、「張／乃熊」朱白文方印、「莐／伯」朱文方印、「叔／桐」朱文方印、「陸印／樹聲」白文方印等印記，故可知此部宋版書經歷明代的毛晉、清代的汪文琛及汪士鐘父子、陸樹聲、張鈞衡及張乃熊父子等的收藏，最後為國家圖書館所購得。

　　其次可以根據題記、藏書章及書樓的命名，得知藏書家藏書的特色、聚散情形，以及藏書家傳記的資料。這些資料往往都是史書中所不記載的，如想知黃丕烈的生平事蹟，翻查《清史列傳》卷七十二，僅短短二百九十字，但臺灣公藏宋版書中，所蘊藏的史料，皆非清史可見的。以《李群玉詩集》為例，因黃丕烈對此部書，情有獨鍾，故有多跋，中有云：

> 越日不寐，晨起未起時，先有枕上吟四絕句，隨意口占，稍縱即逝，故急起書之，大旨言此書之歡喜無量也。

> 碧雲群玉兩才人，宋板唐書鑒賞真。捧出一函有雙璧，隴西果是數家珍。

> 書集街頭無一書，汗筠修絹復何如。可憐湖賈皆盲目，枉說瑯環盡子虛。

> 良金揀得在披沙，求寶重過郝李祠。玉石磁銅並書畫，我無特識信還疑。

> 獨有群書一顧空，驪黃牝牡態何窮。宋塵百一添清賞，老眼無花我仲翁。

跋中可見黃氏乃性情中人，嗜書愛書。另還可見黃氏校書之審慎：

及取葉本相校，迥非宋刻可比，卷中之詩不可信，則目錄尤不可信，
莫如宋刻之無目錄者爲存其眞也。且馮、毛兩本似出一源，而此後
集之詩又似與宋刻近，與葉本又異，即目錄馮、毛二本亦與葉本異。
總之未見宋刻，諸家各爲異同，無可適從。今校宋刻於葉本上，一
一存其眞。雖宋刻亦有訛舛處，就目驗雲，然是非又在善讀者自能
辨之耳。

再以宋本與毛晉汲古閣刻《李文山詩集》相核，發現兩本迥然不同：「其異不
可勝記，且其謬不可勝言，信知宋刻之佳矣。」「毛既未詳所自出，尤多文理
不通之處，有據與否，不得而知，故非所取也。」以此可證明宋版書可補史
書述人之不足。

第四節　具有珍貴文獻史料的價值

　　臺灣公藏宋版書，時間久遠，去原著較近，本就具備較高的文獻價值，
何況其中孤本秘笈多有，其史料意義更爲提昇。

　　陳垣〔註8〕曾云：

> 《冊府》材料豐富，自上古至五代，按人事人物，分門編纂，凡一
> 千一百餘門，概括全部十七史。其所見史，又皆北宋以前古本，故
> 可以校史，亦可以輔史。《舊唐》、《舊五代史》無論，《魏書》自宋
> 南渡後即有缺頁。嚴可均輯《全後魏文》，其三十八卷劉芳上書言樂
> 事，引《魏書・樂志》僅一行，即註「原有闕頁」；盧文弨撰《羣書
> 拾補》，於《魏書》此頁認爲「無從考補」，僅從《通典》補得十六
> 字。不知《冊府》五百六十七卷載有此頁全文，一字無闕。盧、嚴
> 輯佚名家，號稱博洽，乃均失之交臂，致《魏書》此頁埋沒八百年。
>
> 〔註9〕

楊守敬在《留眞譜初編》中著錄故宮所藏宋版《類編秘府圖書畫一元龜》說

〔註8〕　陳垣（1880～1971），字援庵，廣東新會棠下石頭人，歷史學家、教育家。自
　　　　幼好學，無師承，靠自學。在宗教史、元史、考據學、校勘學等方面，成績
　　　　卓著。曾被毛澤東讚爲中國的「國寶」。參自徐友春主編：《民國人物大辭典》
　　　　（河北省石家庄：河北人民出版社，1991 年），頁 997。
〔註9〕　程千帆、徐有富：《校讎廣義・校勘編》（濟南：齊魯書社，1998），頁 287～
　　　　288。

道：

> 又宋槧《畫一元龜》殘本，舊爲狩谷望之所藏。自乙部卷八十六至
> 九十，共爲一冊。其書以經、史、子、文集、圖記分類，攝錄止於
> 唐代，當爲宋人所撰。各家皆不著錄。唯《明文淵閣書目》有之，
> 亦殘闕之本。余又得丁部卷二十一至二十四鈔本一冊，有金澤文庫
> 印記。〔註10〕

明版《冊府》即據史料價值，臺灣所藏此一殘本雖不及原書三分之一，卻達
二百餘卷之多，在古書日漸難求的今日，這麼多卷宋版書的存世，不僅難能
可貴，而其書已成爲寰宇間孤本秘笈，其又是部大類書，引用資料豐富，所
引書全爲唐宋以前古籍，其中不乏今日已不見之書，對史料的保存及輯佚學
的貢獻，自又具一層意義。

　　現代商務印書館所出版的《四部叢刊》之所以享有盛譽，原因之一也是
據宋版書而得名。張元濟〈重印四部叢刊刊成記〉曾舉例說明此事：

> 古籍傳世邈遠，斷簡闕文，短篇欠葉，恒所不免。至於序跋，詳載
> 鎸印源流，言簿錄者尤所珍尚。重印每涉一書，必羅致多本，參考
> 互證，挹彼注茲，藉以補正。《管子》原闕《重令》篇一葉，今補全；
> 《白虎通德論》今改用初印元本，增目後第四葉；《李賀歌詩篇》無
> 外集，今補以宋本；《權載之文集》、《李爲公之文集》，今各補佚文
> 若干首；《元氏長慶集》卷十，闕第五、六葉，今據宋本補……漏略
> 雖出原本，就爲全書之玷，今復廣搜舊刊，旁考他籍，爲之裒輯，
> 俾成完璧。〔註11〕

文中宋本，即現存於臺灣之宋版書。

　　屈萬里先生也曾指出因宋版書而將一個脫簡脫葉的書補齊之例：

> 家傳戶誦的十七史，明以後所流傳的本子，就有許多闕葉，例如《南
> 齊書》，清武英殿本於志第七州郡下，缺十八行；傳第十六，缺十四
> 行又三十字；傳第二十五缺十四行又四字；傳第二十九，缺十五行
> 又七字。明北監本和汲古閣本，缺處與殿本完全相同。合計這四處
> 的闕文，應當各佔宋本的一葉，商務印書館影印百衲本二十四史時，

〔註10〕　（清）楊守敬：《留眞譜初編》（臺北市：廣文，民80），頁342。
〔註11〕　張元濟：《重印四部叢刊刊成記·涉園序跋集錄》（臺北市：臺灣商務，民68），
　　　　　頁181（35223）。

　　好不容易找到一個宋本補起了兩葉（州郡下第三葉和列傳十六第十

葉）。〔註12〕

其宋本即臺灣國圖所藏之宋本《南齊書》。

吳哲夫先生也於〈故宮宋版書藏的傳世意義〉中舉過兩例，其一：

　　宋代大儒朱熹之詩文著作，傳世皆以宋寧宗時浙江官刊本及宋度宗

　　時建安書院刊本為最早，前者為一百卷本，後者除百卷外，又附王

　　遂所輯《續集》十一卷及余師魯所輯《別集》十卷。本院所藏一部

　　宋淳熙間建刊本《晦安先生文集》，凡《前集》十一卷、《後集》十

　　卷，雖無法考知原編者姓名，但以書中避宋帝諱及所收文篇推測，

　　係刊於珠文公生前，應為朱集之最早版本。其書不僅編輯體例特殊，

　　文字內容也與浙閩兩本多所差異。〔註13〕

正如宋張南軒當時說過朱子的著作「現今刪改不停」。又此帙所載文篇也有不

少為他本所未收，昌彼得先生認為此刻之價值：「不僅保存若干傳本所未收之

詩文，亦可供研究朱子思想之演進也。〔註14〕」

　　其二：

　　宋建陽書坊本《四朝名臣言行錄》，其書編輯人不詳，所謂的四朝是

　　指宋南渡後之高、孝、光、寧四朝，但也收有非此四朝名臣的言行

　　資料。按宋代李幼武曾重編此書，共收錄一百三十八人，而本院此

　　本雖非全帙，僅存七十六人，但其中半數以上資料為李本所無。此

　　外，對所輯言行資料，本院此藏本多據原始文字，並註明出處，實

　　較李本之刪削裁併原文，又不載明出處為詳，故就史料價值而言，

　　此本應在李本之上。〔註15〕

　　《四庫全書總目提要・江湖小集》記載：「宋末詩格悲靡，所錄不必盡工，

然南渡後，詩家姓氏不顯著，多賴是書以傳，其摭拾之功亦不可沒也〔註16〕。」

臺灣公藏宋版書中由陳起所刊刻的一些唐宋人詩集如《常建詩集》、《南宋群

〔註12〕屈萬里：〈讀古書為什麼要講究板本〉，《大陸雜誌》2卷7期，頁5。

〔註13〕吳哲夫：〈故宮宋版書藏的傳世意義〉，《千禧年宋代文物大展》（台北：故宮
　　　　博物院，民國89年），頁349。

〔註14〕昌彼得：《增訂蟫菴羣書題識》（臺北市：臺灣商務，1997），頁301。

〔註15〕同註250。

〔註16〕（清）永瑢、（清）紀昀等撰《武英殿本四庫全書總目提要》，（臺北市：臺灣
　　　　商務，1983），卷一百八十七，第五冊頁38。

賢小集》等，收錄高適、常建、周賀、張籍、王建、許渾、李群玉、朱慶餘、羅隱、李咸用、李中、僧弘秀、魚玄機、周文璞、釋紹嵩、徐集孫、薛嵎、葉茵、敖陶孫、葛天民、毛玨、沈說、危積、吳汝式、葉紹翁、張戈、俞桂、張良臣、劉翰、高翥、高似孫、胡仲參、鄧林等皆非唐宋大家之詩作，可反映當時詩壇的偏好，也因陳起對這些沈浮社會中下階層詩人頗感同情，遂以書坊爲中心，連結一些江湖詩人，爲他們編輯、出版、銷售，相濡以沫，爲出版界、詩學歷史留下美麗的韻致。

又如宋末建陽書坊刊本《新編翰苑新書》是此書最早的刊本，書中外集部份，在國內早已失傳。

由此可見，讀書治學只有依據符合或接近原貌的書面材料，方能得出正確或較爲正確的結論；臺灣公藏宋版書即保留了許多古籍善本的原貌，其中還有不少孤本，爲科學研究、爲從事學術研究提供了可靠的依據，且在審慎精密的校勘後，往往更能防止和杜絕許多望文生義的無稽之談。

又如故宮博物院所藏之《宣和奉使高麗圖經》是一部北宋外交官出訪高麗的見聞錄，全面記述當時高麗王朝的地理位置、政治經濟、宮殿建築、物產人才、宗教禮儀、民情風俗等等，成爲後世研究高麗社會不可多得的史料。其中卷三十四至三十九，詳載宋代出使的船隊組織、設備、航海路線、航海日誌以及航海技術等等，也可作爲研究宋代海上交通的重要參考資料。且此部當時完成後不到兩年，北宋滅亡，輪亦丟失，十多年後因獲抄本得以重刊，經過九百年，當時印本僅剩此部了。

第五節　顯現有宋一代推動學術上的用心

本文第二章中即已說明不少宋代君臣重視文化推廣的事蹟，茲再以幾部宋版書爲證。

宋端平二年（1235）臨江郡庠刊本《春秋集註》一書，係南宋嘉定（1208）進士張洽著作之初刻本，書前有端平元年（1234）九月臨江軍牒：

> ……訪聞臨江軍新宮觀張秘著，居家力學，多有著成書，有裨治道，
> 可備乙覽。箚付臨江軍令守臣以禮延請，詢訪件目，差能書吏人齎
> 紙扎，如法謄寫，委本官點對無差誤，並繳申尚書省以憑投進。

此部新成，旋受朝廷訪求，可見當時對學術之重視。可惜此書板不幸燬於景

定元年（1260）。但不久後，德祐元年（1275）衛宗武又爲之重刻，有跋云：

> 張君《集註》……索幽闡秘，研經極微，有前人論著所未到。……
> 此書惟臨江有刊本，遭燬之後，董克翁以錄本示予，謂不可不壽其
> 傳，故鋟梓於華亭之義塾云。〔註17〕

爲賡續其書之流傳，於書板燬後，民間又予以重新刊行，這更反映出不僅朝廷重視學術，民間也亦然。臺灣今日雖無收藏衛氏刊本，但由出於衛氏本的清初納蘭性德所刻通志經解本中之《春秋集註》，仍可見遺規。

另一部宋紹熙間建安余氏萬卷堂刊本《春秋公羊經傳解詁》。書前何休序文後附余氏刻書跋曰：

> 公羊、穀梁二書，書肆苦無善本，謹以家藏監本及江浙諸處官本參
> 校，頗加釐正。惟是陸氏釋音字或與正文字不同，如此序釀嘲，陸
> 氏釀做讓，隱元年嫡子作適歸，含作唅，召公作邵桓，四年日蒐作
> 瘦，若此者眾，皆不敢以臆見更定，姑兩存之，以俟知者。紹熙辛
> 亥孟冬朔日建安余仁仲敬書。〔註18〕

這段可見證宋人刊書之審慎與態度之嚴謹，以及顯示出宋代學術存眞求眞的精神。

另外如《冊府元龜》，乃宋代一部大類書，雖僅存射禦、旌節、兵制及將帥四門，但從「兵制門」來看，其下又分兵機、征伐、守禦、水戰、獻功等子目，相對於以往類書而言，性質與編目皆迥異於往昔類書的形式，在門類的設立更趨於細密，由此可見宋代知識增多，各種文獻資料豐富，代表著宋代對於知識需求而發展出這樣異質類的學術領域。

臺灣公藏宋版書中的宋嘉定四年（1211）同安郡齋刊本《楚辭辨證》及宋嘉定六年（1213）章貢郡齋刊本《反離騷》，前部爲宋朱熹所撰，後者爲漢楊雄所撰。從西漢末年到東漢前期，楊雄與班固以儒家的正統觀念來評價屈原與《楚辭》，對《離騷》多貶斥的態度，宋代時期，洪興祖認爲：「楊雄所以議屈原者如此，而班固亦譏其露才揚己，顏之推又病其顯暴君過。……班孟監、顏之推所云，無異妄婦兒童之見，餘故具論之〔註19〕。」朱熹則對這兩派的觀點予以折中，認爲：「余觀洪氏之論，其所以發屈原之心者至矣。……

〔註17〕吳哲夫：《國立故宮博物院宋本圖錄》（台北：故宮，民66），頁217。
〔註18〕國立故宮博物院編輯委員會：《沈氏研易樓善本圖錄》（台北：故宮，民75），頁13。
〔註19〕（宋）朱熹：《楚辭集注》（上海：上海古籍出版社，1979），頁241～242。

論其大節，則其他可以一切置之而不問；論其細行，而必其合乎聖賢之矩度，則吾固已言其不能皆合於中庸矣〔註20〕。」作爲集唯心主義理學大成的朱熹，在評價屈原與《楚辭》方面，無疑烙上了他的政治思想，發揮其客觀唯心主義的理、氣說的論述，臺灣所藏此兩本書，正好可證明漢至宋的學術轉折點，展現宋代不同於前朝的學術特點之一。

《增修互註禮部韻略》爲宋毛晃以《禮部韻略》所增註，晃精於字學，爲海內所宗，考訂詳愼，硯爲之穿，學者稱之爲鐵硯先生〔註21〕，宋撰《韻略》爲科舉之用，此部書經孫諤、蘇軾、黃啓宗、黃積厚、張貴謨、吳貴等爲之辯證訓詁、考正點劃、增字及補充訓釋，書冊之末有民國二十三年（1943）傅增湘首書題跋云：

> ……北平圖書館藏有宋刊本，行格亦同，然韻字蟬聯而下，不空格，不分排，且標題已列居正重增一行，其授梓當在此本之後……餘考此本，諸家著錄皆不之及，且楮墨精湛，卷帙完整，不特爲毛韻之祖，時推爲海內之孤本，可謂驚人秘笈。

此書不單單僅是宋刻孤本、歷代祖本，更是見證宋朝辯論考證文字之學術演變。

《書林清話》卷二有《翻板有例禁始于宋人》的條目，翻版就是翻刻盜印。從法令來看，中國自宋代確有版權保護的法令。北宋哲宗紹聖二年（1095）正月二十一日，「刑部言，諸習學刑法人，合用敕令式等，許召官委保，納紙墨工眞，赴部陳狀印給，詐冒者論如盜印法。從之〔註22〕。」這條史料說明北宋時已有「盜版法」。

從實物來看，臺灣公藏宋版書中的牌記與序言可證實版權問題，一是眉山程舍人宅刊本《東都事略》，其牌記有：「眉山程舍人宅刊行，已申上司，不許覆板。」這就相當於現今書後常見的「版權所有，不准翻印」。此書爲紹熙（1190～1194）刊印，據考此書曾於淳熙十二年（1185）因洪邁修《四朝國史》而進呈朝廷〔註23〕，恐是最早的版權保護的記錄。《書林清話》及清代大

〔註20〕 （宋）朱熹：《楚辭集注》（上海：上海古籍出版社，1979），頁 242～243。

〔註21〕 王福壽：〈研易舊藏，故宮新典──談研易樓主人沈仲濤先生捐贈的二部宋刊珍本〉，《故宮文物月刊》第 274 期，民 95 年 1 月，頁 84。

〔註22〕 同註《宋會要輯稿》條，刑法二，頁 6515。

〔註23〕 參見國家圖書館編：《國立中央圖書館宋本圖錄》（臺北：中華叢書委員會，1958），頁 123～124。《中國印刷史》頁 85 記此書刊於紹熙年間。關於此書進

藏書家陸心源《宋樓藏書志》、丁丙《善本書室藏書志》均有記載。一是故宮
博物院所藏之建安祝氏刊本《新編方輿勝覽》序後有：

> 據祝太傅宅幹人吳吉狀：本宅見刊《方輿勝覽》及《四六寶苑》兩
> 書，並系本宅進士私自編輯，數載辛勤。今來雕版，所費浩瀚。竊
> 恐書市嗜利之徒，輒將上件書版翻開，或改換名目，或以《節略輿
> 地紀勝》等書爲名，翻開攙奪，致本宅徒勞心力，枉費錢本，委實
> 切害。照得雕書，合經使台申明，乞行約束，庶絕翻版之患。乞榜
> 下衢、婺州雕書籍處張掛曉示。如有此色，容本宅陳告，乞追人毀
> 板，斷治施行。奉台判備榜須至指揮。
>
> 右，今出榜衢、婺州雕書籍去處張掛曉示，各令知悉。如有似此之
> 人，仰經所屬陳告追究，毀板施行。故榜。
>
> 嘉熙貳年（1238 年）拾貳月（空二格）日榜衢、婺州雕書籍去處張
> 掛。轉運副使曾（空六格）台押。〔註24〕

在這段文告的下邊，又刻：「福建轉運司狀，乞給榜約束所屬，不得翻開上件
書板。並同前式，更不再錄白」幾行字。說明福建轉運司也發了同樣的文告。
據文告所述，一旦出現違禁，容許祝氏告發，追人毀板，斷治施行，懲處是
很嚴厲的。這是迄今發現的安徽地區刻印書籍中最早的官方保護版權的檔，
也是全國見諸全文的最早的版權保護文獻。

　　此二例可知南宋時的版權意識已有實際行動產生，證明有宋一代有推展
保護智慧產權、尊重學術和文化的觀念。

　　由上可見，不同宋版書可呈現不同的學術面向，也許僅以四百多部臺灣
公藏宋版書而要對宋代整個學術文化環境透徹瞭解，可能不夠完整，但從臺
灣公藏宋版書中，一本本去剖析，一葉葉殘片來拼湊，仍可見宋代從上至下
致力於發揚學術的圖景。而諸如宋紙宋墨、藏書傳遞、版刻特徵等等，也各
具有知識探索的功能，其傳世之重大意義，實非三言兩語可盡述其內涵。

　　呈朝廷的具體時間，另一說爲淳熙十四年（1187 年），但是進呈之書不一定是
　　刊印本，總的看來此書的刊印大致在 1190 年前後，說明這時民間印書已有刊
　　記「不許覆板」。

〔註24〕《書林清話》卷二錄嘉熙文，與此件文字稍有不同，如記《方輿勝覽》、《四
　　六寶苑》外，還記有、「《事文類聚》凡數書」云云。

第六章　結　論

　　宋代是我國歷史上雕版印書事業發展的黃金時代。南北兩宋刻書之多，規模之大，版印之精，流通之廣，都是前所未見的。宋初朝廷恢復農村，開墾荒地，圍湖造田，興修水利，南渡後，因江南東西路茶葉、冶鑄、金帛、漁米之利，收入更豐，各地經濟富庶，都市繁榮，生產力、科學技術得到前所未有的發展，人民競相享樂，雕版印刷占盡天時地利人和，書籍乃隨著印刷傳播於秦樓楚館，進而普及到社會各個階層。

　　加上宋朝重視教育，推崇文治，從而將科舉制度改變，大大刺激了社會各個階層讀書應考的熱情，促使整個社會潛心學術、傾心文章、崇尚文化的氛圍。因讀書人數增多，自然需要大量的課本及參考書，於是全國各地陸續刊刻各種書籍。

　　這樣龐大數量的宋版書，歷經千年，在兵連禍結的因緣際會下，流入臺灣。宋版書在臺灣公藏單位細心保護下，加上多位校勘專家的整理工作，出版了不少版本學專著和善本書志。

　　宋版書，是上至皇帝大臣、下至朝野士子所構成的文化殿堂，後世藏書家的酷嗜珍本及佞宋之癖，與宋版書擦出絢爛的火花，留下琳瑯滿目的墨跡、版畫、書印，花團錦簇，美不勝收。張之洞《輶軒語・語學篇》云：「善本之義有三：一足本，二精本，三舊本〔註1〕。」而臺灣公藏宋版書籍即具備了此三點。

　　吳晗曾云：

〔註1〕　（清）張之洞：《輶軒語・語學篇》（臺北市：成文，民67），93冊，頁41649。

中國歷來內府藏書雖富，而爲帝王及蠹魚所專有，公家藏書則復寥落無聞，爲士夫藏書風氣，則千數年來，愈接愈盛。智識之源泉雖被獨特於士夫階級，而其精雕密勘，著意丹黃，秘冊借抄，奇書互賞，往往能保存舊籍，是正舛訛，發潛德，表幽光，其有功於社會文化者亦至巨。〔註2〕

此段道出私家藏書雖難與公家藏書相匹敵，但其廣泛性及生命力卻是公家藏書不能比擬。歷代公家藏書透過國家之力能達到保護典籍的作用，但除了一些帝王用於修史修書，及朝中近臣可借閱抄錄外，其使用價值侷限很大。從本論文第三章〈臺灣公藏宋版書收藏情況〉、第四章〈臺灣公藏宋版書之特色〉至第五章〈臺灣公藏宋版書的學術價值〉闡述中，可見臺灣公藏宋版書結合了古代公家藏書及私家藏書的優點，不僅收集、保存、整理、校勘、著錄、提要、刊布各種宋版書，對於傳遞文化、培養人才、推展學術的價值更甚。

總的來說，臺灣公藏宋版書的整體價值至少有五點：

一、具豐富性：臺灣公藏宋版書版圖遍及中國各地，內容囊括經史子集，備其精良，許多當代文人生平、成書原委、學術淵源、典章制度等資料，甚至清代名藏書家的逸聞掌故，皆附於其中，一應俱全，無所不包。

二、具系統性：臺灣公藏單位充實館藏，蒐集孤本，將典籍著錄於簿，書名、卷數、作者一一了然，又敘其內容、辨其源流、考其篇目、論其得失，讓包羅萬象的宋版書，透過拍攝微片、刊印典籍、展覽活動及建立數位典藏系統等方式來傳遞文化資產，給後代留下一份份珍貴文化史料。

三、具獨特性：以時間言，時久傳少，去原著較近，存眞性高；以空間言，從上至下，從東至西，大江南北，內容、版本、紙墨、形式到裝飾，呈現獨一無二、別無所求的孤本。

四、具華貴性：其距今已遠，有經歷代宮廷之寶藏者；有紙質堅任韌、光潔如新者；有墨若漆點，醉心賞目者；有出版審愼，精校細勘者，每一部宋版書幾乎都兼具舊本、精本之條件，既爲千年遺存的重要文獻，也是文化史上的珍品，加以臺灣公藏宋版書已被列爲國寶，其特殊地位，更使它價值連城，彌足珍貴。

五、具文化性：從文化視角來看臺灣公藏宋版書，可以見到歷代藏書的種種過程；可以挖掘藏書家的內心；更可以呈現清朝人愛書、讀書、治學、

〔註2〕 吳晗：《江浙藏書家史略》（中華書局），序言。

繼承及弘揚文化的傳統。

有一首《伏天曬書詩》云：

> 三伏趁朝爽，閒庭散舊編，如遊千載上，與結半生緣。讀書年非臺，
> 題驚歲又遷，呼兒勤儉點，家世只青氈。〔註3〕

這段話將藏書看作子子孫孫的大業，人們透過書籍追尋、繼承及發揚文化傳統，因此，保存書，即是保存文化。

四百多部的宋版典籍，經歷千劫萬難的歷史，帶著它的文化密碼，陳列在我們面前，這是中華文化的大幸，也是世界文化的萬幸。在宋版書如此深廣和無限豐富性面前，這份調查研究實難以估量出它沈甸甸的份量，茲提出下列幾點作為本文的結語。

一、宋代為我國雕版印刷術的極盛時期，上至皇帝，下至平民，無不熱衷於出版搜求圖書。當時刊刻處所遍及大江南北，臺灣宋版書藏質精，對於見證有宋一代的出版成就，具有不可取代的貢獻。

二、古籍經過一再傳寫、傳刻，難免走誤。宋版書出版日早，保存原著真實貌較多，具有高度的文獻價值。然葉德輝曾說：「藏書貴宋本，人人知之也，然宋本亦有不盡可據者〔註4〕。」刻書既出於人為，無心之過，在所難免，清陸敕先點校宋版時也曾說道：「宋版不必盡是，時版不必盡非。然較是非以為常，宋刻之非者居二三，時刻之是者無六七，則寧從其舊也。〔註5〕」校書不應偏於古本，但其之內容又較後傳者可靠，卻是不爭之事實，陸氏之舉應為吾人所當取法矣。

三、臺灣公藏宋版書，幸賴公家所管轄之各大小不同單位細心保存維護，並編成目錄，提供眾人研究利用。每一部公藏目錄，可視為親炙文化的最佳工具，但就舊日的紙本而言，一般人不易完全獲得，必須勤跑圖書館，耗費相當時間，更別說是散落在海外的宋版書了。即使是新近的網路公用目錄，也得逐一點選選各單位的相關網頁，難免麻煩。如果有了聯合目錄，問題便迎刃而解。在 2000 年 6 月的「中文文獻資源共建共享合作會議」，將海內外所見存之宋版書，彙為一目，每一書著錄書名、卷數、作者、版本、所藏地

〔註3〕 （清）潘奕雋：《續修四庫全書‧三松堂集‧曝書》（上海市：上海古籍，2002）卷八，頁635。

〔註4〕 （清）葉德輝：《書林清話》（北京：北京古籍出版社，1957），頁157。

〔註5〕 （清）葉德輝：《書林清話》（北京：北京古籍出版社，1957），頁159。

點，並附書名、人名索引及原件掃瞄檔，俾便檢索；如此一來，便能嘉惠學林。又一些民間私藏家或文庫所收藏之宋版書，其中不乏難得一見的版本，往往隨著收藏家的沒落而轉換別處，也沒有詳盡的書目可資查詢，此一問題也需各界共襄盛舉，以充分發揮無時空限制的電子藏書功能。

　　四、典籍貴在利用，而圖書典籍又是一種文化存在的表現形式，也是古代文化重要的組成部分，倘若紙與雕版印刷的興起，方便了典籍流通，進而促使文化間的交流。然經濟與科技的發達更盛以往，現今社會雖非疆域統一，但電子媒體的廣泛使用，不外乎也是促使學術交流的一環，配合著這樣的環境與時機，培養校讎人才，使著錄項的呈現愈形規範、完整，以達引領宋刊本研究風氣，提昇宋刊本研究境界，使其跨時空、跨領域的融合，造就文化史上另一個高峰。除利用科技外，為增加孤本的流傳，而將宋版書仿古據原式線裝影印也是相當重要的，不僅可以保存原貌，還可減少原書的提借，維護古籍，並讓古籍化身千百，永垂不朽。還可集結尚未印刷的宋版書史料、圖片，編輯出版臺灣公藏宋版書全集，以臺灣現有最新印刷科技為之精印，其一方面據以展現我輩繼往開來保存當代重要印刷學術文物之精神，另一方面則以現代科技展現傳統藝術之美。誠以清代學者奮鬥數十年，著述千餘年史料，其間之艱辛，雖不得同日而語，但可肯定的是，此行或可影響後世數百年，其意義與責任是重大非凡的。

　　五、宋版書數位化是可推展的，但卻免不了有許多問題，其一，因時代變遷，文獻類型快速發展，宋版書依據古代文獻的分類方式，與現代分類方式不同，容易造成與大眾在知識上和資料上的隔閡。其二，因文言文逐漸不被使用，這使得文言文走向專業化，更加減少了宋版書的使用率。其三，因資訊的便捷，同時也產生了知識範疇的侷限性，若欲搜尋之關鍵詞為宋版書中比較常見的辭語時，出現的檢索往往數十、數百甚至數千條，即使是專家，都得耗時耗力去過濾，別無他法，何況是一般人。其四，若遇難檢字或異體字，別說檢索不了，恐怕連輸入都是一種困難。針對這些問題，應提出更好的思考方向，如建立文言、白話之間的翻譯系統、中文輸入法不侷限於內建文字、將宋版書的所有資訊依據主題式分類等等。

　　吳哲夫先生曾云：「許多有意義的工作，往往不是偶然發生的，而是經過長時間的醞釀，配合適當環境及時機，始克促成其事的〔註6〕。」臺灣公藏宋

〔註6〕 吳哲夫：〈楊守敬與觀海堂藏書〉，《故宮文物月刊》第 7 期第 1 卷，民國 78

版書如不作一番互相比對，難以看出某書的獨特學術價值，但要進行這項研究工作，需要花費很大的時間、力氣以及豐厚的校勘學知識。而如何讓宋版書與現代資訊接軌，更是我們這個時代的文獻研究者的使命。這當然不是一件容易做到的事，它需要龐大的人力、物力，才能以冗長的時間去逐步完成。這其中還有很多方法上的問題。

宋人將雕版印刷術代替手書傳鈔，讓千年來的許多知識與創作，化身千萬，傳之久遠，對教育的普及與提升功不可沒。對一般人而言，宋版書的價值好像只存在「物以稀為貴」的表象意義，但，書之作為承載思維的工具，其內容如何探討更深，傳播更廣，更是一個嚴肅的問題。

本文提出臺灣公藏宋版書的調查研究，無法對所有宋版書作更深入的剖析，僅能將臺灣公藏宋版書予以明確之定義及範圍，以期能提供一些些基礎性的參考，盼望未來有更多學者能進一步從學術研究角度深探每一部宋版書，以呈現每一部宋版書的不同文獻價值。

年 4 月，頁 119。

參考書目

一、宋版書目錄類

（一）專書

1、國立故宮博物院（依出版年代排列）

1. 國立故宮博物院編纂：《國立故宮博物院宋本圖錄》，臺北市：國立故宮博物院，1977 年。
2. 國立故宮博物院編纂：《國立故宮博物院善本書目》，臺北市：國立故宮博物院，1983 年。
3. 國立故宮博物院編輯委員會編：《國立故宮博物院藏沈氏研易樓善本圖錄》，臺北市：國立故宮博物院編輯委員會，1986 年。

2、國家圖書館（依出版年代排列）

1. 國立中央圖書館編輯：《國立中央圖書館宋本圖錄》，臺北市：中華叢書委員會，1958 年。
2. 國立中央圖書館編輯：《國立中央圖書館金元本圖錄》，臺北市：中央圖書館，1961 年 8 月。
3. 國立中央圖書館編輯：《國立中央圖書館典藏國立北平圖書館善本書目》，臺北市：中央圖書館，1969 年 12 月。
4. 國立中央圖書館特藏組編輯：《國立中央圖書館善本書目》，臺北市：中央圖書館，1986 年。
5. 國家圖書館特藏組編：《國家圖書館善本書志初稿》，臺北市：國家圖書館，1999 年 6 月。

3、**其他藏書單位**（依出版年代排序，同時代的著作再依書名筆畫排列）

1. 中央研究院歷史語言研究所編：《中央研究院歷史語言研究所善本書目》，臺北市：中央研究院歷史語言研究所，1968 年。
2. 國立臺灣大學等編：《國立臺灣大學、臺灣省立台北圖書館、國防研究院、國立臺灣師範大學、私立東海大學善本書目》，臺北市：國立臺灣大學，1968 年。
3. （日）阿部隆一：《中國訪書志》，日本東京：汲古書院，昭和 58 年（1983 年）。

（二）研究計畫

1. 吳哲夫：《臺灣公藏宋元版書調查研究》，行政院國家科學委員會計畫，民國 94 年 8 月 1 日至民國 96 年 7 月 31 日。

（三）網站資料（依網站英文字母先後排列）

1. 中央研究院歷史語言研究所傅斯年圖書館善本古籍檢索系統：
   http：//lib.ihp.sinica.edu.tw/pages/03-rare/system/index.htm
2. 國立故宮博物院善本古籍資料庫：
   http：//npmhost.npm.gov.tw/tts/npmmeta/RB/RB.html
3. 國家圖書館古籍影像檢索系統：
   http：//rarebook.ncl.edu.tw/rbook.cgi/store/frameset.htm

（四）其他

1. 故宮提供之宋刊本清單：約二百筆左右。
2. 國立故宮博物院文物資料表——善本書：共有二十一筆影本。
3. 國立故宮博物院宋刊本：查閱部分原刊本。
4. 國家圖書館宋刊本：查閱部分原刊本。

二、宋版書專論類

（一）專書（依作者時代排列，同時代之作者再依出版年代排列）

1. （清）黃丕列、王國維：《宋版書考錄》，北京：北京圖書館，2003 年。
2. 鄭騫：《宋刊施顧註蘇東坡詩提要》，臺北縣板橋鎮：藝文印書館，民國 59 年。
3. 王國維：《五代兩宋監本考》，臺北市：商務印書館，民國 65 年。
4. 王肇文：《古籍宋元刻工姓名索引》，上海：上海古籍出版社，1990 年。
5. 李致忠：《宋版書敍錄》，北京：書目文獻出版社，1994 年。

6. 昌彼得：《增訂蟫菴羣書題識》，臺北市：臺灣商務，1997 年。

7. 林柏亭主編，王福壽等文字撰述，蒲思棠（Donald Brix）英文翻譯：《大觀：宋版圖書特展＝Grand view: special exhibition of Sung Dynasty rare books》，臺北市：國立故宮博物院，民國 95 年 12 月。

（二）期刊論文（依出版年代排列）

1. 屈萬里：〈臺灣現存的珍本圖書和重要學術資料〉，《圖書館學刊（臺大）》第 1 期，民國 56 年 4 月，頁 13～20。

2. 李學智：〈臺大藏宋版「西山先生眞文忠公文章正宗」〉，《圖書館學刊（臺大）》第 1 期，民國 56 年 4 月，頁 77～79。

3. 喬衍琯：〈國立中央圖書館善本書志·宣和遺事〉，《國立中央圖書館館刊》第 1 卷第 1 期，民國 56 年 7 月，頁 60～62。

4. 吳庠：〈南宋書棚本江湖群賢小集記略〉，《國立中央圖書館館刊》第 1 卷第 2 期，民國 56 年 8 月，頁 9～11。

5. 昌彼得：〈國立中央圖書館善本書志·重校添註音辯唐柳先生文集〉，《國立中央圖書館館刊》第 1 卷第 3 期，民國 57 年 1 月，頁 60～63。（其著《增訂蟫菴羣書題識》一書亦收）

6. 吳哲夫：〈宋版論語筆解（善本書志）〉，《國立故宮博物院圖書季刊》第 1 卷第 1 期，民國 59 年 7 月，頁 49。

7. 吳哲夫：〈宋版音註河上公老子道德經（善本書志）〉，《國立故宮博物院圖書季刊》第 1 卷第 1 期，民國 59 年 7 月，頁 50～51。

8. 昌彼得：〈宋版四朝名臣言行錄（善本書志）〉，《國立故宮博物院圖書季刊》第 1 卷第 2 期，民國 59 年 10 月，頁 75～78。（其著《增訂蟫菴羣書題識》一書亦收）

9. 吳哲夫：〈宋版常建詩集（善本書志）〉，《國立故宮博物院圖書季刊》第 1 卷第 2 期，民國 59 年 10 月，頁 79～80。

10. 吳哲夫：〈宋版龍龕手鑑（善本書志）〉，《國立故宮博物院圖書季刊》第 1 卷第 3 期，民國 60 年 1 月，頁 47～49。

11. 吳哲夫：〈宋版心經政經（善本書志）〉，《國立故宮博物院圖書季刊》第 1 卷第 3 期，民國 60 年 1 月，頁 50～52。

12. 神田喜一郎：〈宋版說文正字解說（附原書）〉，《文史季刊》第 1 卷第 3 期，民國 60 年 04 月，頁 81～83。

13. 吳哲夫：〈宋版纂圖互注荀子〉，《國立故宮博物院圖書季刊》第 2 卷第 2 期，民國 60 年 10 月，頁 80～81。

14. 吳哲夫：〈宋版昌黎先生集〉，《國立故宮博物院圖書季刊》第 2 卷第 2 期，民國 60 年 10 月，頁 82～83。

15. 吳哲夫：〈宋版梅亭先生四六標準〉，《國立故宮博物院圖書季刊》第 2 卷第 2 期，民國 60 年 10 月，頁 84～86。

16. 吳哲夫：〈宋版文苑英華辨證〉，《國立故宮博物院圖書季刊》第 2 卷第 2 期，民國 60 年 10 月，頁 87～88。

17. 李清志：〈國立中央圖書館館藏杜集敍錄（上）〉，《國立中央圖書館館刊》第 4 卷第 4 期，民國 60 年 12 月，頁 22～23。

18. 吳哲夫：〈宋版蘇文忠公奏議二卷〉，《國立故宮博物院圖書季刊》第 2 卷第 3 期，民國 61 年 1 月，頁 61～65。

19. 吳哲夫：〈宋版東萊先生標註三國志詳節二十卷〉，《國立故宮博物院圖書季刊》第 2 卷第 3 期，民國 61 年 1 月，頁 66～67。

20. 吳哲夫：〈宋版新編方輿勝覽七十卷〉，《國立故宮博物院圖書季刊》第 2 卷第 3 期，民國 61 年 1 月，頁 68～70。

21. 李清志：〈國立中央圖書館館藏杜集敍錄（下）〉，《國立中央圖書館館刊》第 5 卷第 1 期，民國 61 年 3 月，頁 52～60。

22. 吳哲夫：〈重刊許氏說文解字五音韻譜十二卷〉，《國立故宮博物院圖書季刊》第 2 卷第 4 期，民國 61 年 4 月，頁 43～44。

23. 吳哲夫：〈宋版資治通鑑存四頁〉，《國立故宮博物院圖書季刊》第 2 卷第 4 期，民國 61 年 4 月，頁 45～46。

24. 吳哲夫：〈國朝諸臣奏議存一四五卷〉，《國立故宮博物院圖書季刊》第 2 卷第 4 期，民國 61 年 4 月，頁 47～49。

25. 吳哲夫：〈致堂讀史管見三〇卷〉，《國立故宮博物院圖書季刊》第 2 卷第 4 期，民國 61 年 4 月，頁 50～52。

26. 吳哲夫：〈孔氏六帖存二十九卷〉，《國立故宮博物院圖書季刊》第 2 卷第 4 期，民國 61 年 4 月，頁 53～55。

27. 吳哲夫：〈宋版嚴氏濟生方十卷〉，《國立故宮博物院圖書季刊》第 2 卷第 4 期，民國 61 年 4 月，頁 71～72。

28. 潘美月：〈南宋重刊九行本七史考〉，《國立故宮博物院圖書季刊》第 4 卷第 1 期，民國 62 年 7 月，頁 55～92。

29. 潘美月：〈兩宋蜀刻的特色〉，《國立中央圖書館館刊》第 9 卷第 2 期，民國 65 年 12 月，頁 45～55。

30. 劉兆祐：〈宋代正史類史籍考——宋代史籍考之一（上）〉，《國立中央圖書館館刊》第 11 卷第 1 期，民國 67 年 6 月，頁 1～18。

31. 吳哲夫：〈天祿琳琅書目續編著錄之宋版書籍探究〉，《國立中央圖書館館刊》第 11 卷第 1 期，民國 67 年 6 月，頁 19～34。

32. 劉兆祐：〈宋代正史類史籍考——宋代史籍考之一（下）〉，《國立中央圖書館館刊》第 11 卷第 2 期，民國 67 年 12 月，頁 60～74。

33. 李宗焜：〈宋本文苑英華〉，見史語所影印宋本《文苑英華》書末。

34. 封思毅：〈唐石經與宋本〉，《國立中央圖書館館刊》第 12 卷第 2 期，民國 68 年 12 月，頁 1～6。

35. 封思毅：〈宋諱集說〉，《國立中央圖書館館刊》第 13 卷第 1 期，民國 69 年 6 月，頁 57～67。

36. 張棣華：〈國立中央圖書館善本書志・龍龕手鑑四卷〉，《國立中央圖書館館刊》第 13 卷第 1 期，民國 69 年 6 月，頁 84。

37. 封思毅：〈北宋蜀本〉，《四川文獻》第 177 卷，民國 69 年 12 月，頁 63～67。

38. 封思毅：〈南宋蜀本〉，《四川文獻》第 178 卷，民國 70 年 4 月，頁 66～71。

39. 潘美月：〈宋代私家藏書之特色〉，《書府》第 3 期，民國 70 年 4 月，頁 33～38。

40. 封思毅：〈宋代秘閣黃本〉，《國立中央圖書館館刊》第 14 卷第 1 期，民國 70 年 6 月，頁 1～7。

41. 鄭騫：〈景印宋本五臣集注文選跋〉，《國立中央圖書館館刊》第 14 卷第 1 期，民國 70 年 6 月，頁 58～59。

42. 封思毅：〈兩宋蜀本（附北宋、南宋、蜀宋補遺）〉，《四川文獻》第 179 卷，民國 70 年 7 月，頁 66～73。

43. 張棣華：〈國立中央圖書館善本書志・韋蘇州集存一卷〉，《國立中央圖書館館刊》第 15 卷第 1 期，民國 71 年 12 月，頁 79～80。

44. 張棣華：〈國立中央圖書館善本書志・心經一卷〉，《國立中央圖書館館刊》第 15 卷第 1 期，民國 71 年 12 月，頁 80。

45. 封思毅：〈宋本之因革〉，《國立中央圖書館館刊》第 16 卷第 2 期，民國 72 年 12 月，頁 1～10。

46. 李清志：〈修訂本館善本書目芻說（1）：經部〉，《國立中央圖書館館刊》第 16 卷第 2 期，民國 72 年 12 月，頁 11～23。

47. 潘美月：〈宋刻九經三傳（上）〉，《故宮文物月刊》第 1 卷第 11 期，民國 73 年 2 月，頁 127～131。

48. 潘美月：〈宋刻九經三傳（中）〉，《故宮文物月刊》第 1 卷第 12 期，民國 73 年 3 月，頁 122～125。

49. 潘美月：〈宋刻九經三傳（下）〉，《故宮文物月刊》第 2 卷第 1 期，民國 73 年 4 月，頁 53～56。

50. 潘美月：〈宋刻南北朝七史〉，《故宮文物月刊》第 2 卷第 2 期，民國 73 年 5 月，頁 93～96。

51. 潘美月：〈宋刻韓柳文集〉，《故宮文物月刊》第 2 卷第 3 期，民國 73 年 6 月，頁 121～124。

52. 潘美月：〈宋代四川刊印唐人文集〉，《故宮文物月刊》第 2 卷第 7 期，民國 73 年 10 月，頁 108～114。

53. 潘美月：〈談宋刻施顧東坡詩註〉，《故宮文物月刊》第 2 卷第 10 期，民國 74 年 1 月，頁 134～137。

54. 潘美月：〈宋蜀刻南華真經〉，《故宮文物月刊》第 3 卷第 3 期，民國 74 年 6 月，頁 73～75。

55. 潘美月：〈北宋蜀刻小字本冊府元龜〉，《故宮文物月刊》第 3 卷第 6 期，民國 74 年 9 月，頁 132～135。

56. 吳哲夫：〈故宮宋版書之旅〉，《故宮文物月刊》第 3 卷第 7 期，民國 74 年 10 月，頁 82～91。

57. 張培之：〈宋版寒山詩集簡介〉，《內明》第 170 期，民國 75 年 5 月，頁 26～28。

58. 李清志：〈修訂本館善本書目解說——史、子部〉，《國立中央圖書館館刊》第 20 卷第 1 期，民國 76 年 6 月，頁 3～44。

59. 張棣華：〈國立中央圖書館善本書志·歐陽行周文集十卷〉，《國立中央圖書館館刊》第 20 卷第 1 期，民國 76 年 6 月，頁 169～170。

60. 封思毅：〈宋本之賞鑒〉，《中國國學》第 15 卷，民國 76 年 9 月，頁 93～101。

61. 李清志：〈修訂本館善本書目解說——集部〉，《國立中央圖書館館刊》第 20 卷第 2 期，民國 76 年 12 月，頁 11～37。

62. 封思毅：〈宋本與校勘〉，《中國國學》第 16 卷，民國 77 年 10 月，頁 173～180。

63. 封思毅：〈國立中央圖書館特藏今昔（1）〉，《國立中央圖書館館訊》第 10 卷第 4 期，民國 77 年 11 月，頁 30。

64. 封思毅：〈國立中央圖書館特藏今昔（2）〉，《國立中央圖書館館訊》第 11 卷第 2 期，民國 78 年 5 月，頁 26～27。

65. 封思毅：〈兩宋監本及閩監〉，《中國國學》第 17 卷，民國 78 年 11 月，頁 175～189。

66. 吳哲夫：〈稀世珍本宋版周禮疏〉，《故宮學術季刊》第 7 卷第 12 期，民國 79 年 3 月，頁 90～96。

67. 封思毅：〈國立中央圖書館特藏今昔（3）〉，《國立中央圖書館館訊》第 12 卷第 2 期，民國 79 年 5 月，頁 14～17。

68. 封思毅：〈國立中央圖書館特藏今昔（4）〉，《國立中央圖書館館訊》第 12 卷第 3 期，民國 79 年 8 月，頁 28～30。

69. 昌彼得：〈古版本鑒別雜譚（3）——常見的宋版贗品〉，《故宮文物月刊》第 101 期，民國 80 年 8 月，頁 102～109。

70. 昌彼得：〈古版本鑒別雜譚（4）——如何鑒別宋版（上）〉，《故宮文物月刊》第 103 期，民國 80 年 10 月，頁 88～93。

71. 昌彼得：〈古版本鑒別雜譚（5）——如何鑒別宋版（下）〉，《故宮文物月刊》第 104 期，民國 80 年 11 月，頁 82～89。

72. 昌彼得：〈連城寶笈蝕無嫌——談宋版李壁注王荊公詩〉，《故宮文物月刊》第 9 卷第 11 期，民國 81 年 2 月，頁 92～99。（其著《增訂蟬菴羣書題識》一書亦收）

73. 吳哲夫：〈宋代坊肆刻書與詩文集傳播的關係〉，《國立中央圖書館館刊》第 28 卷第 1 期，民國 84 年 6 月，頁 67～77。

74. 封思毅：〈宋代秘閣黃本補編〉，《國立中央圖書館館刊》第 28 卷第 1 期，民國 84 年 6 月，頁 111～113。

75. 梁春醪，吳榮子：〈淺談宋版佛經〉，《國家圖書館館刊》第 87 卷第 2 期，民國 87 年 12 月，頁 261～293。

76. 吳哲夫：〈故宮宋版書藏的傳世意義〉，《千禧年宋代文物大展》（台北：故宮博物院，民國 89 年），頁 339～362。

77. 戴文和：〈《錦繡萬花谷》介紹〉，《僑光學報》第 19 卷，民國 90 年 10 月，頁 247～280。

78. 吳哲夫：〈從《畫一元龜》談日本古漢籍的收藏〉，《書目季刊》第 35 卷第 3 期，民國 90 年 12 月，頁 9～16。

79. 盧錦堂：〈《東都事略》善本三種〉，《國家圖書館館訊》第 91 卷第 1 期，民國 91 年 2 月，頁 26～28。

80. 昌彼得：〈談故宮博物院所藏宋版書〉，《故宮文物月刊》第 19 卷第 12 期，民國 91 年 3 月，頁 68～73。

81. 吳璧雍：〈宋元古籍珍而不秘——「宋元善本圖書學術研討會」記實〉，《故宮文物月刊》第 19 卷第 12 期，民國 91 年 3 月，頁 74～93。

82. 曾啓雄，林長慶：〈宋代雕版書籍之魚尾造形研究〉，《設計學報》第 7 卷第 1 期，民國 91 年 06 月，頁 75～86。

83. 尾崎康：〈宋代雕版印刷的發展〉，《故宮學術季刊》第 20 卷第 4 期，民國 92 年夏，頁 167～190＋229。

84. 封思毅：〈《東都事略》所載之北宋九朝著作錄〉，《國家圖書館館刊》第 92 卷第 2 期，民國 92 年 10 月，頁 147～168。

85. 吳璧雍：〈「石渠閣精訂天涯不問」——一部院藏袖珍本旅行交通手冊〉，《故宮文物月刊》第 21 卷第 8 期，民國 92 年 11 月，頁 82～87。

86. 姜民國：〈楊氏海源閣及其藏書略述〉，《大學圖書館》第 9 卷第 1 期，民

國 94 年 3 月，頁 123～142。

87. 封思毅：〈宋本版心見知什記〉，《國家圖書館館刊》第 41 期，民國 94 年 6 月，頁 215～227。

88. 吳璧雍：〈寶笈來歸——記故宮新藏宋本《鏊本點校重言重意互註尚書》〉，《故宮文物月刊》》第 23 卷第 5 期，民國 94 年 8 月，頁 30～37。

89. 吳璧雍：〈眾裡尋它——談南宋建安余仁仲刊《春秋公羊經傳解詁》〉，《故宮文物月刊》》第 23 卷第 8 期，民國 94 年 11 月，頁 40～47。

90. 吳璧雍：〈秀才必讀——談南宋廣都本《六家文選》〉，《故宮文物月刊》第 23 卷第 9 期，民國 94 年 12 月，頁 40～45。

91. 王福壽：〈研易舊藏 故宮新典——談研易樓主人沈仲濤先生捐贈的二部宋刊珍本〉，《故宮文物月刊》第 23 卷第 10 期，民國 95 年 1 月，頁 80～87。

92. 胡進杉：〈戒是一切成佛之本——故宮崇寧藏本《菩薩瓔珞本業經》述要〉，《故宮文物月刊》》第 23 卷第 11 期，民國 95 年 2 月，頁 10～16。

93. 胡進杉：〈戒律，成為佛教徒的必備條件（上）：從宋版《菩薩瓔珞本業經》談菩薩戒〉，《人生雜誌》第 274 期，民國 95 年 6 月，頁 114～117。

94. 吳璧雍：〈大法會集 譬喻演說——故宮宋本《大集譬喻王經》試析〉，《故宮文物月刊》第 279 期，民國 95 年 6 月，頁 52～60。

95. 胡進杉：〈戒律，成為佛教徒的必備條件（下）：從宋版《菩薩瓔珞本業經》談菩薩戒〉，《人生雜誌》第 275 期，民國 95 年 7 月，頁 114～117。

96. 劉美玲：〈婉約重現——故宮藏宋版秦觀《淮海集》述要〉，《故宮文物月刊》第 280 期，民國 95 年 7 月，頁 24～28。

97. 許媛婷：〈乾坤挪移——從《南軒先生文集》看書估之作偽〉，《故宮文物月刊》第 280 期，民國 95 年 7 月，頁 30～39。

98. 胡進杉：〈夏竦遺珍 北宋佳槧——記宋皇祐三年刊本《妙法蓮華經》〉，《故宮文物月刊》第 281 期，民國 95 年 8 月，頁 44～51。

99. 吳璧雍：〈外交見聞錄——宋本《宣和奉使高麗圖經》〉，《故宮文物月刊》第 282 期，民國 95 年 9 月，頁 40～49。

100. 許媛婷：〈人生樂在相知心——談李壁注《王荊文公詩》〉，《故宮文物月刊》第 283 期，民國 95 年 10 月，頁 22～28。

101. 吳璧雍：〈沈潛的美學——談故宮宋刊本東坡先生和陶淵明詩〉，《故宮文物月刊》第 284 期，民國 95 年 11 月，頁 22～27。

102. 胡進杉：〈如夢幻泡影 如露亦如電（上）——宋開慶元年壽聖寺刊本《金剛般若波羅蜜經》〉，《人生雜誌》第 279 期，民國 95 年 11 月，頁 114～117。

103. 吳璧雍：〈大觀——宋版圖書特展〉，《典藏古美術》第 171 期，民國 95 年 12 月，頁 70～78。

104. 胡進杉：〈如夢幻泡影　如露亦如電（下）——宋開慶元年壽聖寺刊本《金剛般若波羅蜜經》〉，《人生雜誌》第 280 期，民國 95 年 12 月，頁 120～123。

105. 吳璧雍：〈窺豹一斑　嚐鼎一臠——談宋版圖書的策展思惟〉，《故宮文物月刊》第 286 期，民國 96 年 1 月，頁 20～27。

106. 藝術家訊：〈大觀——北宋書畫、汝窯、宋版圖書特展在國立故宮博物院展出〉，《藝術家》第 64 卷第 1 期，民國 96 年 1 月，頁 102～105。

107. 胡進杉：〈大法會集　譬喻演說（上）——故宮宋本《大宋譬喻王經》試析〉，《人生雜誌》第 281 期，民國 96 年 1 月，頁 118～122。

108. 胡進杉：〈大法會集　譬喻演說（下）——故宮宋本《大宋譬喻王經》試析〉，《人生雜誌》第 282 期，民國 96 年 2 月，頁 114～117。

109. 許媛婷：〈衣帶漸寬終不悔——從宋刊《儀禮要義》看魏了翁的注經生涯〉，《故宮文物月刊》第 287 期，民國 96 年 2 月，頁 30～37。

110. 胡進杉：〈夏竦遺珍　北宋佳槧（上）——記院藏宋皇祐三年刊本《妙法蓮華經》〉，《人生雜誌》第 283 期，民國 96 年 3 月，頁 114～117。

111. 胡進杉：〈夏竦遺珍　北宋佳槧（下）——記院藏宋皇祐三年刊本《妙法蓮華經》〉，《人生雜誌》第 284 期，民國 96 年 4 月，頁 114～117。

112. 吳哲夫：〈北宋出版文化特色考述〉，《書目季刊》第 41 卷第 1 期，民國 96 年 6 月，頁 11～29。

113. 吳哲夫：〈宋代圖書出版業——品牌與行銷〉，《故宮文物月刊》第 296 期，民國 96 年 11 月，頁 78～86。

114. 吳哲夫：〈宋代圖書出版業——市場與版權〉，《故宮文物月刊》第 297 期，民國 96 年 12 月，頁 102～109。

115. 吳璧雍：〈天祿遺篇——談院藏宋本晦庵先生文集〉，《故宮文物月刊》第 303 期，民國 97 年 6 月，頁 92～101

116. 胡進杉：〈沙含世界剎那即永恆——記西元 1302 年問世的西夏文《華嚴經》〉，《人生雜誌》第 299 期，民國 97 年 7 月，頁 120～123。

三、臺灣公藏宋版書收藏情況相關著作類

（一）故宮博物院

1、專書（依出版年代排列）

1. 那志良：《故宮博物院三十年之經過》，臺北市：中華叢書委員會，民國 46 年。

2. 國立故宮博物院七十星霜編輯委員會：《故宮七十星霜》，臺北市：國立故宮博物院，民國 85 年。

2、期刊論文（依出版年代排列）

1. 昌彼得：〈關於北平圖書館寄存美國的善本書〉，《書目季刊》第 4 卷第 2
   期，民國 58 年 12 月，頁 3～12。

2. 吳哲夫：〈徐庭瑤先生贈書紀略〉，《國立故宮博物院圖書季刊》第 2 卷第
   1 期，民國 60 年 7 月，頁 63～68。

3. 吳哲夫：〈國立故宮博物院藏書簡介〉，《教育與文化》，民國 63 年 8 月，
   頁 30～36。

4. 吳哲夫：〈故宮善本書志〉，《故宮季刊》第 10 卷第 1 期，民國 64 年春，
   頁 55～69。吳哲夫：〈故宮善本書志〉，《故宮季刊》第 11 卷第 3 期，民
   國 65 年秋，頁 47～74。

5. 昌彼得：〈故宮博物院珍藏研究資料及特色〉，《幼獅學誌》第 13 卷第 1
   期，民國 65 年 11 月，頁 134～152。

6. 吳哲夫：〈故宮博物院善本舊籍圖書的典藏、維護及宣揚〉，《華學月刊》
   第 62 卷，民國 66 年 2 月，頁 35～45。

7. 蔣復璁：〈國立故宮博物院遷運文物來臺的經過與設施〉，《故宮季刊》第
   14 卷第 1 期，民國 68 年秋，頁 37～43。

8. 吳哲夫：〈最華麗的圖書：漫談故宮珍藏的佛經〉，《故宮文物月刊》第 1
   卷第 11 期，民國 73 年 2 月，頁 116～126。

9. 吳哲夫：〈故宮珍藏醫藥圖書〉，《故宮文物月刊》第 2 卷第 6 期，民國
   73 年 4 月，頁 138～144。

10. 魏美月：〈研易樓主沈仲濤捐贈宋版圖書始末〉，《故宮文物月刊》第 2 卷
    第 11 期，民國 73 年 9 月，頁 90～93。

11. 蔣復璁：〈運歸國立北平圖書館存美善本概述〉，《珍帚文集》（臺北市：
    商務印書館，民國 74 年），頁 897。

12. 吳哲夫：〈故宮宋版書之旅〉，《故宮文物月刊》第 3 卷第 7 期，民國 74
    年 10 月，頁 82～91。

13. 吳哲夫：〈故宮藏書鳥瞰〉，《故宮文物月刊》第 4 卷第 7 期，民國 75 年
    10 月，頁 42～51。

14. 吳哲夫：〈沈氏研易樓的宋版書藏〉，《故宮文物月刊》第 11 卷第 4 期，
    民國 82 年 7 月，頁 10～17。

15. 昌彼得：〈談故宮博物院所藏宋版書〉，《故宮文物月刊》第 228 期，民國
    91 年 3 月，頁 68～73。

16. 錢存訓：〈北京圖書館善本古籍流浪六十年——祝願國寶早日完璧歸
    趙〉，《傳記文學》第 79 卷第 6 期，民國 90 年 12 月，頁 15～18。

17. 吳璧雍：〈人命千金——院藏古代醫藥圖書簡介〉，《故宮文物月刊》第

21 第 5 期，民國 92 年 8 月，頁 56～63。

（二）國家圖書館

1、專書（依出版年代排列）

1. 國家圖書館製作，子曰錄影傳播公司錄製：《慶祝國家圖書館六十三週年館慶系列活動》，臺北市：國家圖書館，民國 85 年。
2. 國家圖書館編：《出版、閱讀與圖書館：國家圖書館七十周年館慶研討會展覽專輯》，臺北市：國家圖書館，民國 92 年。

2、期刊論文（依出版年代排列）

1. 張錦郎：〈中央圖書館珍藏研究資料及特色〉，《幼獅學誌》第 13 卷第 1 期，民國 65 年 11 月，頁 153～183。
2. 蘇精：〈抗戰時期秘密收購淪陷區古書始末〉，《傳記文學》第 35 卷第 5 期，民國 68 年 11 月，頁 107～114。（《大成》第 188 卷，民國 78 年 7 月，頁 31～35，亦收。）
3. 蘇精，周密：〈國立中央圖書館大事記（1）——自民國二十二年至民國二十九年〉，《國立中央圖書館館刊》第 12 卷第 2 期，民國 68 年 12 月，頁 62～73。
4. 昌彼得：〈嫏嬛秘笈歷劫不磨：中央圖書館善本書集藏經緯談〉，《國立中央圖書館館訊》第 15 卷第 2 期，民國 82 年 4 月，頁 21～24。
5. 沈津：〈鄭振鐸和「文獻保存同志會」〉，《國家圖書館館刊》第 86 卷第 1 期，民國 86 年 6 月，頁 95～115。
6. 丁原基：〈《國家圖書館善本書志初稿叢書部》評介〉，《全國新書資訊月刊》第 30 期，民國 90 年 6 月，頁 12～14。
7. 盧錦堂：〈從抗戰期間搶救珍貴古籍的一段館史說起〉，《國家圖書館館訊》第 90 卷第 3 期，民國 90 年 8 月，頁 6～8。
8. 盧錦堂：〈國圖藏珍——宋刻本《一切如來心祕密全身舍利寶篋印陀羅尼經》〉，《國家圖書館館訊》第 90 卷第 4 期，民國 90 年 11 月，頁 14～16。
9. 盧錦堂：〈國圖藏珍——《東都事略》善本三種〉，《國家圖書館館訊》第 91 卷第 1 期，民國 91 年 2 月，頁 26～28。
10. 盧錦堂：〈國圖藏珍——宋嘉定刻本《註東坡先生詩》〉，《國家圖書館館訊》第 91 卷第 3 期，民國 91 年 8 月，頁 30～32。
11. 盧錦堂：〈抗戰時期香港方面暨馮平山圖書館參與國立中央圖書館搶救我國東南淪陷區善本古籍初探〉，《國家圖書館館刊》第 92 卷第 2 期，民國 92 年 10 月，頁 125～146。

（三）傅斯年圖書館

1、專書

    1. 湯蔓媛纂輯：《傅斯年圖書館善本古籍題跋輯錄》，臺北市：中央研究院歷史語言研究所・慶祝史語所八十周年籌備會，民國 97 年。

2、期刊論文

    1. 屈萬里：〈中央研究院歷史語言研究所工作重點及珍藏資料〉，《幼獅學誌》第 13 卷第 1 期，民國 65 年 11 月，頁 116～122。

（四）其他

1、期刊論文（依出版年代排列）

    1. 蔣復璁：〈臺灣藏書的鳥瞰（上）〉，《大陸雜誌》第 8 卷第 2 期，民國 43 年 1 月，頁 1～4。

    2. 蔣復璁：〈臺灣藏書的鳥瞰（下）〉，《大陸雜誌》第 8 卷第 3 期，民國 43 年 2 月，頁 16～20。

    3. 鄭恆雄：〈中央圖書館臺灣分館珍藏研究資料及特色〉，《幼獅學誌》第 13 卷第 1 期，民國 65 年 11 月，頁 184～190。

    4. 潘美月，夏麗月：〈國立臺灣大學圖書館所藏古籍的整理〉，《國家圖書館館刊》，第 85 卷第 2 期，民國 85 年 12 月，頁 3～28。

四、其他相關著作

（一）專書

1、古籍類（依作者時代排列，同時代之作者再依出版年代排列，同出版年代者則依作者筆畫排列）

    1. （南朝宋）范曄：《後漢書》，臺北市：臺灣商務，民國 89 年。

    2. （唐）范攄：《雲溪友議》，臺北市：世界書局，民國 48 年。

    3. （唐）李延壽：《北史》，臺北市：洪氏出版社，民國 64 年。

    4. （後晉）劉昫：《舊唐書・文宗本紀下》，臺北市：洪氏出版社，民國 66 年。

    5. （宋）王應麟撰，（清）翁元圻注：《困學紀聞》，臺北市：臺灣商務，民國 45 年。

    6. （宋）王應麟：《玉海》，臺北市：華聯出版社，民國 53 年。

    7. （宋）李新傳：《建炎以來朝野雜記》，臺北縣永和鎮：文海，民國 56 年。

    8. （宋）岳珂：《愧郯錄》，臺北縣板橋鎮：藝文，民國 56 年。

9. （宋）朱翌：《猗覺寮雜記》，臺北縣：藝文，民國 56～57 年。

10. （宋）王讜：《唐語林》，臺北市：廣文，民國 57 年。

11. （宋）程俱：《麟台故事》，臺北縣板橋鎮：藝文，民國 58 年。

12. （宋）李攸：《宋朝事實》，臺北市：藝文印書館，民國 59 年。

13. （宋）司馬光：《資治通鑒》，臺北：世界書局，民國 63 年。

14. （宋）歐陽修，宋祁等：《新唐書・地理志五》，臺北市：洪氏出版社，民國 66 年。

15. （宋）薛居正：《舊五代史》，臺北市：洪氏出版社，民國 66 年。

16. （宋）晁公武：《郡齋讀書志》，臺北市：臺灣商務，1978 年。

17. （宋）洪邁：《容齋隨筆》，臺北市：大立出版社，民國 70 年。

18. （宋）朱弁：《曲洧舊聞》，臺北市：世界，1987 年。

19. （宋）蘇軾：《蘇東坡全集》，臺北市：世界，民國 76 年。

20. （宋）王應麟：《玉海》，揚州市：廣陵書社，2003 年。

21. （宋）尤袤：《遂初堂書目》，北京市：商務印書館，2004 年。

22. （元）脫脫等修：《宋史》，臺北市：洪氏出版社，民國 64 年。

23. （明）周弘祖：《古今書刻》，上海：上海古典文學出版社，1957 年。

24. （明）胡應麟：《少室山房筆叢》，北京：北京中華書局，1964 年。

25. （清）汪琬：《堯峯文鈔》，上海：商務印書館，《四部叢刊》之民國國十八年（1929）上海商務印書館四部叢刊影印林佶寫刊本。

26. （清）徐松原輯，陳援庵：《宋會要輯稿》，北京：北京圖書館，1936 年。

27. （清）鄭珍：《巢經巢集》，上海：中華書局，民國 25 年。

28. （清）葉德輝：《書林清話》，北京：北京古籍出版社，1957 年。

29. （清）朱彝尊：《曝書亭集》，臺北市：世界，民國 53 年。

30. （清）黎庶昌：《古逸叢書》，臺北：藝文，1965 年。

31. （清）陳鱣：《經籍跋文》，臺北市：藝文印書館，民國 55 年。

32. （清）葉昌熾：《藏書記事詩》，台北市：藝文，民國 55 年。

33. （清）莫伯驥：《五十萬卷樓藏書目錄初編》，臺北市：廣文，民國 56 年。

34. （清）楊紹和：《楹書隅錄》，臺北市：廣文，民國 56 年。

35. （清）李銘皖：《蘇州府志》，臺北市：成文，民國 59 年。

36. （清）應寶時，（清）俞樾：《上海縣誌》，臺北市：成文，民國 64 年。

37. （清）曹溶：《靜惕堂宋元人集書目》，臺北市：成文出版社，民國 67 年。

38. （清）永瑢、（清）紀昀等撰《武英殿本四庫全書總目提要》，臺北市：臺灣商務，1983 年。

39. （清）錢曾藏：《述古堂藏書目》，臺北市：新文豐，民國 74 年。

40. （清）愛新覺羅・溥儀：《末代皇帝宣統溥儀自傳：我的前半生》，臺北市：文化，民國 81 年。

41. （清）永瑢、（清）紀昀等撰《四庫全書總目》，臺北市：藝文，民國 86 年。

42. （清）于敏中：《天祿琳琅書目續編》，北京市：中華書局，1995 年。

43. （清）楊守敬：《日本訪書志》，上海：上海古籍，1995 年。

44. （清）瞿啓甲：《鐵琴銅劍樓宋金元書影，附識語一卷》，北京市：北京圖書館出版社，2003 年。

45. （清）汪士鐘：《藝芸書舍宋元本書目》，北京市：商務印書館，2004 年。

46. （清）錢謙益：《絳雲樓書目》，北京市：商務印書館，2004 年。

2、當代著作類（依出版年代排序，同時代的著作再依作者筆畫排列）

1. 陳彬龢，查猛濟：《中國書史》，上海：上海商務印書局，1931 年。

2. （日）長澤規矩也：《善本影譜》，東京：日本書志學會，1932 年。

3. 孫毓修：《中國雕版源流考》，上海：上海商務印書局，1934 年。

4. 潘宗周：《寶禮堂宋本書錄》，臺北縣永和鎮：文海，民國 52 年。

5. 錢基博：《版本通義》，北京：北京古籍出版社，1957 年。

6. 孫殿起：《販書偶記》，上海：上海古籍出版社，1959 年。

7. （美）卡特著，吳譯炎譯：《中國印刷術的發明和它的西傳》，北京：北京商務印書館，1962 年。

8. 鄧邦述：《寒瘦山房鬻存善本書目》，臺北市：廣文書局，民國 56 年。

9. （日）森力之：《經籍訪古志》，臺北：廣文，1967 年。

10. 喬衍琯，張錦郎編：《圖書印刷發展史論文集》，臺北市：文史哲，民國 64 年。

11. 張秀民：《中國印刷術的發明及其西傳》，北京：北京人民國出版社，1978 年。

12. 鄭振鐸：《西諦書目題跋》，北京：北京圖書館，1978 年。

13. 汪兆鏞：《碑傳集三編》，臺北縣永和市：文海，民國 69 年。

14. 孫殿起：《販書偶記續編》，上海：上海古籍出版社，1980 年。

15. 陳寅恪：《金明館叢稿二編》，上海：上海古籍出版社，1980 年。

16. （日）島田翰：《古文舊書考》，臺北市：廣文，民國 70 年。

17. 傅增湘：《藏園群書經眼錄》，臺北：中華書局，1983 年。

18. 吳哲夫：《書的歷史》，臺北市：行政院文化建設委員會，民國 74 年。

19. 李清志：《古書版本鑑定研究》，臺北市：文史哲，民國 75 年。

20. 李致忠：《歷代刻書考述》，巴蜀書社，1989 年。

21. 北京圖書館編：《中國版刻圖錄》，北京：新華，1990 年。

22. 上海新四軍歷史研究會印刷印鈔分會：《歷代刻書概況》，北京：印刷工業出版社，1991 年。

23. 張振鐸：《古籍刻工名錄》，上海：上海書店出版社，1996 年。

24. 國立臺灣師範大學圖文傳播技術學系：《中國印刷史論叢》，臺北市，中國印刷學會，1997 年。

25. 李致忠：《古書版本鑑定》，北京市：文物出版社，1997 年。

26. 程千帆，徐有富：《校讎廣義》，濟南：齊魯書社，1998 年。

27. 林申清：《宋元書刻牌記圖錄》，北京市：北京圖書館出版社，1999 年。

28. 宿白：《唐宋時期的雕版印刷》，北京市，文物出版社，1999 年。

29. 李致忠：《古代版印通論》，北京市：紫禁城出版社，2000 年。

30. 國家圖書館：《國家圖書館藏古籍題跋叢刊‧士禮居藏書題跋記》，北京市：北京圖書館出版社，2002 年。

31. 任繼愈：《中國版本文化叢書》，南京市：江蘇古籍出版社，2002 年。

32. 陳先行：《古籍善本》，臺北市：貓頭鷹出版：家庭傳媒城邦分公司發行，2004 年。

33. 向斯：《書香故宮》，臺北市：實學社，2004 年。

34. 施廷鏞：《古籍珍稀版本知見錄》，北京市：北京圖書館，2005 年。

35. 劉兆祐：《認識古籍版刻與藏書家》，臺北市：臺灣學生，民國 96 年。

3、期刊論文（依出版年代排列，同時代的著作再依作者筆畫排列）

1. （日）長澤規矩也：〈宋元刻工名表初稿〉，《書志學》，第 2 卷第 2 期，出版年不詳。

2. 張秀民：〈南宋（1127～1279）刻書地域考〉，《圖書館》，1961 年第 3 期。

3. 宿白：〈南宋的雕版印刷〉，《文物》，1962 年第 1 期。

4. 陳香：〈藏書家列傳──彙介歷來的藏書家及私人書目〉，《書評書目》第 28 期，民國 64 年 8 月，頁 39～42。

5. 高禩熹：〈清季藏書四大家考（3）──錢塘丁氏嘉惠堂〉，《教育資料科學月刊》第 9 卷第 4 期，民國 65 年 6 月，頁 32～35。

6. 高禩熹：〈清季藏書四大家考（完）──善本書室藏書志、鐵琴銅劍樓藏書目錄〉，《教育資料科學月刊》第 10 第 3 期，民國 65 年 11 月，頁 29～32。

7. 韋瑞蘭：〈中國書院刊刻圖書考〉，《國立中央圖書館館刊》第 9 卷第 2 期，

民國 65 年 12 月，頁 27～44。

8. 吳哲夫：〈簡談善本書志〉，《圖書與圖書館（文史哲）》第 3 卷，民國 66 年 4 月，頁 17～26。

9. 蘇精：〈清末民初兩木齋（盧靖、李盛鐸）〉，《傳記文學》第 36 卷第 1 期，民國 69 年 1 月，頁 78～83。

10. 潘美月：〈中國古代的雕版印刷〉，《孔孟月刊》第 19 卷第 3 期，民國 69 年 11 月，頁 50～56。

11. 潘美月：〈陸心源及其在目錄版本學上的貢獻〉，《故宮季刊》第 16 卷第 3～4 期，民國 71 年春～夏，頁 37～54。

12. 蘇精：〈藏書家的鄭振鐸〉，《傳記文學》第 40 卷第 5 期，民國 71 年 5 月，頁 59～65。

13. 阮廷焯：〈《宋代藏書家考》糾謬〉，《華學月刊》第 139 期，民國 72 年 7 月，頁 1～8。

14. 潘美月：〈唐代的刻書〉，《故宮文物月刊》第 1 第 9 期，民國 72 年 12 月，頁 71～74。

15. 潘美月：〈五代的印刷〉，《故宮文物月刊》第 1 第 10 期，民國 73 年 1 月，頁 67～72。

16. 潘美月：〈宋最著名的出版家：談陳起刻書〉，《故宮文物月刊》第 2 卷第 5 期，民國 73 年 8 月，頁 113～117。

17. 吳哲夫：〈如何利用版本學知識以從事古書的編目工作〉，《書目季刊》第 18 卷第 4 期，民國 74 年 3 月，頁 87～107。

18. 吳哲夫：〈開創古書中的彩色世界〉，《故宮文物月刊》第 3 卷第 2 期，民國 74 年 5 月，頁 89～95。

19. 吳哲夫：〈古書之美〉，《故宮文物月刊》第 3 卷第 5 期，民國 74 年 8 月，頁 11～18。

20. 劉兆佑：〈藏書章的故事〉，《國文天地》第 22 期，民國 76 年 3 月，頁 52～55。

21. 吳哲夫：〈古代藏書家的胸襟〉，《故宮文物月刊》第 6 卷，第 1 期，民國 77 年 4 月，頁 38～45。

22. 吳哲夫：〈談善本古書〉，《國魂》第 513 期，民國 77 年 7 月，頁 70～71。

23. 吳哲夫：〈古書版本的鑑定〉，《國魂》第 514 期，民國 77 年 8 月，頁 78～80。

24. 吳哲夫：〈海外中國古代書蹟之探尋〉，《第一屆中國域外漢籍國際學術學會議論文集》，1988 年 9 月，頁 48～57。

25. 藍文欽：〈藏書家瞿啓甲〉，《國立中央圖書館館刊》第 21 第 2 期，民國

77 年 12 月，頁 31～41。

26. 吳哲夫：〈古代的彩色印刷〉，《國魂》第 518 期，民國 77 年 12 月，頁 84～86。

27. 封思毅：〈北宋三朝訓鑑圖：我國首創彩色版畫冊始末〉，《國立中央圖書館館刊》第 21 卷第 2 期，民國 77 年 12 月，頁 1～7。

28. 吳哲夫：〈楊守敬的海外訪書〉，《國魂》第 521 期民國 78 年 3 月，頁 80～83。

29. 吳哲夫：〈楊守敬與觀海堂藏書〉，《故宮文物月刊》第 520 期，民國 78 年 4 月，頁 118～123。

30. 吳哲夫：〈唐五代雕版印刷術〉，《國魂》第 522 期，民國 78 年 4 月，頁 69～71。

31. 吳哲夫：〈談古書的牌記〉，《故宮文物月刊》第 7 卷第 3 期，民國 78 年 6 月，頁 76～81。

32. 吳哲夫：〈祁承㸁澹生堂藏書印章〉，《故宮文物月刊》第 7 卷第 9 期，民國 78 年 12 月，頁 28～37。

33. 黃寬重：〈版本對歷史研究的重要性：以若干宋代典籍的比勘爲例〉，《國立中央圖書館館刊》第 22 卷第 2 期，民國 78 年 12 月，頁 11～22。

34. 吳哲夫：〈儒家群經的出版〉，《國魂》第 530 期，民國 79 年 1 月，頁 86～88。

35. 謝正光：〈寂寞的鐵琴銅劍樓——記藏書家瞿鳳起先生的晚年〉，《國文天地》第 6 第 9 期，民國 80 年 2 月，頁 69～75。

36. 衡門：〈談蘇州藏書家——黃丕烈〉，《出版界》，第 29 期，民國 80 年 3 月，頁 40～43。

37. 王珠美：〈清代藏書家張金吾及其經藏之善本書〉，《書府》第 14 期，民國 82 年 6 月，頁 115～126。

38. 盧錦堂：〈線裝書的回憶——藏書章‧善本情〉，《國文天地》第 11 第 8 期，民國 85 年 1 月，頁 94～97。

39. 吳哲夫：〈古代藏書家的胸襟〉，《故宮文物月刊》第 6 第 1 期，民國 88 年 4 月，頁 38～45。

40. 蕭東發，袁逸：〈中國古代的官府藏書與私家藏書〉，《圖書與資訊學刊》第 32 期，民國 89 年 2 月，頁 45～54。

41. 趙飛鵬：〈「菉圃藏書題識」與清代學術史科〉，《成大中文學報》第 8 期，民國 89 年 6 月，頁 127～138。

42. 拓曉堂：〈異域流散半世紀 六代藏寶歸故里——常熟翁氏藏書回歸記〉，《典藏古美術》第 93 期，民國 89 年 6 月，頁 25～26。

43. 江慶柏：〈南京圖書館藏近代藏書家稿本鈔本書目述略〉，《書目季刊》第
    34 卷第 3 期，民國 89 年 12 月，頁 65～73。

44. 蕭東發，袁逸：〈中國古代書商與藏書家〉，《圖書與資訊學刊》第 37 期，
    民國 90 年 5 月，頁 27～36。

45. 林淑玲：〈「皕宋樓」主人陸心源及其藏書研究〉，《臺北市立師範學院學
    報》第 32 期，民國 90 年 11 月，頁 645～666。

46. 盧錦堂：〈公藏古籍目錄編製的現況與展望〉，《五十年來的圖書文獻學研
    究》，臺北市：臺灣學生，民 93 年。

47. 盧錦堂：〈古籍版本鑑賞——藏書家如何對待版本〉，《全國新書資訊月刊》
    第 72 期，民國 93 年 12 月，頁 21～24。

48. 薛雅文：〈清初蘇州私家藏書論考〉，《東吳中文學報》第 11 期，民國 94
    年 5 月，頁 257～294。

49. 吳璧雍：〈從宋本《常建詩集》談臨安御河畔的書商陳起〉，《故宮文物月
    刊》第 277 期，民國 95 年 4 月，頁 50～56。

50. 劉美玲：〈天祿琳琅——乾隆御覽之寶〉，《故宮文物月刊》第 298 期，民
    國 97 年 1 月，頁 16～28。

51. 吳璧雍：〈盛世下的文化視野——圖書〉，《故宮文物月刊》第 299 期，民
    國 97 年 2 月，頁 88～90。

臺灣公藏宋版書目錄簡表

一、本表依照四部分類法，析分類目，所錄各書，以著者時代之先後爲次，又凡箋註疏釋、訓詁音義、辯證異同、校正字距、與輯佚節鈔之作，概附於原書之後，不以集注鈔校者之國別、時代爲次。同一書而版刻各異者，則以刊刻之先後爲次。間有一二改動。

二、本表參自吳哲夫先生之行政院國家科學委員會專題研究計畫《臺灣公藏宋元版書調查研究》。

經部

號序	部類	書名（卷數、冊數）	版本	編撰者	收藏地
宋001	易類白文之屬	伊川先生點校附音周易二卷三冊	南宋末年建刊本	題宋程頤點校	國圖
宋002	易類傳說之屬	纂圖互註周易十卷六冊	宋建刊十一行本	魏王弼，晉韓康伯注，唐孔穎達疏	國圖
宋003	易類傳說之屬	周易兼義九卷附略例一卷釋文一卷八冊	宋建刊元明遞修本	魏王弼，晉韓康伯注，唐孔穎達疏，唐陸德明釋文	國圖
宋004	易類傳說之屬	周易本義經二卷傳十卷附圖一卷筮儀一卷五贊一卷四冊	宋刊本	宋朱熹撰	傅圖
宋005	易類傳說之屬	周易玩辭十六卷八冊	宋寧宗時江陰項氏建安書院刊本	宋項安世撰	故宮（北平）

宋006	易類傳說之屬	大易粹言存五十四卷十二冊	宋建安劉叔剛刊本	宋曾穜撰	國圖
宋007	易類傳說之屬	童溪王先生易傳存二卷一冊	宋刊本	宋王宗傳撰	故宮
宋008	易類傳說之屬	周易注存三卷二冊	宋刊本	宋不著撰人	國圖
宋009	書類	尚書十三卷七冊	宋乾道、淳熙間建安王朋甫刊本	舊題漢孔安國傳	國圖
宋010	書類	附釋文尚書注疏二十卷十六冊	宋慶元間建安魏縣尉宅刊配補元建刊明閩修補十行本	舊題漢孔安國傳，唐孔穎達疏	故宮
宋011	書類	附釋音尚書註疏二十卷十冊	宋建刊元明遞修本	舊題漢孔安國傳，唐孔穎達疏	國圖
宋012	書類	附釋音尚書註疏二十卷八冊	宋建刊元明遞修本	舊題漢孔安國傳，唐孔穎達疏	國圖
宋013	書類	婺本點校重言重意互註尚書十三卷六冊	宋刊本巾箱本	漢孔安國傳，唐陸德明釋文	故宮
宋014	書類	書集傳存一卷一冊	宋刊大字本	宋蔡沈撰	國圖
宋015	書類	尚書表註二卷二冊	南宋末年建安刊本	宋金履祥撰	國圖
宋016	詩類傳說之屬	附釋音毛詩註疏二十卷二十四冊	宋建安劉叔剛刊本	漢毛亨傳，鄭玄箋，孔穎達疏	國圖
宋017	詩類傳說之屬	附釋音毛詩註疏存首十二卷十六冊	宋建安劉叔剛刊元明遞修本	漢毛亨傳，鄭玄箋，唐孔穎達疏	國圖
宋018	詩類傳說之屬	附釋音毛詩注疏存八卷五冊	宋建安劉叔剛刊元明遞修本	漢毛亨傳，鄭玄箋，唐孔穎達疏	故宮
宋019	詩類傳說之屬	纂圖互注毛詩二十卷六冊	宋紹熙間建陽書坊刊本	漢毛亨撰，鄭玄箋	故宮
宋020	詩類傳說之屬	詩本義十五卷附鄭氏詩譜一卷四冊	宋寧宗時江西刊本	宋歐陽修撰	故宮
宋021	詩類傳說之屬	詩集傳二十卷十冊	宋寧宗、理宗間刊七行本	宋朱熹撰	故宮（北平）
宋022	禮類周禮之屬傳說	周禮疏五十卷三十二冊	南宋初年兩浙東路茶鹽司刊南宋中葉暨元明遞修本	漢鄭玄注，唐賈公彥疏	故宮

宋023	禮類周禮之屬傳說	周禮疏殘葉一冊	宋刊本	漢鄭玄註，唐賈公彥疏	傅圖
宋024	禮類周禮之屬傳說	附釋音周禮註疏四十二卷二十四冊	宋建刊本	漢鄭玄註，唐賈公彥疏	國圖
宋025	禮類周禮之屬傳說	附釋音周禮註疏存三十六卷七冊	宋建陽刊元明修補十行本	漢鄭玄注，唐賈公彥疏	故宮
宋026	禮類周禮之屬傳說	周官講義存八卷一冊	宋寧宗時刊本	宋史浩撰	故宮（北平）
宋027	禮類周禮之屬傳說	鬳齋考工記解二卷四冊	南宋後期刊元延祐四年（1317）修補十行本	宋林希逸撰	國圖
宋028	禮類周禮之屬傳說	校正詳增音訓周禮句解存十二卷六冊	南宋末年建安刊本	宋朱申撰	故宮
宋029	禮類禮記之屬傳說	禮記存八卷二冊	宋淳熙四年（1177）撫州公使庫刊，紹熙至淳祐間遞修本	鄭漢玄注	國圖
宋030	禮類禮記之屬傳說	禮記二十卷十冊	宋紹熙間建安刊本	漢鄭玄注，唐陸德明釋文	國圖
宋031	禮類禮記之屬傳說	附釋音禮記註疏六十三卷二十四冊	宋建刊明正德修補本	漢鄭玄註，唐孔穎達疏	國圖
宋032	禮類禮記之屬傳說	附釋音禮記註疏存首四十卷二十四冊	宋建刊明正德修補本	漢鄭玄註，唐孔穎達疏	國圖
宋033	禮類禮記之屬傳說	禮記正義存一卷一冊	宋刊本	漢鄭玄注，唐孔穎達疏	傅圖
宋034	禮類禮記之屬傳說	禮記舉要圖一卷一冊	宋建刊本	宋不著撰人	國圖
宋035	禮類通禮之屬傳說	禮書一百五十卷三十二冊	宋刊元至正七年（1347）福州路儒學明遞修本	宋陳祥道撰	國圖

宋036	禮類通禮之屬傳說	禮書一百五十卷十二冊	宋刊元至正七年（1347）福州路儒學明遞修本	宋陳祥道撰	國圖
宋037	禮類通禮之屬傳說	禮書存六十九卷八冊	宋刊元至正七年（1347）福州路儒學明遞修本	宋陳祥道撰	故宮（北平）
宋038	禮類通禮之屬傳說	禮書存二十卷二冊	宋刊元至正七年（1347）福州路儒學明遞修本	宋陳祥道撰	故宮（北平）
宋039	禮類通禮之屬傳說	禮書存十一卷一冊	宋刊元至正七年（1347）福州路儒學明遞修本	宋陳祥道撰	故宮
宋040	禮類通禮之屬	儀禮經傳通解三十七卷續二十九卷七十七冊	宋南康軍嘉定十年（1217）刊正編，十六年（1223）刊續編，元、明南監遞修本	宋朱熹撰，黃榦續、楊復重訂	國圖
宋041	禮類通禮之屬	儀禮要義五十卷三十六冊	宋淳祐十二年（1252）魏克愚徽州刊九經要義本	宋魏了翁撰	故宮
宋042	春秋類左傳之屬傳說	春秋經傳集解三十卷十六冊	宋刊本	晉杜預撰，唐陸德明釋文	故宮
宋043	春秋類左傳之屬傳說	春秋經傳集解存二十九卷附春秋名號歸一圖二卷諸侯興廢等二卷十六冊	宋潭府劉氏家塾刊配補宋建刊纂圖互註本	晉杜預撰	國圖
宋044	春秋類左傳之屬傳說	春秋經傳集解存二十七卷二十五冊	宋淳熙間撫州公使庫刊配補乾道江陰軍學本暨明覆相臺岳氏本	晉杜預撰	故宮
宋045	春秋類左傳之屬傳說	春秋經傳集解存二十六卷十二冊	宋建安余仁仲萬卷堂刊配補另三種宋刊本	晉杜預撰，唐陸德明釋文	國圖
宋046	春秋類左傳之屬傳說	附釋音春秋左傳註疏存二十八卷二十九冊	宋建刊本	晉杜預註，唐孔穎達疏	國圖
宋047	春秋類左傳之屬傳說	附釋音春秋左傳註疏六十卷二十四冊	宋建陽刊元明修補十行本	晉杜預注，唐孔穎達疏，陸德明釋音	故宮

宋048	春秋類左傳之屬傳說	附釋音春秋左傳註疏存三十一卷十五冊	宋建安劉叔剛一經堂刊配補元明修補本	晉杜預撰注，唐孔穎達疏，陸德明釋音	故宮
宋049	春秋類左傳之屬傳說	附釋音春秋左傳註疏存三十卷六冊	宋建刊元明修補本	晉杜預註，唐孔穎達疏	國圖
宋050	春秋類左傳之屬傳說	附釋音春秋左傳註疏六十卷三十冊	宋建刊明初遞修本	晉杜預註，唐孔穎達疏	國圖
宋051	春秋類左傳之屬傳說	附釋音春秋左傳註疏六十卷二十四冊	宋建刊明正德十六年（1521）遞修本	晉杜預註，唐孔穎達疏	國圖
宋052	春秋類左傳之屬傳說	音註全文春秋括例始末左傳句讀直解存五十八卷二十冊	宋末建刊巾箱本	宋林堯叟撰	國圖
宋053	春秋類左傳之屬傳說	音註全文春秋括例始末左傳句讀直解存十卷三冊	宋末建刊巾箱本	宋林堯叟撰	故宮（北平）
宋054	春秋類公羊傳之屬	監本附音春秋公羊註疏二十八卷十八冊	宋建刊元明遞修本	漢何休註，唐徐彥疏	國圖
宋055	春秋類公羊傳之屬	監本附音春秋公羊註疏二十八卷十四冊	宋建刊配補鈔本	漢何休註，唐徐彥疏	國圖
宋056	春秋類公羊傳之屬	監本附音春秋公羊註疏存二十卷十冊	宋建刊元明遞修本	漢何休註，唐徐彥疏	國圖
宋057	春秋類公羊傳之屬	春秋公羊經傳解詁十二卷六冊	宋紹熙間建安余仁仲萬卷堂刊本	漢何休撰，唐陸德明音義	故宮
宋058	春秋類穀梁傳之屬	春秋穀梁傳存六卷二冊	宋紹熙間建安余仁仲萬卷堂刊本	晉范寧集解，唐陸德明音義	故宮
宋059	春秋類穀梁傳之屬	監本附音春秋穀梁註疏二十卷十二冊	宋建刊元明遞修本	晉范寧集解，唐楊士勛疏	國圖
宋060	春秋類穀梁傳之屬	監本附音春秋穀梁註疏存九卷五冊	宋建陽刊元明修補本	晉范寧集解，唐楊士勛疏	故宮

宋061	春秋類穀梁傳之屬	監本附釋音春秋穀梁傳注疏存六葉一冊	宋建刊元明修補本	晉范寧集解，唐楊士勛疏	故宮
宋062	春秋類總義之屬	春秋集註十一卷綱領一卷二冊	宋端平二年（1235）臨江郡庠刊本	宋張洽集註	故宮
宋063	樂類	樂書存六十六卷六冊	宋慶元刊元至正七年（1347）福州路儒學、明代遞修本	宋陳暘撰	故宮（北平）
宋064	樂類	樂書存三十一卷二冊	宋慶元間刊本	宋陳暘撰	故宮（北平）
宋065	樂類	樂書二百卷二十四冊	宋慶元刊元至正七年（1347）福州路儒學、明遞修本	宋陳暘撰	國圖
宋066	樂類	樂書存八十四卷九冊	宋慶元刊元至正七年（1347）福州路儒學明遞修本	宋陳暘撰	故宮（北平）
宋067	樂類	樂書正誤一卷一冊	宋嘉泰間陳芾刊本	宋樓鑰撰	國圖
宋068	四書類論語之屬	論語註疏解經存十卷一冊	宋紹熙間兩浙東路刊元明遞修本	魏何晏集解，宋邢昺疏	故宮
宋069	四書類論語之屬	論語註疏解經二十卷八冊	宋建刊元泰定四年（1327）明初修補本	魏何晏集解，宋邢昺疏	國圖
宋070	四書類論語之屬	論語註疏解經二十卷六冊	宋建刊元泰定四年（1327）明初修補本	魏何晏集解，宋邢昺疏	國圖
宋071	四書類論語之屬	論語筆解十卷一冊	宋蜀刊本	唐韓愈、李翱合撰	故宮
宋072	四書類論語之屬	附音傍訓句解論語二卷二冊	宋坊刊巾箱本	宋李公凱撰	國圖
宋073	四書類孟子之屬	孟子註疏解經十四卷五冊	宋嘉泰間兩浙東路茶鹽司刊元明遞修本	漢趙岐注，題宋孫奭疏	故宮
宋074	四書類孟子之屬	孟子註疏解經十四卷十四冊	宋建刊明正德十二年（1517）遞修本	漢趙岐註，宋孫奭疏	國圖

宋075	四書類孟子之屬	孟子註疏解經十四卷六冊	宋建刊明正德十二年（1517）遞修本	漢趙岐註，宋孫奭疏	國圖
宋076	四書類孟子之屬	孟子集注十四卷十四冊	宋刊本	宋朱熹注	國圖
宋077	四書類孟子之屬	孟子集註存十一卷十一冊	宋末元初間刊本	宋朱熹集注	師大
宋078	小學類訓詁之屬	爾雅三卷三冊	宋刻大字本	晉郭璞注	故宮
宋079	小學類說文之屬	說文解字存九卷二冊	南宋初刊宋元遞修本	漢許慎撰	國圖
宋080	小學類說文之屬	重刊許氏說文解字五音韻譜十三卷	宋孝宗時刊元明遞修本	漢許慎撰，宋李燾重編	故宮
宋081	小學類說文之屬	重刊許氏說文解字五音韻譜存一卷一冊	宋淳熙間刊元明遞修本	漢許慎撰，宋李燾重編	國圖
宋082	小學類說文之屬	重刊許氏說文解字五音韻譜十二卷十二冊	宋淳熙刊元明遞修本	漢許慎撰，宋李燾重編	國防部圖書館
宋083	小學類字書之屬	漢隸字源五卷附碑目一卷六冊	宋紹熙間刊本	宋婁機撰	故宮（北平）
宋084	小學類字書之屬	龍龕手鑑四卷六冊	宋孝宗時浙刊本	遼釋行均撰	故宮
宋085	小學類韻書之屬	廣韻五卷五冊	宋乾道淳熙間婺州刊巾箱本	宋陳彭年等重修	國圖
宋086	小學類韻書之屬	增修互註禮部韻略五卷十六冊	宋嘉定間國子監刊本	宋毛晃增註	故宮
宋087	小學類韻書之屬	增修互註禮部韻略存四卷四冊	宋理宗時刊元代修補本	宋毛晃增注，毛居正重增	故宮（北平）

宋088	小學類韻書之屬	押韻釋疑存五卷拾遺一卷三冊	宋嘉熙三年（1239）刊元元貞二年（1296）及大德三年（1299）修補本	宋歐陽德隆撰	國圖
宋089	總義類	六經圖不分卷四冊	宋末建刊巾箱本	不著撰人	故宮（北平）

史部

號序	部類	書名（卷數、冊數）	版本	編撰者	收藏地
宋090	紀傳類通代之屬	史記一百三十卷四十冊	北宋景祐監本補配南宋黃善夫本及元饒州路儒學本	漢司馬遷撰，劉宋裴駰集解	傅圖
宋091	紀傳類通代之屬	史記存一百二十六卷三十冊	南宋初期覆北宋國子監刊元及明初遞修本	漢司馬遷撰，劉宋裴駰集解	國圖
宋092	紀傳類先秦兩漢之屬（先秦）	古史六十卷二十四冊	宋浙刊明印本	宋蘇轍撰，蘇遜注	故宮
宋093	紀傳類先秦兩漢之屬（西漢）	漢書存十七卷八冊	宋紹興間國子監刊本	漢班固撰，漢班昭補，唐顏師古註	故宮（北平）
宋094	紀傳類先秦兩漢之屬（西漢）	漢書存九卷四冊	宋紹興間國子監刊本	漢班固撰，漢班昭補，唐顏師古註	故宮（北平）
宋095	紀傳類先秦兩漢之屬（西漢）	漢書存一卷一冊	宋紹興至乾道間刊宋元遞修本	漢班固撰，唐顏師古注	國圖
宋096	紀傳類先秦兩漢之屬（西漢）	漢書一百二十卷四十冊	宋福唐郡庠復景祐監刊元明遞修補本	漢班固撰，班昭續成之，唐顏師古注	故宮
宋097	紀傳類先秦兩漢之屬（西漢）	漢書一百二十卷二十冊	宋刊元修本	漢班固撰，唐顏師古注	傅圖

宋098	紀傳類先秦兩漢之屬（東漢）	後漢書存六十二卷二十三冊	宋紹興間國子監刊元明修補本	宋范曄撰，唐李賢注	故宮（北平）
宋099	紀傳類先秦兩漢之屬（東漢）	後漢書存二十三卷九冊	宋紹興間國子監刊元明修補本	宋范曄撰，晉司馬彪撰志，唐李賢注	故宮（北平）
宋100	紀傳類先秦兩漢之屬（東漢）	後漢書存五十五卷十二冊	宋刊元大德元統及明初遞修補本	宋范曄撰，晉司馬彪撰志，唐李賢注	故宮（北平）
宋101	紀傳類先秦兩漢之屬（東漢）	後漢書存十八卷二冊	南宋初刊三種配補南宋福唐郡庠刊元大德元統遞修本	劉宋范曄撰，晉司馬彪撰志，唐李賢注，梁劉昭注志	國圖
宋102	紀傳類先秦兩漢之屬（東漢）	後漢書存一卷一冊	宋慶元間建安劉元起刊本	宋范曄撰，唐李賢注	國圖
宋103	紀傳類先秦兩漢之屬（東漢）	後漢書一百二十卷六十四冊	宋福唐郡庠刊元明遞修本	劉宋范曄撰，晉司馬彪撰志，唐李賢注，梁劉昭注志	故宮
宋104	紀傳類先秦兩漢之屬（東漢）	後漢書一百二十卷四十冊	宋福唐郡庠刊元明遞修本	劉宋范曄撰，晉司馬彪撰志，唐李賢注，梁劉昭注志	故宮
宋105	紀傳類先秦兩漢之屬（東漢）	後漢書一百三十卷二十冊	宋刊元修本	漢范曄撰，唐李賢注，（志）晉司馬彪撰，梁劉昭注	傅圖
宋106	紀傳類先秦兩漢之屬（東漢）	後漢書志三十卷八冊	宋福唐郡庠刊元大德九年（1305）至明正德間遞修本	晉司馬彪撰，梁劉昭注	國圖
宋107	紀傳類三國六朝之屬（三國）	三國志六十五卷二十八冊	宋紹興間衢州刊元明修補本	晉陳壽撰，劉宋裴松之註	故宮

宋108	紀傳類三國六朝之屬（三國）	三國志六十五卷二十冊	宋紹興間衢州州學刊元明修補本	晉陳壽撰，劉宋裴松之注	國圖
宋109	紀傳類三國六朝之屬（三國）	三國志存二十卷三冊	宋紹興間衢州州學刊明嘉靖萬曆間南監修補本	晉陳壽撰，宋裴松之注	國圖
宋110	紀傳類三國六朝之屬（晉）	晉書一百三十卷附音義三卷三十六冊	宋刊本	唐房玄齡等撰，唐何超音義	國圖
宋111	紀傳類三國六朝之屬（晉）	晉書存一百零二卷二十一冊	宋刊元明修補本	唐房玄齡等撰	故宮（北平）
宋112	紀傳類三國六朝之屬（晉）	晉書存六十四卷附音義三卷十六冊	宋刊元至明初修補本	唐房玄齡等撰，唐何超音義	故宮（北平）
宋113	紀傳類三國六朝之屬（晉）	晉書存三十二卷七冊	宋刊元明修補本	唐房玄齡等撰	故宮（北平）
宋114	紀傳類三國六朝之屬（晉）	晉書存三十卷十二冊	宋刊元明遞修本	唐房玄齡等奉敕撰	故宮
宋115	紀傳類三國六朝之屬（晉）	晉書存四卷一冊	宋刊本	唐房玄齡等奉敕撰	故宮
宋116	紀傳類三國六朝之屬（南朝）	宋書一百卷三十冊	南宋初期刊宋元明弘治嘉靖遞修本	梁沈約撰	國圖
宋117	紀傳類三國六朝之屬（南朝）	宋書一百卷三十二冊	南宋初期刊宋元明弘治嘉靖遞修本	梁沈約撰	國圖

宋118	紀傳類三國六朝之屬（南朝）	宋書一百卷五十四冊	南宋初期刊明初以前修本配補明弘治嘉靖間修本	梁沈約撰	國圖
宋119	紀傳類三國六朝之屬（南朝）	宋書存五十八卷三十一冊	宋紹興間刊明初修補本	梁沈約撰	故宮（北平）
宋120	紀傳類三國六朝之屬（南朝）	南齊書五十九卷十二冊	南宋初期刊宋元明初遞修本	梁蕭子顯撰	國圖
宋121	紀傳類三國六朝之屬（南朝）	南齊書五十九卷十二冊	南宋初期刊宋元明嘉靖遞修本	梁蕭子顯撰	國圖
宋122	紀傳類三國六朝之屬（南朝）	南齊書五十九卷十四冊	南宋初期刊宋元明嘉靖遞修本	梁蕭子顯撰	國圖
宋123	紀傳類三國六朝之屬（南朝）	梁書五十六卷十冊	南宋初期刊宋元明嘉靖遞修本	唐姚思廉撰	國圖
宋124	紀傳類三國六朝之屬（南朝）	梁書存四十卷十四冊	宋紹興間刊明初修補本	唐姚思廉撰	故宮（北平）
宋125	紀傳類三國六朝之屬（南朝）	陳書三十六卷六冊	南宋初期刊宋元明嘉靖遞修本	唐姚思廉撰	國圖
宋126	紀傳類三國六朝之屬（南朝）	陳書三十六卷六冊	南宋初期刊宋元明嘉靖遞修本	唐姚思廉撰	國圖
宋127	紀傳類三國六朝之屬（南朝）	陳書三十六卷十二冊	南宋初期刊宋元明嘉靖遞修本	唐姚思廉撰	國圖

宋128	紀傳類三國六朝之屬（南朝）	陳書三十六卷十一冊	南宋初期刊宋元明嘉靖遞修本	唐姚思廉撰	國圖
宋129	紀傳類三國六朝之屬（南朝）	陳書存二十五卷七冊	宋紹興間刊元代修補本	唐姚思廉撰	故宮（北平）
宋130	紀傳類三國六朝之屬（南朝）	陳書存八卷二冊	宋紹興間刊元代修補本	唐姚思廉撰	故宮（北平）
宋131	紀傳類三國六朝之屬（南朝）	陳書存五卷一冊	宋紹興間刊本	唐姚思廉撰	故宮（北平）
宋132	紀傳類三國六朝之屬（北朝）	魏書一百一十四卷八十冊	南宋初期刊宋元明嘉靖遞修本	北齊魏收撰	國圖
宋133	紀傳類三國六朝之屬（北朝）	魏書一百一十四卷四十冊	南宋初期刊宋元明嘉靖遞修本	北齊魏收撰	國圖
宋134	紀傳類三國六朝之屬（北朝）	魏書存九十五卷三十冊	南宋初期刊宋元明嘉靖遞修本	北齊魏收撰	國圖
宋135	紀傳類三國六朝之屬（北朝）	魏書存九十四卷六十冊	南宋初期刊宋元明初遞修本	北齊魏收撰	國圖
宋136	紀傳類三國六朝之屬（北朝）	北齊書五十卷十三冊	南宋初期刊宋元明嘉靖遞修本	唐李百藥撰	國圖
宋137	紀傳類三國六朝之屬（北朝）	北齊書五十卷八冊	南宋初期刊宋元明嘉靖遞修本	唐李百藥撰	國圖

宋138	紀傳類三國六朝之屬（北朝）	北齊書存十六卷五冊	宋紹興間刊本	唐李百藥撰	故宮（北平）
宋139	紀傳類三國六朝之屬（北朝）	周書五十卷十二冊	宋刊元明遞修本	唐令狐德棻撰	故宮
宋140	紀傳類三國六朝之屬（北朝）	周書五十卷十冊	南宋初期刊宋元明嘉靖遞修本	唐令狐德棻等撰	國圖
宋141	紀傳類三國六朝之屬（北朝）	周書存十卷三冊	南宋初期刊宋元明嘉靖遞修本	唐令狐德棻等撰	國圖
宋142	紀傳類隋唐五代之屬（隋）	隋書存二卷二冊	宋紹熙間建刊本	唐魏徵等撰	國圖
宋143	紀傳類隋唐五代之屬（隋）	隋書存一卷一冊	宋紹熙間建刊本	唐魏徵等撰	國圖
宋144	紀傳類隋唐五代之屬（唐）	唐書存一百九十三卷六十七冊	南宋中期建安魏仲立宅刊本	宋歐陽修、宋祁同撰	國圖
宋145	紀傳類隋唐五代之屬（五代）	五代史記七十四卷十八冊	南宋初刊宋修十二行本	宋歐陽修撰，徐無黨注	國圖
宋146	紀傳類隋唐五代之屬（五代）	五代史記七十四卷二十冊	宋慶元五年（1199）曾三異校刊本	宋歐陽修撰，徐無黨註	國圖
宋147	紀傳類隋唐五代之屬（五代）	五代史記七十四卷二十四冊	宋慶元五年（1199）曾三異校刊本	宋歐陽修撰，徐無黨註	國圖

宋 148	紀傳類宋遼金元之屬（宋）	東都事略一百三十卷二十四冊	宋紹熙間眉山程舍人宅刊本	宋王稱撰	國圖
宋 149	紀傳類彙編之屬	四史外戚傳四卷二冊：魏書一卷	彙輯宋元刊本：南宋初期刊宋元遞修本	不著編人	故宮（北平）
宋 150	紀傳類彙編之屬	四史外戚傳四卷二冊：北齊書一卷	彙輯宋元刊本：南宋初期刊宋元遞修本	不著編人	故宮（北平）
宋 151	編年類通代之屬	資治通鑑存二百五十六卷一百二十八冊	南宋鄂州覆北宋刊龍爪本	宋司馬光撰	國圖
宋 152	編年類通代之屬	資治通鑑存四葉	宋鄂州覆刊龍爪本	宋司馬光撰	故宮
宋 153	編年類通代之屬	資治通鑑目錄三十卷十二冊	南宋初刊宋元遞修本	宋司馬光撰	國圖
宋 154	編年類通代之屬	增入名儒集議資治通鑑詳節存八卷六冊	宋建刊巾箱本	宋司馬光撰，宋不注詳節人	故宮（北平）
宋 155	編年類通代之屬	資治通鑑綱目五十九卷六十冊	宋嘉定十二年（1219）眞德秀溫陵郡齋刊宋末元明初遞修本	宋朱熹撰	國圖
宋 156	編年類通代之屬	資治通鑑綱目存五十七卷五十七冊	宋嘉定十二年（1219）眞德秀溫陵郡齋刊宋末元明遞修本朱校	宋朱熹撰	故宮（北平）
宋 157	編年類通代之屬	資治通鑑綱目存二卷二冊	宋嘉定十二年（1219）眞德秀溫陵郡齋刊宋末元明初遞修本	宋朱熹撰	國圖
宋 158	編年類通代之屬	資治通鑑綱目五十九卷六十冊	宋武夷詹光祖月崖書堂刊本	宋朱熹撰	故宮
宋 159	編年類通代之屬	大事記通釋存二卷一冊	宋嘉定五年（1212）吳郡學舍刊本	宋呂祖謙撰	故宮（北平）

宋160	編年類通代之屬	增修陸狀元集百家注資治通鑑詳節存六十卷六冊	宋末元初建刊元明修補本	宋司馬光撰，不著詳節人，陸唐老集註	故宮(北平)
宋161	編年類通代之屬	增修陸狀元集百家注資治通鑑詳節存四十五卷三冊	宋末元初建刊元明修補本	宋司馬光撰，不著詳節人，陸唐老集註	故宮(北平)
宋162	編年類通代之屬	增修陸狀元集百家注資治通鑑詳節存四十一卷五冊	宋末元初建刊元明修補本	宋司馬光撰，不著詳節人，陸唐老集註	故宮(北平)
宋163	編年類斷代之屬（宋）	增入名儒講義皇宋中興兩朝聖政存四十卷四十二冊	宋建刊巾箱本	宋不著撰人	國圖
宋164	紀事本末類通代之屬	通鑑總類二十卷四十冊	宋嘉定元年（1208）潮陽刊本	宋沈樞撰	故宮
宋165	紀事本末類通代之屬	通鑑總類存一卷二冊	宋嘉定元年（1208）潮陽刊本	宋沈樞撰	國圖
宋166	紀事本末類通代之屬	通鑑紀事本末存三十五卷三十五冊	宋淳熙二年（1175）嚴州郡庠刊宋端平淳祐元初遞修本	宋袁樞撰	故宮（北平）
宋167	紀事本末類通代之屬	通鑑紀事本末四十二卷八十四冊	宋寶祐五年（1257）趙與憲湖州刊本	宋袁樞撰	國圖
宋168	紀事本末類通代之屬	通鑑紀事本末存十八卷十八冊	宋寶祐五年（1257）趙與憲湖州刊本	宋袁樞撰	故宮（北平）
宋169	紀事本末類通代之屬	通鑑紀事本末存五卷五冊	宋寶祐五年（1257）趙與憲湖州刊本	宋袁樞撰	故宮（北平）
宋170	紀事本末類通代之屬	通鑑紀事本末存一卷一冊	宋寶祐五年（1257）趙與憲湖州刊本	宋袁樞撰	故宮
宋171	紀事本末類通代之屬	通鑑紀事本末四十二卷一百冊	宋寶祐五年（1257）趙與憲湖州刊元明修補本	宋袁樞撰	國圖
宋172	紀事本末類通代之屬	通鑑紀事本末四十二卷九十七冊	宋寶祐五年（1257）趙與憲湖州刊元明遞修本	宋袁樞撰	故宮

宋173	紀事本末類通代之屬	通鑑紀事本末存三十六卷八十三冊	宋寶祐五年（1257）趙與籌湖州刊元明修補本	宋袁樞撰	國圖
宋174	紀事本末類通代之屬	通鑑紀事本末存九卷九冊	宋寶祐五年（1257）趙與籌湖州刊明修補本配補鈔本	宋袁樞撰	故宮（北平）
宋175	紀事本末類通代之屬	通鑑紀事本末存一卷一冊	宋寶祐五年（1257）趙與籌湖州刊本	宋袁樞撰	故宮
宋176	雜史類先秦兩漢之屬（先秦）	國語存十九卷七冊	宋紹興十九年（1149）刊，明弘治間（1488～1505）南監修補本	吳韋昭注	國圖
宋177	雜史類先秦兩漢之屬（先秦）	國語二十一卷、附補音三卷十二冊	宋紹興間刊宋元明遞修本	吳韋昭注，宋宋庠補音	故宮
宋178	雜史類先秦兩漢之屬（先秦）	國語補音三卷三冊	宋紹興間刊明南監修補本	宋宋庠撰	國圖
宋179	雜史類先秦兩漢之屬（先秦）	國語補音三卷二冊	宋紹興間浙刻本	宋宋庠撰	故宮
宋180	雜史類先秦兩漢之屬（先秦）	國語補音三卷三冊	宋孝宗時（淳熙）嚴州刊本	宋宋庠撰	故宮
宋181	傳記類總錄之屬	四朝名臣言行錄存三十一卷二十四冊	宋建陽書坊刊本	不著撰人	故宮
宋182	傳記類總錄之屬	新刊名臣碑傳琬琰之集存五十六卷十一冊	宋建刊本	宋杜大珪編	國圖
宋183	傳記類總錄之屬	新刊名臣碑傳琬琰之集存四十四卷四冊	宋建刊本	宋杜大珪編	故宮（北平）

宋 184	傳記類總錄之屬	新刊名臣碑傳琬琰之集上集二十七卷中集存五十四卷下集二十五卷二十四冊	宋建刊本	宋杜大珪編	故宮
宋 185	傳記類總錄之屬	新刊名臣碑傳琬琰之集上二十七卷中五十五卷下集二十五卷目錄三卷三十二冊	宋紹熙間（1190～1194）刊本	宋杜大珪編	傅圖
宋 186	傳記類題名錄之屬	紹興十八年同年小錄一卷一冊	宋刊本	不着撰人	故宮
宋 187	史鈔類	十七史詳節存二百六十六卷九十八冊	宋建陽書坊刊巾箱本	舊題宋呂祖謙節錄	故宮
宋 188	史鈔類	東萊先生標注三國志詳節二十卷八冊	宋紹熙間建安刊本	晉陳壽撰，宋呂祖謙節錄	國圖
宋 189	史鈔類	東萊先生標註三國志詳節二十卷三冊	宋紹熙間建陽書坊刊巾箱本	晉陳壽撰，宋呂祖謙節錄	故宮
宋 190	史鈔類	諸儒校正唐書詳節六十卷二十四冊	宋建陽書坊刊巾箱本	宋歐陽修、宋祁撰，呂祖謙節錄	故宮
宋 191	地理類總志	新編方輿勝覽七十卷二十四冊	宋咸淳三年（1267）建安刊本	宋祝穆撰，祝洙增補	國圖
宋 192	地理類總志	新編方輿勝覽七十卷二十冊	宋咸淳三年（1267）建安祝氏刊本	宋祝穆撰，祝洙增補	故宮
宋 193	地理類總志	新編方輿勝覽存五十四卷二十四冊	宋咸淳三年（1267）建安祝氏刊本	宋祝穆撰，祝洙增補	故宮
宋 194	地理類都會郡縣之屬（宋）	吳郡圖經續記三卷三冊	宋紹興四年（1134）孫祐蘇州刊本	宋朱長文撰	國圖
宋 195	地理類都會郡縣之屬（宋）	吳郡志五十卷十六冊	宋紹定二年（1229）李壽朋平江府刊本	宋范大成撰，汪泰亨等增補	國圖
宋 196	地理類都會郡縣之屬（宋）	新定續志十卷四冊	宋景定間刊咸淳間增修本	宋方仁榮、鄭（王+缶）撰	國圖

宋 197	地理類 外紀之 屬	大唐西域紀存一卷 一冊	宋刊思溪藏經本	唐釋玄奘記，釋 辯機編	故宮 （北平）
宋 198	地理類 外紀之 屬	宣和奉使高麗圖經 四十卷三冊	宋乾道三年（1167） 徐蕆江陰刊本	宋徐兢撰	故宮
宋 199	輿圖類 軍事之 屬	東南進取輿地通鑑 存三十卷六冊	南宋晚年建刊本	宋趙善譽撰	國圖
宋 200	職官類 官制之 屬	中興館閣錄存九卷 續錄十卷十冊	宋嘉定三年（1210） 刊寶慶至咸淳間增 補本	宋陳騤等撰	國圖
宋 201	政書類 通制之 屬	通典殘存五卷二冊	宋刊本	杜佑撰	傅圖
宋 202	政書類 通制之 屬	通典殘存二卷一冊	宋刊本	杜佑撰	傅圖
宋 203	政書類 通制之 屬	增入諸儒議論杜氏 通典詳節存二十五 卷十二冊	宋刊殘本	不著撰人	傅圖
宋 204	政書類 法令奏 議之屬 （奏議）	經進新註唐陸宣公 奏議存十一卷四冊	宋紹熙間刊本	唐陸贄撰，宋郎 曄注	國圖
宋 205	政書類 法令奏 議之屬 （奏議）	蘇文忠公奏議存二 卷一冊	宋眉山刻大字本	宋蘇軾撰	故宮
宋 206	政書類 法令奏 議之屬 （奏議）	東坡先生奏議十五 卷四冊	宋乾道淳熙間刊本	宋蘇軾撰	國圖
宋 207	政書類 法令奏 議之屬 （奏議）	東坡先生奏議存二 卷一冊	宋慶元間黃州刊本	宋蘇軾撰	故宮 （北平）

宋208	政書類法令奏議之屬（奏議）	東坡先生奏議存二卷一冊	宋光宗寧宗間黃州刊嘉熙四年（1240）寶祐三年（1255）修補本	宋蘇軾撰	國圖
宋209	政書類法令奏議之屬（奏議）	國朝諸臣奏議存二十六卷十冊	宋淳祐十年（1250）福州路提舉史季溫刊本	宋趙汝愚編	國圖
宋210	政書類法令奏議之屬（奏議）	國朝諸臣奏議存二卷一冊	宋淳祐十年（1250）福州路提舉史季溫刊本	宋趙汝愚編	故宮
宋211	政書類法令奏議之屬（奏議）	國朝諸臣奏議存一卷一冊	宋淳祐十年（1250）福州路提舉史季溫刊本	宋趙汝愚編	國圖
宋212	政書類法令奏議之屬（奏議）	國朝諸臣奏議存一百四十五卷五十七冊	宋淳祐十年（1250）福州路提舉史季溫刊元明遞修本	宋趙汝愚編	故宮
宋213	政書類法令奏議之屬（奏議）	國朝諸臣奏議存一百三十八卷五十冊	宋淳祐十年（1250）福州路提舉史季溫刊元明初遞修本	宋趙汝愚編	故宮（北平）
宋214	政書類法令奏議之屬（奏議）	國朝諸臣奏議存一百二十五卷四十八冊	宋淳祐十年（1250）福州路提舉史季溫刊元明初遞修本	宋趙汝愚編	故宮（北平）
宋215	政書類法令奏議之屬（奏議）	國朝諸臣奏議存四十四卷十六冊	宋淳祐十年（1250）福州路提舉史季溫刊本元明初遞修本	宋趙汝愚編	故宮（北平）
宋216	書目類	昭德先生郡齋讀書志四卷附志一卷後志二卷五冊	宋淳祐九年（1249）黎安朝袁州刊本	宋晁公武撰，趙希弁續附	故宮
宋217	史評類史論之屬	東萊先生音註唐鑑存六卷一冊	南宋末年建刊本	宋范祖禹撰，呂祖謙注	國圖

宋218	史評類史論之屬	致堂讀史管見三十卷三十冊	宋寶祐二年（1254）江南宛陵郡齋刊本	宋胡寅撰	故宮
宋219	史評類史論之屬	致堂讀史管見存十二卷七冊	宋寶祐二年（1254）江南宛陵郡齋刊本	宋胡寅撰	故宮（北平）
宋220	史評類史論之屬	致堂讀史管見存七卷七冊	宋寶祐二年（1254）江南宛陵郡齋刊本	宋胡寅撰	故宮（北平）
宋221	史評類史論之屬	致堂讀史管見三十卷三十冊	宋寶祐二年（1254）江南宛陵郡齋刊明初修補本配補鈔本	宋胡寅撰	國圖
宋222	史評類史論之屬	致堂讀史管見三十卷三十冊	宋寶祐二年（1254）江南宛陵郡齋刊明修補本	宋胡寅撰	故宮
宋223	史評類史論之屬	小學史斷二卷二冊	南宋末年刊本	宋南宮靖一撰	國圖

子部

號序	部類	書名（卷數、冊數）	版本	編撰者	收藏地
宋224	儒家類	音點大字荀子句解二十卷六冊	宋理宗景定元年（1260）建安刊本	周荀況撰，唐楊倞注，宋龔士卨增注	故宮
宋225	儒家類	纂圖互註荀子二十卷八冊	宋刊本	周荀況撰，唐楊倞註	傅圖
宋226	儒家類	纂圖分門類題註荀子二十卷六冊	宋紹熙間建刊本	周荀況撰，唐楊倞注	國圖
宋227	儒家類	纂圖互註荀子二十卷八冊	宋建陽書坊刊元代修補本	周荀況撰，唐楊倞注	故宮
宋228	儒家類	纂圖互注荀子二十卷六冊	宋建陽書坊刊元明遞修本	周荀況撰，唐楊倞注	故宮
宋229	儒家類	說苑二十卷十冊	宋度宗咸淳年間鎮江府學刊元明遞修本	漢劉向撰	故宮
宋230	儒家類	纂圖互註揚子法言十卷四冊	宋刊本	揚雄撰，晉李軌註，柳宗元註，宋宋咸註，宋吳秘註，司馬光註	傅圖

宋 231	儒家類	監本音註文中子十卷二冊（卷六以下題「纂圖音註文中子」）	南宋建陽書坊刊巾箱本、實係兩種版本配補而成	舊題隋王通撰，宋阮逸注	故宮
宋 232	儒家類	河南程氏遺書存五卷附錄一卷二冊	南宋黃州刊宋元遞修本	宋朱熹編	故宮（北平）
宋 233	儒家類	河南程氏外書十二卷四冊	宋刊本	宋程頤、程顥撰，朱熹編校	故宮
宋 234	儒家類	童蒙訓三卷二冊	宋紹定二年（1229）壽州郡守李埴重刊本	宋呂本中撰	故宮（北平）
宋 235	儒家類	文場資用分門近思錄二十卷四冊	南宋末年建安曾氏刊本	宋朱熹，呂祖謙撰	國圖
宋 236	儒家類	晦庵先生朱文公語錄存七卷六冊	宋嘉定八年（1215）池州刊本	宋李道傳編	故宮（北平）
宋 237	儒家類	麗澤論說集錄十卷八冊	宋嘉泰四年（1204）刊明南監修補本	宋呂祖謙撰，呂喬年編	國圖
宋 238	儒家類	西山先生真文忠公讀書記存甲集八卷乙集下一卷五冊	宋開慶元年（1259）湯漢等福州刊元延祐五年修補本	宋真德秀撰	故宮（北平）
宋 239	儒家類	西山先生真文忠公讀書記甲集三十七卷乙集下二十二卷丁集二卷四十八冊	宋開慶元年（1259）湯漢等福州刊元明遞修本	宋真德秀撰	國圖
宋 240	儒家類	西山先生真文忠公讀書記甲集三十七卷三十二冊	宋開慶元年（1259）湯漢等福州刊本元明修補本	宋真德秀撰	國圖
宋 241	儒家類	西山真文忠公讀書記乙集下二十二卷四十冊	宋開慶元年（1259）湯漢等福州刊元明遞修本	宋真德秀撰	國圖
宋 242	儒家類	西山真文忠公讀書記乙集下存一卷一冊	宋開慶元年（1259）湯漢等福州刊元代遞修本	宋真德秀撰	國圖
宋 243	儒家類	真西山讀書記存乙集上大學衍義四十三卷三十冊	宋開慶元年（1259）湯漢等福州刊本	宋真德秀撰	國圖
宋 244	儒家類	西山讀書記乙集上大學衍義存十一卷五冊	宋刊本	宋真德秀撰	故宮（北平）

宋 245	儒家類	眞西山讀書記乙集上大學衍義存九卷三冊	宋開慶元年（1259）湯漢等福州刊本元明遞修本	宋眞德秀撰	故宮（北平）
宋 246	儒家類	西山先生眞文忠公讀書記二十二卷十二冊	宋建安刊本	宋眞德秀撰，宋三山殿元丘聞之、曾子肯校勘標注	故宮
宋 247	儒家類	忠經篆註一卷一冊	南宋末期刊本	唐海鵬撰	國圖
宋 248	儒家類	心經一卷一冊	宋端平元年（1234）顏若愚泉州府學刊本	宋眞德秀撰	國圖
宋 249	儒家類	心經一卷附政經一卷一冊	宋淳祐二年（1242）趙時棣大庚縣齋刊本	宋眞德秀撰	故宮
宋 250	儒家類	慈溪黃氏日抄分類存五卷二冊	南宋末年刊本	宋黃震撰	故宮（北平）
宋 251	儒家類	慈溪黃氏日抄分類存三十卷三十二冊	南宋末年積德堂刊本補配影鈔本	宋黃震撰	國圖
宋 252	儒家類	近思後錄十四卷四冊	南宋末年建安曾氏刊本	宋不著編人	國圖
宋 253	兵家類	十一家註孫子三卷八冊	宋紹熙間刊鈔補本	周孫武撰，宋集天保吉註、鄭友賢補註	國圖
宋 254	醫家類	新刊仁齋傷寒類書活人總括七卷二冊	宋建安環溪書院刊本	宋楊士瀛撰，詹宏中校定	故宮
宋 255	醫家類	錢氏小兒藥證直訣三卷三冊附方一卷董氏小兒斑疹備急方論一卷	宋刊大字本配補清昭文張氏雙芙閣影鈔清陳世傑仿宋刊本	宋錢乙撰，閻孝忠編（附方，宋閻孝忠撰。董氏小兒斑疹備急方論，宋董汲撰）	國圖
宋 256	醫家類	備急灸法一卷騎竹馬灸法一卷竹閣經驗備急藥方一卷一冊	宋淳祐五年（1245）刊本	宋聞人耆年撰	故宮
宋 257	醫家類	醫學眞經察脈總括一卷一冊	宋建安環溪書院刊本	宋楊士瀛撰	故宮
宋 258	醫家類	外臺祕要方存二卷二冊	宋紹興間兩浙東路茶鹽司刊本	唐王燾撰	故宮（北平）

宋259	醫家類	嚴氏濟生方十卷五冊	宋刊影鈔配本	宋嚴用和撰	故宮
宋260	醫家類	類編朱氏集驗醫方十五卷八冊	宋咸淳二年（1266）刊本	宋朱佐撰	國圖
宋261	醫家類	新大成醫方十卷四冊	宋咸淳三年（1267）刊本	宋王元福編	國圖
宋262	醫家類	醫說十卷十冊	宋刊本配補明嘉靖本	宋張杲撰	傅圖
宋263	醫家類	新刊仁齋直指方論二十六卷六冊	宋建安環溪書院刊本	宋楊士瀛撰，詹宏中校定	故宮
宋264	醫家類	新刊仁齋直指小兒方論五卷二冊	宋建安環溪書院刊本	宋楊士瀛撰，詹宏中校定	故宮
宋265	醫家類	歷代名醫蒙求二卷二冊	宋嘉定十三年（1220）臨安府太廟前尹家書籍舖刊本	宋周守忠撰	故宮
宋266	雜家類雜學之屬	容齋隨筆存五卷四筆存五卷四冊	宋刊元大德九年（1305）修補本	宋洪邁撰	故宮（北平）
宋267	雜家類雜學之屬	新刊淮南鴻烈解二十一卷八冊	南宋茶陵譚氏刊本	漢劉安撰，許慎注，宋譚叔端纂校	故宮
宋268	雜家類雜考之屬	李涪刊誤二卷一冊	宋刊本	唐李涪撰	傅圖
宋269	雜家類雜纂之屬	自警編五卷四冊	宋端平元年（1234）九江郡齋刊明修本	宋趙善璙撰	故宮（北平）
宋270	雜家類雜纂之屬	自警編五卷十二冊	宋端平元年（1234）九江郡齋刊明代鈔補本	宋趙善璙撰	國圖
宋271	雜家類雜纂之屬	自警編存四卷五冊	宋端平元年（1234）九江郡齋刊明修本	宋趙善璙撰	故宮（北平）
宋272	雜家類雜纂之屬	自警編存四卷八冊	宋刊本	宋趙善璙撰	國圖

宋 273	雜家類雜纂之屬	精騎存三卷三冊	宋孝宗、光宗間婺州永康清渭陳宅刊本	宋不著編人	國圖
宋 274	類書類	唐宋孔白六帖存四十二卷二十冊	宋建刻本	唐白居易撰，宋孔傳續	國圖
宋 275	類書類	孔氏六帖存二十九卷十九冊	宋乾道二年（1166）韓仲通泉州刻本	宋孔傳撰	故宮
宋 276	類書類	新雕白氏六帖事類添注出經存二十八卷十五冊	南宋坊刊本	唐白居易撰	國圖
宋 277	類書類	冊府元龜存五卷五冊	宋蜀刊小字本	宋王欽若撰	故宮（北平）
宋 278	類書類	冊府元龜存二卷二冊	宋蜀刊小字本	宋王欽若撰	故宮（北平）
宋 279	類書類	冊府元龜存八十卷十六冊	宋蜀刊小字本	宋王欽若撰	故宮（北平）
宋 280	類書類	前漢六帖存一卷一冊	宋刊本	宋陳大麟撰	故宮（北平）
宋 281	類書類	新刊山堂先生章宮講考索十卷十冊	宋刊巾箱本	宋章如愚撰	故宮
宋 282	類書類	新編婚禮備用月老新書二十四卷八冊	南宋末年建刊本	宋不著撰人	國圖
宋 283	類書類	新編翰苑新書存三十八卷七冊	宋末建陽書坊刊本	宋不著撰人	故宮
宋 284	類書類	類編秘府圖書畫一元龜存五卷一冊	宋建安余仁仲萬卷堂刊本	宋不著撰人	故宮
宋 285	類書類	錦繡萬花谷存續集首四卷一冊	宋刊本	宋不著撰人	國立中央圖書館臺灣分館
宋 286	小說家	新編宣和遺事二卷四冊	宋末建刻本	宋不著撰人	國圖
宋 287	小說家	新編五代史評話存八卷八冊	宋末刊本	宋不著撰人	國圖
宋 288	小說家	桯史十五卷八冊	宋刻元明遞修本	宋岳珂撰	傅圖
宋 289	小說家	桯史十五卷八冊	宋刊元明遞修本	宋岳珂撰	故宮

宋290	小說家	世說新語八卷八冊	宋寶慶三年（1227）劉應登原刊宋元間坊肆增刊評語本	宋劉義慶撰，梁劉孝標注，宋劉辰翁批點	國圖
宋291	釋家類	大方廣佛華嚴經八十卷附行願品一卷八十一冊	宋淳化、咸平間杭州龍興寺刊本	唐釋實叉難陀譯	故宮
宋292	釋家類	大方廣佛華嚴經八十卷八十冊	宋淳化咸平間杭州龍興寺刊本	周三藏沙門實義難陁新譯	故宮
宋293	釋家類	大方廣佛華嚴經存一卷一冊	宋刊本	唐實叉難陀譯	傅圖
宋294	釋家類	大方廣佛華嚴經存一卷一冊	宋淳化咸平間杭州龍興寺刊大藏經本	唐釋實叉難陀譯	國圖
宋295	釋家類	大集譬喻王經二卷二冊	宋刊思溪藏經本	隋天竺三藏闍那崛多等譯	故宮
宋296	釋家類	大威德陀羅尼經存一卷一冊	宋元間平江府磧砂延聖院刊磧砂藏大藏本	隋闍那崛多等譯	故宮
宋297	釋家類	大威德陀羅尼經存一卷一冊	宋刊本	隋釋闍那崛多等譯	傅圖
宋298	釋家類	羅摩伽經存二卷二冊	北宋末期福州東禪等覺院刊大藏經本	乞伏秦釋聖堅譯	國圖
宋299	釋家類	大乘本生心地觀經八卷八冊	宋刊思溪藏經本	唐罽賓國三藏般若譯	故宮
宋300	釋家類	大般若波羅蜜多經存一卷一冊	宋刊本	釋玄奘譯	傅圖
宋301	釋家類	金剛般若波羅蜜經二卷二冊	宋開慶元年（1259）太平壽聖寺刊本	姚秦鳩摩羅什譯	故宮
宋302	釋家類	金剛般若波羅蜜經二卷二冊	宋覆刊開慶元年（1259）壽聖寺本	姚秦鳩摩羅什譯	故宮
宋303	釋家類	妙法蓮華經七卷七冊	宋皇祐三年（1051）刊本	姚秦釋鳩摩羅什譯	故宮
宋304	釋家類	妙法蓮華經七卷七冊	宋刊大字本	姚秦釋鳩摩羅什譯	故宮
宋305	釋家類	妙法蓮華經七卷七冊	宋刊小字本	姚秦釋鳩摩羅什譯	故宮
宋306	釋家類	妙法蓮華經七卷一冊	宋刊小字梵夾本	姚秦釋鳩摩羅什譯	國圖

宋307	釋家類	妙法蓮華經七卷七冊	宋刊歐體大字本	姚秦釋鳩摩羅什譯	故宮
宋308	釋家類	妙法蓮華經七卷七冊	宋刊本	姚秦釋鳩摩羅什譯	故宮
宋309	釋家類	妙法蓮華經七卷七冊	宋刊蘇寫本	姚秦釋鳩摩羅什譯	故宮
宋310	釋家類	妙法蓮華經玄義存一卷一冊	宋刊本	隋釋智顗撰	故宮（北平）
宋311	釋家類	大般涅槃經存一卷一冊	宋刊本	北涼釋曇無讖譯，婁拱釋音	傅圖
宋312	釋家類	菩薩瓔珞本業經二卷二冊	北宋福州東禪寺刊崇寧萬壽藏經本	姚秦涼州沙門竺佛念譯	故宮
宋313	釋家類	大佛頂如來密因修證了義諸菩薩萬行首楞嚴經十卷十冊	宋紹興九年（1139）當湖南林禪院刊本	唐釋般刺密諦譯	故宮
宋314	釋家類	首楞嚴義疏注經存五卷五冊	宋刊本	宋釋子璿譯	故宮
宋315	釋家類	佛說尼拘陀梵志經二卷附灌頂王喻經等三卷一冊	宋刊思溪藏經本	宋釋施護等譯	國圖
宋316	釋家類	雜阿含經存一卷一冊	北宋紹聖三年（1096）福州東禪等覺院刊大藏經本	劉宋釋求那跋陀羅譯	國圖
宋317	釋家類	正法念處經存一卷一冊	北宋紹聖四年（1097）福州東禪等覺院刊大藏經本	元魏釋瞿曇般若流支譯	國圖
宋318	釋家類	攝大乘論釋存一卷一冊	北宋紹聖元年（1094）福州東禪等覺院刊大藏經本	唐釋玄奘譯	國圖
宋319	釋家類	阿毗曇毗婆沙論存一卷一冊	宋刊本	北涼釋浮陀跋摩、道泰合譯	國圖
宋320	釋家類	佛說一切如來真實攝大乘現證三昧大教王經存一卷一冊	宋刊思溪藏經本	宋釋施護譯	國圖
宋321	釋家類	陀羅尼雜集存一卷一冊	宋紹興十八年（1148）福州開元禪寺刊本	不著撰人	國圖

宋322	釋家類	一切如來心秘密全身舍利寶篋印陁羅尼經一卷一卷	宋開寶八年（975）吳越王錢俶刊本	唐釋不空譯	國圖
宋323	釋家類	一切如來心秘密全身舍利寶篋印陀羅尼經手卷一卷一冊	宋開寶八年（975）吳越王錢俶刊本	唐釋不空撰	故宮
宋324	釋家類	佛頂尊勝陀羅尼等靈異神咒二十道一卷一冊	宋刊乾道九年（1173）秀州惠雲院僧德求印梵夾巾箱本	宋不著撰人	國圖
宋325	釋家類	蘭盆經疏會古通今記存一卷一冊	宋刊本	宋釋普觀述	國圖
宋326	釋家類	開元釋教目錄存二卷二冊	宋刊磧砂藏本	唐釋智昇撰	傅圖
宋327	釋家類	根本說一切有部毗奈耶破僧事一卷一冊	宋刊本	釋義淨譯	傅圖
宋328	釋家類	武周刊定眾經目錄存一卷一冊	宋刊本	唐釋明佺撰	傅圖
宋329	釋家類	一切經音義存二卷二冊	宋刊磧砂藏本	唐釋玄應撰	傅圖
宋330	釋家類	大智度論存四卷四冊	宋刊本	龍樹菩薩造，鳩摩羅什譯	傅圖
宋331	釋家類	五經同卷一冊 佛說孫多耶致經一卷 佛說父母恩難報經一卷 佛說新歲經一卷 佛說群牛譬經一卷 佛說九橫經一卷	宋刊磧砂藏本淳祐元年（1241）本	吳釋支謙譯、後漢安世高譯、佚名譯、西晉釋法炬譯、後漢釋安世高譯	傅圖
宋332	釋家類	潭州雲蓋山會和尚語錄一卷	宋咸淳三年阿育王山住持大觀刊本	不著撰人	故宮
宋333	釋家類	宋刻會和尚道吾禪師二家語錄不分卷一冊	宋咸淳三年（1267）明州府阿育王山廣利禪寺刊本	宋釋仁勇等編	故宮
宋334	釋家類	寶峯雲庵眞淨禪師語錄三卷三冊	宋咸淳三年（1267）明州府阿育王山廣利禪寺刊本	宋釋福深編	故宮

宋 335	釋家類	妙湛和尚偈頌存一卷二冊	宋紹興十二年（1142）福州醵資刊本	宋釋思慧妙湛撰，釋擇朋顯潤錄	故宮
宋 336	釋家類	二經同卷一冊 佛說聖最勝陀羅尼經一卷 佛說五十頌聖般若波羅蜜經一卷	宋刊磧砂藏本	宋釋施護譯	傅圖
宋 337	釋家類	三經同卷三卷一冊 薩鉢多酥哩踰捺野經一卷 一切如來烏瑟膩沙最勝鉥持一卷 菩提心觀釋一卷	宋刊本	宋釋法賢、釋法天同譯	傅圖
宋 338	釋家類	大唐西域求法高僧傳存一卷一冊	南宋磧砂藏經刊本	釋義淨撰	傅圖
宋 339	釋家類	五燈會元二十卷二十冊	宋寶祐元年（1253）刊本	宋釋普濟撰	國圖
宋 340	釋家類	冥樞會要三卷六冊	宋紹興十五年（1145）湖州報恩光孝禪寺刊本	宋釋祖心編	國圖
宋 341	釋家類	翻譯名義集七卷七冊	宋紹興間集貲刊本	宋釋法雲撰	國圖
宋 342	釋家類	翻譯名義集存二卷四冊	南宋紹興二十七年（1157）吳郡刊本	宋釋法雲編	故宮
宋 343	釋家類	翻譯名義集存一卷一冊	宋紹興間集貲刊本	宋釋法雲撰	故宮（北平）
宋 344	釋家類	佛說眾許摩訶帝經存卷八藏經本一帖	宋末元初刊藏經本	宋釋法賢奉詔訳	國立中央圖書館臺灣分館
宋 345	釋家類	佛說毗沙門天王經藏經本一帖	宋末元初刊藏經本	宋釋法賢奉敕譯	國立中央圖書館臺灣分館
宋 346	釋家類	四分律行事鈔資持記存一卷一冊	宋明州法雲律院住持如昇刊本	不著撰人	故宮（北平）
宋 347	釋家類	古尊宿語錄三十二卷二十冊	宋咸淳三年（1267）阿育王山住持大觀重刊本	宋不著編人	國圖

宋348	釋家類	安吉州思溪法寶資福禪寺大藏經目錄二卷二冊	宋刊本	不著撰人	故宮（北平）
宋349	釋家類	佛地經論一卷一冊	宋元祐六年（1091）刊本		故宮
宋350	道家類	纂圖附釋文重言互註老子道德經二卷一冊	宋建刊巾箱本	舊題漢河上公章句	國圖
宋351	道家類	音註河上公老子道德經二卷一冊	宋麻沙劉通判宅刊本	舊題漢河上公章句	故宮
宋352	道家類	南華真經十卷十冊	南宋初刊本	莊周撰，晉郭象註	傅圖
宋353	叢書彙編類	百川學海存十八卷六冊	宋咸淳九年（1273）刊本配補影宋抄本	宋左圭編	國圖

集部

號序	部類	書名（卷數、冊數）	版本	編撰者	收藏地
宋354	楚辭類	楚辭辨證二卷二冊	宋嘉定四年（1211）同安郡齋刊本	宋朱熹撰	國圖
宋355	別集類	反離騷一卷一冊	宋嘉定六年（1213）章貢郡齋刊本	漢揚雄撰	國圖
宋356	別集類	箋註陶淵明集十卷三冊	南宋末年建刊巾箱本	晉陶潛撰，宋李公煥箋註	國圖
宋357	別集類	謝宣城詩集五卷二冊	宋嘉定十三年（1220）洪伋宣州郡齋重刊配補影宋抄本	南齊謝朓撰	國圖
宋358	別集類	常建詩集二卷一冊	宋臨安府陳氏刊本	唐常建撰	故宮
宋359	別集類	韋蘇州集存一卷一冊	南宋初期刊宋修本	唐韋應物撰	國圖
宋360	別集類	新刊校定集注杜詩三十六卷二十四冊	宋理宗寶慶元年（1225）廣東漕司刊本	唐杜甫撰，宋曾噩等集注	故宮
宋361	別集類	黃氏補千家註紀年杜工部詩史存三十一卷	宋寶慶二年（1226）建刊本	唐杜甫撰，宋黃希、黃鶴同註	故宮
宋362	別集類	黃氏補千家集注杜工部詩史存十二卷八冊	宋嘉定十五年（1222）建安坊刊本	唐杜甫撰，宋黃希、黃鶴同註	國圖

宋363	別集類	張司業詩集存二卷一冊	宋臨安陳氏書籍鋪刊本	唐張籍撰	國圖
宋364	別集類	權載之文集存八卷一冊	宋蜀刊本	唐權德輿撰	國圖
宋365	別集類	歐陽行周文集十卷二冊	宋蜀刊本	唐歐陽詹撰	國圖
宋366	別集類	李賀歌詩編四卷集外詩一卷二冊	北宋末南宋初間公牘紙印本	唐李賀撰	國圖
宋367	別集類	昌黎先生集四十卷外集十卷附錄一卷六冊	宋淳熙元年（1068）臨安錦谿張監稅宅刊本	唐韓愈撰，李漢編	故宮
宋368	別集類	昌黎先生集存十卷一冊	宋淳熙間浙刊巾箱本	唐韓愈撰	故宮
宋369	別集類	昌黎先生集存二卷一冊	宋淳熙元年（1068）錦溪張監稅宅刊本	唐韓愈撰，李漢編	國圖
宋370	別集類	朱文公校昌黎先生集四十卷外集十卷遺文一卷集傳一卷	宋末刊配補元明建刊本	唐韓愈撰，宋朱熹校異，王大伯音釋	故宮
宋371	別集類	劉賓客文集三十卷外集十卷十二冊	宋紹興間浙刻本	唐劉禹錫撰，宋宋敏求編，董弅校	故宮
宋372	別集類	重校添註音辯唐柳先生文集四十五卷外集二卷二十四冊	宋嘉定間姑蘇鄭氏刊本	唐柳宗元撰，宋鄭定輯注	國圖
宋373	別集類	重校添註音辯唐柳先生文集四十五卷外集二卷三十二冊	宋嘉定間姑蘇鄭氏刊元至明初修補本	唐柳宗元撰，宋鄭定輯注	國圖
宋374	別集類	重校添註音辯唐柳先生文集存十七卷九冊	宋嘉定間姑蘇鄭氏刊本	唐柳宗元撰，宋鄭定輯注	國圖
宋375	別集類	增廣註釋音辯唐柳先生集四十三卷別集二卷附錄一卷三十冊	宋建陽書坊刊小字本	唐柳宗元撰，宋童宗說注釋，張敦頤音辯，潘緯音義	故宮
宋376	別集類	李群玉詩集三卷後集五卷二冊	宋臨安府陳解元宅書籍鋪刊本	唐李群玉撰	傅圖
宋377	別集類	唐李推官披沙集六卷二冊	宋書棚刊本	唐李咸用撰	傅圖

宋 378	別集類	碧雲集三卷二冊	宋書棚刊本	唐李中撰	傅圖
宋 379	別集類	范文正公文集二十卷 別集四卷十冊	宋乾道三年（1167） 鄱陽郡齋刊嘉定五 年（1212）重修本	宋范仲淹撰	國圖
宋 380	別集類	范文正公文集二十卷 別集四卷十冊附尺牘 三卷、年譜一卷、年 譜補遺一卷、別附褒 賢集、言行拾遺、鄱 陽遺事錄等十二冊	宋乾道三年（1167） 鄱陽郡齋刊嘉定五 年（1212）重修本	宋范仲淹撰	國圖
宋 381	別集類	范文正公集存五卷別 集四卷尺牘三卷年譜 一卷鄱陽遺事錄一卷 六冊	宋乾道三年（1167） 鄱陽郡齋刊嘉定五 年（1212）重修本	宋范仲淹撰	國圖
宋 382	別集類	范文正公文集二十卷 別集四卷十冊殘存別 集四卷三冊	宋乾道三年（1167） 鄱陽郡齋刊嘉定五 年（1212）重修至 元天曆間遞修本	宋范仲淹撰	國圖
宋 383	別集類	范文正公集存十一卷 四冊	宋乾道三年（1167） 鄱陽郡齊刊元天曆 元年（1328）范氏 歲寒堂修補本	宋范仲淹撰	故宮 （北平）
宋 384	別集類	鐔津文集存二卷一冊	宋刊本	宋釋契嵩撰	故宮
宋 385	別集類	慶元府雪竇名覺大師 祖英集二卷一冊	宋釋自如集貲刊本	宋釋重顯撰	國圖
宋 386	別集類	趙清獻公文集存十卷 四冊	南宋刊元明修補本	宋趙抃撰	故宮 （北平）
宋 387	別集類	伊川擊壤集二十卷集 外詩一卷六冊	南宋末期刊本	宋邵雍撰	國圖
宋 388	別集類	伊川擊壤集二十卷集 外詩一卷六冊	南宋末期刊本配補 明初仿宋刊及鈔本	宋邵雍撰	國圖
宋 389	別集類	伊川擊壤集存十七卷 集外詩一卷七冊	南宋末期刊本配補 元翻宋刊本	宋邵雍撰	國圖
宋 390	別集類	歐陽文忠公集存五卷 三冊	南宋中期覆周必大 吉州刊本	宋歐陽修撰	國圖
宋 391	別集類	歐陽文忠公集存三卷 三冊	南宋刊本	宋歐陽修撰	國圖

宋 392	別集類	歐陽文忠公集存一卷 一冊	南宋中期覆周必大 吉州刊本	宋歐陽修撰	國圖
宋 393	別集類	盧陵歐陽先生文集存 四十二卷十七冊	宋刊小字本	宋歐陽修撰	國圖
宋 394	別集類	范忠宣公文集二十卷 八冊	宋嘉定五年（1212） 沈圻永州刊初印本	范純仁撰	傅圖
宋 395	別集類	臨川先生文集一百卷 四十冊	宋紹興二十一年 （1151）兩浙西路 轉運司王珏刊宋元 明初遞修本	宋王安石撰	國圖
宋 396	別集類	臨川先生文集存二十 二卷八冊	宋紹興二十一年 （1152）兩浙西路 轉運司王珏刊宋元 明初遞修本	宋王安石撰	國圖
宋 397	別集類	王荊文公詩存十七卷	宋刊本	宋王安石撰，李 璧注	故宮
宋 398	別集類	蘇文忠公文集存一卷 一冊	宋孝宗時眉山刊大 字本	宋蘇軾撰	國圖
宋 399	別集類	東坡先生集存和陶詩 四卷	宋光宗寧宗間黃州 刊嘉熙四年（1240） 寶祐三年（1255） 補修本	宋蘇軾撰	故宮 （北平）
宋 400	別集類	經進東坡文集事略存 五十五卷八冊	南宋中末期建刊本	宋蘇軾撰，郎曄 注	國圖
宋 401	別集類	註東坡先生詩存十九 卷二十冊	宋嘉定六年（1213） 淮東倉司刊本	宋蘇軾撰，施元 之、施宿、顧禧 注	國圖
宋 402	別集類	蘇文定公文集存十八 卷後集十一卷三集五 卷應詔集十二卷十六 冊	宋孝宗時眉山刊	宋蘇轍撰	故宮 （北平）
宋 403	別集類	蘇文定公文集存二卷 一冊	宋孝宗時眉山刊	宋蘇轍撰	國圖
宋 404	別集類	豫章黃先生文集三十 卷二十冊	宋孝宗時刊寧宗時 修補本	宋黃庭堅撰	國圖
宋 405	別集類	山谷黃先生大全詩註 存二十卷首目一卷八 冊	宋建刊本	宋黃庭堅撰，任 淵註	國圖

宋406	別集類	淮海集四十卷後集六卷長短句三卷存十二冊	宋乾道九年（1173）高郵軍學刊元代修補本	宋秦觀撰	故宮
宋407	別集類	參寥子詩集十二卷二冊	宋末刊鈔補本	宋釋道潛撰，宗諲編	國圖
宋408	別集類	北山小集存四卷一冊	宋乾道、淳熙間刊公牘紙印本	宋程俱撰	國圖
宋409	別集類	李學士新注孫尚書內簡尺牘十六卷存八冊	宋紹興間刊本	宋孫覿撰，李祖堯注	故宮
宋410	別集類	于湖居士文集四十卷附錄一卷六冊	宋嘉泰間刊本	宋張孝祥撰	國圖
宋411	別集類	晦庵先生朱文公集一百卷續集十一卷別集十卷一百冊	宋咸淳元年（1265）建安書院刊本	宋朱熹撰	國圖
宋412	別集類	晦庵先生朱文公文集一百卷續集十一卷別集十卷殘存二卷二冊	宋咸淳元年（1265）建安書院刊本遞經元及明初修補本	宋朱熹撰	國圖
宋413	別集類	晦庵先生朱文公文集一百卷續集十一卷別集十卷一百六十冊	宋咸淳元年（1265）建安書院刊元明遞修本	宋朱熹撰	國圖
宋414	別集類	晦庵先生文集十一卷後集十八卷存十二冊	宋刊本	宋朱熹撰	故宮
宋415	別集類	晦庵先生文集存六十五卷六十四冊	宋寧宗時浙江刊元後至元二年（1265）江浙儒學修補本	宋朱熹撰	故宮（北平）
宋416	別集類	晦庵先生文集存五十四卷五十六冊	宋寧宗時浙江刊元代修補本	宋朱熹撰	故宮（北平）
宋417	別集類	東萊呂太史文集十五卷別集十六卷外集五卷文集附錄三卷拾遺一卷麗澤論說集錄十卷三十冊	宋刊本	宋呂祖謙撰	傅圖
宋418	別集類	東萊呂太史文集十五卷別集十六卷外集五卷附錄三卷拾遺一卷十六冊	宋嘉泰四年（1204）呂喬年輯刊元明修補本	宋呂祖謙撰	國圖
宋419	別集類	東萊呂太史別集十六卷附錄三卷拾遺一卷存十冊	宋嘉泰四年（1204）呂喬年輯刊元代印本	宋呂祖謙撰	故宮（北平）

宋 420	別集類	南塘先生四百六十一卷二冊	宋刊本	宋趙汝談撰	故宮 （北平）
宋 421	別集類	格齋先生三松集一卷三冊	宋刊本	宋王子俊撰	故宮 （北平）
宋 422	別集類	育德堂外制存五卷六冊	宋寧宗時刊本	宋蔡幼學撰	國圖
宋 423	別集類	客亭類稿存一卷一冊	南宋刊巾箱本	宋楊冠卿撰	國圖
宋 424	別集類	南軒先生文集存二十八卷四冊	宋寧宗時嚴州刊本	宋張栻撰	故宮
宋 425	別集類	梅亭先生四六存一卷一冊	宋刊本	宋李劉撰	故宮 （北平）
宋 426	別集類	梅亭先生四六標準四十卷	宋刊本	宋李劉撰	故宮
宋 427	別集類	後村居士集存一卷一冊	南宋末年刊本	宋劉克莊撰	國圖
宋 428	別集類	後村居士集存一冊	宋淳祐九年（1249）刊本	宋劉克莊撰	故宮
宋 429	別集類	雪巖吟草甲卷忘機集一卷一冊	宋嘉熙間苕川宋氏刊本	宋宋伯仁撰	國圖
宋 430	別集類	艮巖餘稿四卷一冊	宋刊元代修補本	宋梅應發撰	故宮 （北平）
宋 431	總集類 通代之屬	文選存十一卷四冊	北宋刊本	梁蕭統編，唐李善注	故宮 （北平）
宋 432	總集類 通代之屬	文選存二卷二冊	北宋刊本	梁蕭統編，唐李善注	故宮 （北平）
宋 433	總集類 通代之屬	文選存五十三卷二十七冊	宋紹興間贛州州學刊宋元明遞修本	梁蕭統編，唐李善等六臣注	國圖
宋 434	總集類 通代之屬	文選存二十九卷三十冊	宋紹興間贛州州學刊元明修補本	梁蕭統編，唐李善等六臣注	故宮 （北平）
宋 435	總集類 通代之屬	文選存二十五卷二十一冊	宋紹興間贛州州學刊元代修補本	梁蕭統編，唐李善等六臣注	故宮 （北平）

宋 436	總集類通代之屬	文選存十卷十冊	宋紹興間贛州州學刊元明修補本	梁蕭統編，唐李善等六臣注	故宮（北平）
宋 437	總集類通代之屬	文選存二卷一冊	宋贛州州學刊本	梁蕭統編，唐李善等六臣注	故宮
宋 438	總集類通代之屬	文選存一卷一冊	宋贛州州學刊本	梁蕭統編，唐李善等六臣注	故宮
宋 439	總集類通代之屬	文選三十卷十六冊	宋紹興三十一年（1161）建陽崇化書坊陳八郎宅刻本	梁蕭統編，唐呂延濟等五臣註	國圖
宋 440	總集類通代之屬	文選存五十卷五十冊	宋紹興二十八年（1158）明州修補舊刊本	梁蕭統編，唐李善等六臣注	故宮
宋 441	總集類通代之屬	文選六十卷六十冊	宋淳熙八年（1181）尤延之貴池刊本	梁蕭統編，唐李善注	國圖
宋 442	總集類通代之屬	文選六十卷三十二冊	宋淳熙八年（1181）尤袤貴池刊理宗間遞修本	梁蕭統編，唐李善注	故宮
宋 443	總集類通代之屬	六家文選六十卷四十冊	宋開慶至咸淳間廣都裴氏刊本配明袁褧覆刊斐本	梁蕭統編，唐李善等六臣注	故宮
宋 444	總集類通代之屬	文苑英華存十卷一冊	宋刊本	李昉奉敕編	傅圖
宋 445	總集類通代之屬	文苑英華辨証十卷一冊	宋刊本	宋彭叔夏撰	故宮
宋 446	總集類通代之屬	西山先生眞文忠公文章正宗存六卷又目錄一卷八冊	南宋末年刊配補元刊本	宋眞德秀編	國圖
宋 447	總集類	西山先生眞文忠公文章正宗存四卷六冊	南宋末年刊本	宋眞德秀編	台大
宋 448	總集類	新編諸儒批點古今文章正印前集十八卷後集十八卷續集二十卷別集二十卷十六冊	宋咸淳間刊本	宋劉震孫編	故宮

宋 449	總集類	西漢文類存十六卷八冊	宋紹興十年（1140）臨安府刊本	宋陶叔獻編	東海大學
宋 450	總集類	文粹一百卷四十八冊	宋刊本	宋姚鉉纂	傅圖
宋 451	總集類斷代之屬唐	唐僧弘秀集十卷一冊	宋寶祐六年（1258）臨安陳解元書籍舖刊本	宋李龏編	國圖
宋 452	總集類斷代之屬宋	聖宋文選全集三十二卷十六冊	宋乾道間刊巾箱本	宋不著編人	國圖
宋 453	總集類斷代之屬宋	聖宋文選全集三十二卷十二冊	宋乾道間刊補配本	宋不著編人	國圖
宋 454	總集類斷代之屬宋	皇朝文鑑存六卷三冊	宋嘉泰四年（1204）新安郡齋刊本	宋呂祖謙編	國圖
宋 455	總集類斷代之屬宋	皇朝文鑑存六十三卷三十四冊	宋嘉泰四年（1204）新安郡齋刊，嘉定、端平、元明遞修本	宋呂祖謙編	國圖
宋 456	總集類斷代之屬宋	皇朝文鑑存一卷一冊	宋嘉泰間新安郡齊刊本	宋呂祖謙編	故宮（北平）
宋 457	總集類斷代之屬宋	眞文忠公續文章正宗二十卷十冊	宋咸淳二年（1266）刊元修本	宋眞德秀編	國圖
宋 458	總集類斷代之屬宋	眞文忠公續文章正宗二十卷六冊	宋咸淳二年（1266）刊明弘治十七年（1504）南京國子監修補本	宋眞德秀編	國圖
宋 459	總集類斷代之屬宋	圈點龍川水心二先生文粹前集二十卷後集二十一卷十二冊	宋嘉定間刊本	宋饒輝編	國圖
宋 460	總集類斷代之屬宋	南宋群賢小集九十五卷三十二冊	宋嘉定至景定間（1208～1264）臨安府陳解元宅書籍舖遞刊本	宋陳起編	國圖
宋 461	總集類斷代之屬宋	新刊國朝二百家名賢文粹存一卷一冊	宋蜀刊本	宋不著撰人	故宮（北平）

宋 462	總集類 族性之 屬	重廣眉山三蘇先生文 集存三卷一冊	宋紹興末饒州董氏 集古堂刊本	宋不著編人	國圖
宋 463	總集類 族性之 屬	河南程氏文集八卷六 冊	宋刊八行本	宋程頤、程顥撰	故宮 （北平）
宋 464	總集類 唱酬之 屬	坡門酬唱二十三卷十 二冊	宋紹熙元年（1190） 豫章原刊本	宋邵浩編	國圖
宋 465	詩文評 之屬	精選古今名賢叢話詩 林廣記前集十卷後集 十卷十八冊	宋刊本	宋蔡正孫編	傅圖
宋 466	詞曲類 詞之屬 別集	醉翁琴趣外篇存三卷 一冊	南宋刊本	宋歐陽修撰	國圖
宋 467	詞曲類 詞之屬 別集	山谷琴趣外編三卷一 冊	南宋刊本	宋黃庭堅撰	國圖